OEUVRES COMPLÈTES

DE MADAME

ÉMILE DE GIRARDIN

TOME I

L'auteur et l'éditeur déclarent réserver leurs droits à l'égard de la traduction en Langues étrangères, notamment pour les Langues Russe, Allemande, Anglaise, Espagnole et Italienne.

Ce volume a été déposé au Ministère de l'Intérieur (Direction de la Librairie).

Paris. — Typographie de Henri Plon, imprimeur de l'Empereur,
8, rue Garancière.

Mme ÉMILE DE GIRARDIN.

OEUVRES COMPLÈTES

DE MADAME

ÉMILE DE GIRARDIN

née DELPHINE GAY

PORTRAIT PAR CHASSERIAU, GRAVÉ SUR ACIER PAR FLAMENG

TOME PREMIER

POËMES

POÉSIES

IMPROVISATIONS

PARIS

HENRI PLON, IMPRIMEUR-ÉDITEUR

8, RUE GARANCIÈRE

MDCCCLXI

Tous droits réservés

MADAME ÉMILE DE GIRARDIN.

Les OEuvres complètes de madame Émile de Girardin n'avaient pas encore été réunies dans un format digne d'elles. Désormais les amoureux de ce charmant esprit ne seront plus obligés de le chercher à travers des volumes disparates, peu faits pour les rayons d'une bibliothèque sérieuse. Ce monument manquait à cette chère mémoire, car le plus durable tombeau qu'on puisse élever à un poëte, c'est cette édition définitive, corrigée par une main pieuse et un cœur qui se souvient. — La dalle de marbre blanc sculptée d'une croix en relief ne recouvre que la dépouille terrestre. Ici l'âme est tout entière.

C'est un triste devoir pour ceux qui survivent de fixer, avant qu'eux-mêmes disparaissent à leur tour, les traits de ces belles et grandes figures qu'ils ont été admis à contempler. A retracer ces chers contours qui bientôt s'effaceraient, souvent le crayon tremble, et une larme silencieuse tombe sur le vélin. La blessure que l'on croyait cicatrisée se rouvre et saigne.

D'autres mieux que nous sans doute eussent apprécié tout ce que le talent de madame Émile de Girardin contenait d'élevé, de noble, de pur et de charmant. Parmi ses grands amis, il eût été facile de trouver une voix plus éloquente, mais non une plus émue, car cette mort a été pour nous un de ces coups auxquels l'âme ne s'accoutume pas. Quand la France déplorait la perte de la Muse, nous regrettions l'amie.

Bien longtemps nous n'avons pu passer devant la maison aux blanches colonnes, maintenant disparue, sans que nos yeux devinssent humides.

Que de fois nous sommes revenu à deux ou trois heures du matin, avec Victor Hugo, Cabarrus et ce pauvre Théodore Chasseriau, au clair de lune ou à la pluie, de ce temple grec qu'habitait une Apolline non moins belle que l'Apollon antique ! Libres soirées, intimités délicieuses, conversations étincelantes, dialogues du génie et de la beauté, banquet de Platon, dont les propos eussent dû être recueillis par une plume d'or, hélas ! vous ne vous renouvellerez plus : mais ceux qui ont été admis à ces charmantes fêtes de l'esprit ne les oublieront jamais; l'exil s'en est souvenu, et ces vers sont partis de Jersey pour venir s'abattre sur le marbre funèbre :

> Jadis je vous disais : — Vivez, régnez, madame ;
> Le salon vous attend, le succès vous réclame !
> Le bal éblouissant pâlit quand vous partez !
> Soyez illustre et belle; aimez, riez, chantez !
> Vous avez la splendeur des astres et des roses !
> Votre regard charmant où je lis tant de choses
> Commente vos discours légers et gracieux :
> Ce que dit votre bouche étincelle en vos yeux.
> Il semble, quand parfois un chagrin vous alarme,
> Qu'ils versent une perle et non pas une larme.
> Même quand vous rêvez, vous souriez encor.
> Vivez, fêtée et fière, ô belle aux cheveux d'or !
> — Maintenant, vous voilà pâle, grave et muette,
> Morte et transfigurée, et je vous dis : — Poëte !
> Viens me chercher; archange ! être mystérieux !
> Fais pour moi transparents et la terre et les cieux !
> Révèle-moi d'un mot de ta bouche profonde
> La grande énigme humaine et le secret du monde !
> Confirme en mon esprit Descarte ou Spinosa,
> Car tu sais le vrai nom de celui qui perça,
> Pour que nous puissions voir sa lumière sans voiles,
> Ces trous du noir plafond qu'on nomme les étoiles ;
> Car je te sens flotter sous mes rameaux penchants ;
> Car ta lyre invisible a de sublimes chants ;
> Car mon sombre océan où l'esquif s'aventure
> T'épouvante et te plaît; car la sainte nature,
> La nature éternelle et les champs et les bois
> Parlent à ta grande âme avec leur grande voix.

Nous empruntons à un petit livre commémoratif, sorte de bout de l'an de la douleur où l'on a pieusement recueilli tous les articles qui ont paru dans les journaux à l'époque fatale, ces quelques lignes par lesquelles toute biographie humaine peut se résumer :

« Delphine Gay, née à Aix-la-Chapelle, paroisse de Saint-Adalbert, le 6 pluviôse an XII (26 janvier 1804), fille de Marie-Françoise Nichault de la Valette, née à Paris le 1er juillet 1776, mariée en premières noces à M. Liottier, agent de change, et en secondes noces à M. Gay, receveur général du département de la Roër, — petite-fille de Francesca Peretti, — mariée à Paris le 1er juin 1831 à M. Émile de Girardin, — décédée le

29 juin 1855, — repose au cimetière du Nord (cimetière Montmartre). »

La première fois que nous vîmes Delphine Gay, c'était à cette orageuse représentation où Hernani faisait sonner son cor comme un clairon d'appel aux jeunes hordes romantiques. Quand elle entra dans sa loge et se pencha pour regarder la salle, qui n'était pas la moins curieuse partie du spectacle, sa beauté — *bellezza folgorante* — suspendit un instant le tumulte et lui valut une triple salve d'applaudissements; cette manifestation n'était peut-être pas de bien bon goût, mais considérez que le parterre ne se composait que de poëtes, de sculpteurs et de peintres, ivres d'enthousiasme, fous de la forme, peu soucieux des lois du monde. — La belle jeune fille portait alors cette écharpe bleue du portrait d'Hersent, et, le coude appuyé au rebord de la loge, en reproduisait involontairement la pose célèbre; ses magnifiques cheveux blonds, noués sur le sommet de la tête en une large boucle selon la mode du temps, lui formaient une couronne de reine, et, vaporeusement crêpés, estompaient d'un brouillard d'or le contour de ses joues, dont nous ne saurions mieux comparer la teinte qu'à du marbre rose.

C'étaient de vifs transports parmi cette ardente jeunesse lorsqu'elle voyait se rapprocher ces belles mains pour applaudir son poëte favori. L'admiration était, du reste, un des besoins de cette généreuse nature, qui volontiers se faisait thuriféraire du génie. Avec quelle grâce elle maniait l'encensoir d'or, sachant y mettre toujours le parfum préféré, et ne le cassant jamais sur le nez de l'idole! Quel divin plaisir c'était d'être loué par elle! Lamartine, Victor Hugo, Balzac le savent, et d'autres qui le méritaient moins sans doute.

Pendant quatre ou cinq ans nous ne la rencontrâmes plus; il est vrai que nous menions alors une vie sauvage et truculente, dans cette impasse du Doyenné que le nouveau Louvre a fait disparaître, vêtu d'habits impossibles, les épaules inondées, comme par une crinière de lion, d'une chevelure plus que mérovingienne, et passant la nuit à écrire sur les arcades de la rue de Rivoli : — *Vive Victor Hugo!* avec l'idée consolante de contrarier les bourgeois matineux.

INTRODUCTION.

Quand nous la revîmes, elle était madame Émile de Girardin. M. de Girardin venait de fonder *la Presse*, et, malgré notre jeunesse et notre romantisme, — ou plutôt pour ces deux motifs, — il nous avait investi du département des beaux-arts. Nous débutâmes par un article sur les peintures murales de la salle du Trône, à la Chambre des députés, d'Eugène Delacroix. Un dîner, qui réunissait la rédaction, au petit hôtel de la rue Saint-Georges, situé presque en face de la maison qu'occupait *la Presse*, nous mit pour la première fois en relation avec madame Émile de Girardin. L'amitié que Victor Hugo daignait témoigner à son plus fanatique séide nous fit accueillir avec indulgence, malgré nos airs de rapin, dans cet élégant salon; et les rapports créés par le journal nous servirent de prétexte pour des visites rares d'abord, plus fréquentes ensuite, et presque quotidiennes plus tard.

Nos souvenirs sont peu nombreux sur cette période; nous n'avions pas encore nos grandes et nos petites entrées auprès de cette reine, et nous restions perdu parmi la foule des courtisans : mais à dater de la rue Laffitte, où M. de Girardin, s'étant défait de l'hôtel à cour circulaire de la rue Saint-Georges, alla demeurer en 1839, nous eûmes ce bonheur d'être admis dans la familiarité de ce charmant esprit et de ce grand cœur.

Madame de Girardin était alors dans tout l'éclat de sa beauté; ce que ses traits magnifiques avait pu avoir de trop arrêté, de trop découpé dans le marbre pour une jeune fille, seyait admirablement à la femme et s'harmoniait avec sa taille élevée et ses proportions de statue. Le col, les épaules, les bras et ce que laissait voir de poitrine la robe de velours noir, sa parure favorite aux soirées de réception, étaient d'une perfection que le temps ne put altérer; elle a parlé quelquefois dans ses poésies de jeunesse « du bonheur d'être belle » en personne pleine de son sujet; et elle dit de ses splendides cheveux dont les poëtes contemporains eussent fait volontiers un astre, comme de la chevelure de Bérénice :

> Mon front était si fier de sa couronne blonde,
> Anneaux d'or et d'argent tant de fois caressés !
> Et j'avais tant d'espoir quand j'entrai dans le monde,
> Orgueilleuse et les yeux baissés !

Ce n'était pas coquetterie chez elle, mais pur sentiment d'harmonie ; sa belle âme était heureuse d'habiter un beau corps.

Tout l'appartement était tendu d'un damas de laine vert d'eau, dont le ton glauque comme celui d'une grotte de néréide ne pouvait être supporté que par un teint de blonde irréprochable ; elle avait choisi cette nuance sans méchanceté, mais les brunes égarées dans cette caverne verte y paraissaient jaunes comme des coings, ou enluminées comme des furies.

Elle recevait ses amis dans sa chambre à coucher ; — que la pudeur anglaise ne s'effarouche pas et ne crie pas à l'impropriété ! — nous avons été bien longtemps à deviner le lit sous le pli de son rideau. Là, après l'Opéra et les Bouffes, ou bien avant d'aller dans le monde, entre onze heures et minuit, venaient Lamartine, Victor Hugo, Alexandre Dumas, Balzac, Méry, Lautour-Mezeray, Eugène Sue, Alphonse Karr, Cabarrus, Chasseriau, — non pas tous à la fois, mais quelques-uns, chaque soir, assurément : Alfred de Musset y paraissait aussi de loin en loin. — Madame Émile de Girardin était extrêmement fière de ses amis : c'était sa coquetterie, son élégance, son luxe. Elle trouvait avec raison que nulle fête avec dix mille bougies, une forêt de camélias et les bluettes de tous les diamants de Golconde, ne valait ces trois ou quatre fauteuils ainsi remplis autour de son foyer.

Si dans quelque salon, — ce qui n'était pas rare alors, — l'on attaquait l'un de nous, avec quelle éloquente colère elle nous défendait ! Quelles reparties acérées, quels sarcasmes incisifs ! A ces occasions sa beauté flamboyait et s'illuminait d'une splendeur divine ; elle était superbe : l'on eût dit Apollon s'apprêtant à écorcher Marsyas ! Comme ses fureurs avaient toujours les motifs les plus nobles, quelque outrage au génie, quelque plate défection, quelque calomnie bête qui révoltaient sa nature chevaleresque et loyale, elles ne la défiguraient pas, elles la transfiguraient. — Nous l'avons vue plusieurs fois dans ces belles et saintes colères : — jamais peintre n'a rêvé une tête plus sublime. Autrement elle était douce, *bon garçon* (le mot est de Lamartine) et gaie. Malgré les ovations de sa jeunesse, ses vers récités au Capitole, son nom tiré d'un roman de madame de Staël, son admiration pour Alexandre Soumet,

INTRODUCTION.

le souvenir d'un temps dont l'idéal avait été « Corinne improvisant au cap Misène », elle ne posait en aucune façon ; et son beau bras, en pendant le long de son fauteuil, ne semblait pas chercher une lyre d'ivoire. Chez elle, l'esprit avait corrigé bien vite ce que la première éducation aurait pu donner de ridicule à une nature moins bien douée. — Nous sommes trop loin de cette époque pour assigner aujourd'hui leur valeur réelle aux vers que, de 1822 à 1828, publia Delphine. Alors on ne la nommait, on ne la désignait qu'ainsi. Le Dévouement des médecins français et des sœurs de Sainte-Camille dans la peste de Barcelone, les Essais poétiques, Ourika, l'Hymne à sainte Geneviève, la Quête, la Vision, les Nouveaux Essais poétiques, les vers sur la Mort du général Foy, le Retour, le Dernier Jour de Pompéi, obtinrent beaucoup de succès alors. La versification en est élégante et pure, racinienne, avec quelques hardiesses timides comme les risquait le romantisme encore à ses débuts. — Mais madame Émile de Girardin ne date pour nous que de *Napoline*, un poëme qu'elle publia en 1833, après son mariage. — L'influence de Victor Hugo, et surtout d'Alfred de Musset, s'y fait sentir : la périphrase a disparu, la césure se déplace quand il le faut, la rime est plus riche, un grand progrès technique s'est opéré ; mais ce qui vaut mieux, la veine naturelle du poëte s'y montre et ne tarira plus désormais. Nous sommes surpris que *Napoline* n'ait pas eu un plus grand retentissement ; il est vrai qu'alors avait lieu cette éclosion simultanée et magnifique de chefs-d'œuvre qui fera de notre siècle un des plus beaux siècles littéraires de la France, et, au milieu de ce bouquet, éclatant avec un fracas lumineux, cette bombe à pluie d'argent fut moins remarquée qu'elle ne le serait aujourd'hui dans notre ciel vide et noir.

Les premiers vers de ce poëme, qui est un roman et dont les chants sont des chapitres, contiennent un portrait qui ressemble au moins autant à madame Émile de Girardin qu'à l'amie qu'elle veut peindre :

> Elle était mon amie, — et j'aimais à la voir
> Le matin exaltée et moqueuse le soir ;
> Puis tour à tour coquette, impérieuse et tendre,
> Du grand homme et du sot sachant se faire entendre ;

> Sachant dire à chacun ce qui doit le ravir,
> Des vanités de tous sachant bien se servir ;
> Naïve en sa gaîté, rieuse et point méchante,
> Sublime en son courage, en sa douleur touchante,
> Ayant un peu d'orgueil peut-être pour défaut,
> Mais femme de génie et femme comme il faut.

Notez, s'il vous plaît, ce « femme comme il faut »; elle était bien l'une et l'autre assurément, mais elle tenait plus encore au dernier hémistiche qu'au premier. Peut-être même, pour la perfection de son talent, eût-elle dû sortir plus souvent du salon. Elle vit trop la société, et pas assez la nature.

Pour nous, *Napoline* est une personnification de madame de Girardin, transposée dans des événements imaginaires, mais très-exacte et très-fidèle. Nous y retrouvons même ce beau rire argenté de la jeunesse qui choqua Lamartine lorsqu'il rencontra Delphine avec sa mère au bord de la cascade de Terni :

> Combien nous avons ri quand nous étions petites
> De ce rire bien fou, de ces gaîtés subites,
> Que rien n'a pu causer, que rien ne peut calmer,
> Riant pour rire, ainsi qu'on aime pour aimer !

Ce rire, madame Émile de Girardin l'avait gardé, et même longtemps après, lorsqu'elle ne riait plus, elle savait encore le faire naître : car cette belle femme, si majestueuse, si royale, qu'on abordait presque en tremblant, et dont le masque semblait moulé sur celui de la Melpomène antique, avait le sentiment du comique et du bouffe à un haut degré, ce qui ne l'empêchait pas d'avoir gardé un certain faible littéraire pour Oswald et les héros bien frisés dont elle se moquait elle-même, à l'occasion, plus spirituellement que personne.

Cette noble nature avait l'amour du beau, du bien, du vrai ; elle abhorrait le mensonge et la lâcheté. — En face de l'un ou de l'autre, elle manquait absolument de cette facile indulgence du monde ; et quand elle trépignait sur une pensée basse, elle avait des attitudes d'archange irrité foulant la croupe tortueuse du diable ; et pourtant qu'elle était bonne et facile aux erreurs, aux égarements, aux fautes même qui pouvaient donner la passion pour excuse ! comme elle savait distraire une douleur parfois méritée, en jouant autour du cœur avec sa vive et tendre causerie! Que souvent elle nous a consolé dans nos défaillances d'artiste, dans nos découragements de poëte par un de ces mots sentis, par un de ces éloges qui relèvent! Que d'heures pesantes elle nous a rendues légères! Que de fois nous sommes sorti joyeux après être entré chez elle abattu et triste! Vous doutiez de votre esprit, elle vous renvoyait spirituel ; vous vous croyiez épuisé, tari, sans idée, elle vous en faisait naître mille.

Nous ne parlerons pas du *Lorgnon*, des *Contes d'une vieille fille à ses neveux*, de *Monsieur le marquis de Pontanges*, de *la Canne de M. de Balzac*. Tout le monde les a lus ; on y trouve ce mélange de sensibilité romanesque et d'observation ironique qui distingue, à dater de cette période, le talent de madame Émile de Girardin. Dans ces romans et ces nouvelles, le monde est peint par quelqu'un qui l'a vu et qui en est; chose assez rare parmi les auteurs de profession, que leurs études en tiennent ordinairement à l'écart. Cette fois, ce n'est pas le salon jugé du fond d'un cabinet. La prose de madame de Girardin est nette, vive, acérée, claire, malgré quelques recherches ingénieuses, d'une texture excellente, d'une originalité où personne n'a rien à réclamer si parfois ses vers reflètent ses admirations du moment.

Vers 1836, pour aider aux succès de *la Presse* naissante, madame Émile de Girardin, sous le transparent pseudonyme du vicomte de Launay, entreprit ce *Courrier de Paris* que chaque samedi on attendait avec tant d'impatience et où, peut-être, elle a le plus mis d'elle-même. — La réunion de ces courriers forme une œuvre originale qui est comme l'histoire familière écrite au vol de la plume, semaine par semaine, de toute une époque, celle du règne de Louis-Philippe. — Chaque physionomie caractéristique est indiquée d'une touche si franche, si vive, si spirituelle, que la peinture perdrait à être plus achevée. Ces figures ont pour fond les événements contemporains; elles se meuvent dans des appartements décorés au goût du jour, elles s'habillent chez le tailleur ou la couturière en vogue alors, et, comme dit Molière, leurs manchettes sont de la bonne faiseuse; le matin elles sont allées aux courses, le soir aux Bouffes, la nuit au bal de l'ambassade d'Autriche. Elles répètent les cancans de toutes les coulisses en personnes bien informées qu'elles sont, elles causent du *Lion* qui vient de se produire, de la nouvelle livrée de M. de ***, du mariage d'un duc ruiné du noble faubourg et d'une héritière de la Chaussée d'Antin, de la danseuse qui se lève au ciel de l'Opéra, de l'Américain fastueux dont le monde subit les bals, des diamants honnêtes et malhonnêtes, du dernier chapeau inventé par Baudrand, quelquefois même d'un beau livre ou d'une belle œuvre d'art. — Quand il ne s'est rien passé dans la semaine, le vicomte ne laisse pas tomber la conversation pour cela, il la soutient à lui tout seul, et avec quel esprit étincelant, quelle ironie incisive, quelle finesse pénétrante! — Que de vérités ingénieuses, que de frivolités profondes, et à travers ce babil qui affecte d'être léger, quelle droiture de cœur, quelle hauteur d'âme, quel parfait sens moral! Comme le mondain vicomte cingle de sa badine tout ce qui est lâche, tout ce qui est laid, tout ce qui est hypocrite! comme il fait la guerre aux mensonges, aux bassesses, aux turpitudes, sans jamais prendre le ton déclamatoire! avec quel art il sertit le ridicule dans une monture de plaisanteries!

Quelque charme que présentent ces morceaux, les poëmes et les romans de l'auteur peuvent en offrir d'un mérite égal; mais ce qui est complétement neuf, inattendu, original, c'est la partie futile et passagère que d'une plume cursive elle écrivait sans y attacher la moindre importance, si l'imprimeur demandait une colonne de plus ou si le sujet principal n'avait pas la correcte dimension d'un article, en un tour de main le vicomte, oubliant sa fausse moustache, chiffonnait de ses beaux doigts blancs les dentelles d'un bonnet, tuyautait les ruches d'une capote, étageait les volants d'une robe, piquait une fleur sous un chapeau avec une incroyable dextérité de phrase. — Elle était la Sévigné du chiffon, le Saint-Simon du falbala, et dans le *Courrier de Paris* l'avenir retrouvera avec toute leur fraîcheur les élégances disparues de toute une époque.

Ce fut l'ambition de tous les journaux d'avoir un *Courrier de Paris*. — Mais le vicomte de Launay n'eut pas de rivaux. Cette plume jetée au vent sembla plus lourde que la massue d'Hercule aux audacieux qui essayèrent de la prendre, et ils la laissèrent bientôt retomber. — Quand le vicomte, occupé de quelque comédie ou tragédie, obtenait un congé, cet intérim impossible découragea successivement Marc Fournier, Méry, Sandeau, Alexandre Dumas fils, Roqueplan et nous-même ; et à nous tous nous ne faisions pas la monnaie de cette pièce d'or !

Comme le temps vole, et qu'il y a loin de cette fameuse soirée où madame Émile de Girardin lut *l'École des Journalistes* devant l'élite de la presse, de la littérature et du monde ! C'était dans ce salon vert de la rue Laffitte dont les échos, s'ils étaient fidèles, rediraient bien des conversations comme on n'en entendra plus ; quoique chaque personne invitée fût au moins célèbre, il y avait foule, et à grand'peine un espace libre avait-il pu être réservé pour la lectrice.

Les princes, ducs et marquis de la critique se trouvaient tous là. — Si la leçon ne leur a pas profité, ils étaient assez spirituels pour ne pas crier sous les verges tenues par ces belles mains. Balzac, qui avait les journalistes en horreur, comme il l'a prouvé par les portraits qu'il en a tracé dans la *Comédie humaine,* riait, à chaque coup de cravache bien appliqué, de son énorme rire pantagruélique, et applaudissait bruyamment. Il ne possédait plus la fameuse massue à pommeau de turquoise, sur laquelle la maîtresse du logis avait fait un roman, mais il portait toujours ce bel habit à boutons d'or ciselés non moins célèbre qu'il allait prendre et remettre chez Buisson pour ces occasions solennelles.

Nous ignorons quel effet eût produit au théâtre *l'École des Journalistes,* mais le succès de la lecture fut immense. La représentation n'eût rien pu y ajouter. Madame Émile de Girardin possédait un talent merveilleux de diction. Dans les parties comiques, elle avait un feu, un esprit, une verve que l'actrice la plus étincelante eût pu envier, et, quand la situation s'élevait et devenait sérieuse, une émotion, une profondeur et un lyrisme que nous n'avons jamais retrouvés au théâtre, du moins à ce degré ; de plus, qualité importante pour les poëtes, quelle que fût la variété de son débit, en dépit des rapidités du dialogue, des pauses nécessitées par les entrées et les sorties des personnages, elle ne perdait jamais le rhythme de vue et conservait cette irréprochable justesse, véritable volupté de l'oreille, bien peu sentie aujourd'hui qu'on ne parle presque plus la langue des dieux et que la langue des hommes est souvent remplacée par l'argot.

L'*École des Journalistes* semblait faite exprès pour mettre en relief le talent de lecture de madame Émile de Girardin. Dans sa préface, l'auteur la caractérise ainsi : Au premier acte, l'*École des Journalistes* est une sorte de vaudeville semé de plaisanteries et de calembours ; — au deuxième acte, c'est une espèce de *charge* où le comique du sujet est exagéré, à l'imitation des œuvres des grands maîtres ; — au troisième acte, c'est une comédie ; — au quatrième, c'est un drame ; — au cinquième, c'est une tragédie. Dans le style, même sentiment, même variation : au premier acte, le style est satirique ; — au quatrième acte, il est simple et grave ; — au cinquième acte, il tâche d'être poétique ; l'auteur l'a voulu ainsi.

Toutes ces nuances furent parfaitement accusées et comprises à la lecture. Mais la pièce n'arriva pas au public ; reçue à l'unanimité au Théâtre-Français, elle fut arrêtée par la censure, et il lui manqua cette épreuve de la rampe qui éclaire d'un jour si vif et si inattendu les beautés et les défauts d'une œuvre.

Il y avait dans l'*École des Journalistes* la tentative hardie d'une comédie nouvelle et arrachée aux entrailles mêmes de nos mœurs ; « ce sont, comme dit l'auteur, de grands malheurs causés par des plaisanteries qui se croient innocentes ; car, dans cet aperçu des mœurs du temps, ce n'est pas, comme dans les pièces du théâtre étranger, un mélange de rire et de larmes, un personnage comique jetant sa gaieté à travers une situation pathétique et horrible ; ce n'est pas non plus le niais du mélodrame, venant distraire du bourreau et amuser le spectateur, que la cruauté du tyran fait trembler ; c'est la plaisanterie elle-même qui est fatale ; c'est la comédie elle-même qui enfante la tragédie ; c'est le niais qui est le bourreau ; c'est ce qui fait rire qui fait pleurer. »

En effet, un article inséré étourdiment, dans une disette de nouvelles et de copie, produit d'irréparables malheurs, sans que l'écrivain cause de ces désastres soit d'ailleurs un méchant homme; et plus le commencement de la pièce est d'une gaieté frivole, plus l'impression du dénoûment est forte. Ces folles fusées, lancées au hasard et sans autre but que le plaisir de les voir briller, allument des incendies. Des sarcasmes contre une école jadis glorieuse et dont la postérité reconnaîtra les titres poussent au suicide un vieux maître qui ne comprend pas les entraînements de la polémique et se croit déshonoré par des lazzi de journal.

Cette pièce, très-vraie à cette époque (1839) où le journalisme usait et abusait d'une liberté presque illimitée dans une société trop habituée, malgré son scepticisme, à le croire sur parole, semblerait peut-être exagérée aujourd'hui. Elle n'en peint pas moins d'une façon fidèle et frappante une phase de mœurs disparue; et si quelques détails n'en sont plus exacts, il y reste assez de vérité éternelle pour en faire une œuvre durable.

Voyant que la comédie réellement moderne n'était pas possible, madame Émile de Girardin se tourna d'un autre côté, car son vaillant esprit ne se décourageait pas aisément. Elle entreprit de faire une tragédie, et une tragédie biblique encore! Cela semblerait tout simple de notre temps; mais alors la grande effervescence romantique n'était pas calmée. Le drame régnait seul, malgré les brillants débuts de Rachel dans le vieux répertoire. Madame de Girardin fit à la jeune tragédienne, que les ouvrages nouveaux effrayaient beaucoup, un rôle à sa taille et merveilleusement adapté à ses moyens. Juive, Rachel représentait une Juive, et la nationalité de l'héroïne de Béthulie intéressait l'antique croyance de l'actrice. Le poëte, avec son instinct de délicatesse féminine, n'avait pas fait de Judith la virago biblique que les peintres nous représentent jetant avec une froide indifférence ou une joie féroce la tête coupée d'Holopherne au sac tendu par la vieille esclave, mais bien l'élégante et frêle beauté qu'Allori nous montre émue et comme dégoûtée de sa sanglante besogne. Elle mit au cœur de l'héroïne un sentiment tendre pour ce beau général assyrien, au luxe voluptueux, qui l'accueillait sans défiance, et dont les yeux qu'elle devait éteindre exprimaient un amour sincère. Cette combinaison si ingénieuse et si humaine en même temps établissait ce dualisme de la passion et du devoir, cette lutte intérieure, un des principaux ressorts de la tragédie, et donnait un intérêt nouveau à des péripéties fatalement prévues. — Une concubine d'Holopherne, éclairée par la jalousie et dénonçant en vain les projets homicides de cette étrangère si belle, si chaste, si fière et si parée, compliquait heureusement la simplicité de la situation. Le style est d'une harmonie et d'une pureté raciniennes. Aucune note trop actuelle n'y détonne. Il se soutient d'un bout à l'autre sans emphase et sans faiblesse, et c'était chose difficile.

Cléopâtre est l'œuvre la plus mâle que jamais main de femme ait tracée. Il y a entre *Judith* et *Cléopâtre* une profonde différence : la première est une tragédie traditionnelle heureusement inspirée de Racine ; dans la seconde a passé le souffle orageux de Shakspeare. D'une pièce à l'autre le poëte a fait un pas immense. — A l'aventure romanesque de l'esclave qui a vendu sa vie à Cléopâtre pour une nuit de bonheur, se mêlent les réalités historiques étudiées avec soin ; la couleur locale trace ses hiéroglyphes sur les panneaux des pylônes ; les caractères sont individuellement fouillés. Nous ne sommes plus dans ce monde vague de la tragédie, sous le portique banal où viennent les conjurés et les tyrans. Cléopâtre, « ce serpent du vieux Nil », est peinte dans toute sa variété d'aspects, avec son génie, sa beauté, sa séduction, cet irrésistible prestige qui dure encore à travers les âges, et que n'ont pu diminuer les vices ni les crimes. Que mademoiselle Rachel était magnifique dans ce rôle ! Quelle fascination dangereuse ! quelle grâce vipérine ! quelle beauté mortelle ! quel ascendant inéluctable !

Cléopâtre est le type féminin du plus haut titre qui se soit produit dans l'histoire. Beauté, gloire, puissance, elle réunit tout. Elle est la vérité de l'idéal, et jamais les imaginations du rêveur le plus effréné ne sauraient aller au delà. L'antiquité seule, où des multitudes étaient résumées par une personnalité unique, pouvait mettre au jour ces individualités énormes, ces existences colossales en dehors de toutes les proportions modernes, dont le monde attentif regardait se dérouler au-dessus de lui, dans une atmosphère étincelante, les fantaisies titaniques et démesurées. Ce n'était pas trop pour suffire au déploiement de ces natures gigantesques de tout l'or entassé par vingt dynasties, des dépouilles de cent peuples divers, de la vie sacrifiée de nombreux troupeaux d'esclaves, machines dociles, forces vivantes ajoutées à la volonté suprême. A ces immenses moyens d'action, Cléopâtre joignait les séductions de son sexe portées à un degré inouï. Personne ne fut plus reine, et personne ne fut plus femme.

Depuis l'éblouissement des splendeurs royales, les attitudes de déesse, les regards chargés d'éclairs, le froncement de sourcils olympien, jusqu'aux familiarités du corps de garde et aux plaisanteries soldatesques, elle possède tout : son front, si majestueux sous la couronne sidérale, est encore plus charmant sous le capuchon de la coureuse de nuit; qu'elle se présente comme femme ou sœur de Ptolémée, conculcatrice des peuples, reine des régions d'en haut et d'en bas, œil de lumière, préférée d'Amoun-Ra, avec tous les titres gravés sur les panneaux d'hiéroglyphes, ou qu'elle se fasse porter à César roulée dans un tapis, elle n'en est pas moins irrésistible. On dirait que la Vénus Verticordia lui avait cédé son pouvoir sur les âmes, qu'elle maniait à son gré, changeant l'héroïsme en lâcheté, la lâcheté en héroïsme, comme pour prouver sa force. Elle fit fuir Antoine, elle eût rendu Octave courageux. Un seul homme put l'aimer sans être sa victime ou sa dupe; mais aussi c'est le plus grand caractère, le type le plus complet, le plus rare assemblage des qualités de l'esprit et du cœur, le suprême effort de la nature; pour tout dire en un mot : César !

Elle avait le don de l'universalité. Elle savait tout, elle parlait toutes les langues et répondait à chacun dans son idiome. Elle connaissait la poésie, la musique, tous les arts, mieux que les plus habiles professeurs. Les soins d'un vaste empire, la conduite d'intrigues immenses et compliquées, les recherches d'un luxe inouï que la misère civilisée ne peut pas même concevoir, la fatigue des nuits orgiaques et de ces repas babyloniens où l'on buvait des perles fondues, rien n'altérait ce corps frêle et souple, fait d'acier et de diamant, qui semblait habité par vingt âmes : car, de même que les organisations inférieures n'ont que des tiers ou des quarts d'âme, les organisations d'élite ont des âmes multiples.

Cette immense personnalité, madame Émile de Girardin, malgré son talent, n'a pu la peindre sous toutes ses faces. Le cadre restreint du drame s'y oppose, et Shakspeare lui-même n'a fait qu'ébaucher la figure de Cléopâtre ; mais elle a trouvé les effets les plus heureux dans l'opposition de la reine d'Égypte et d'Octavie.

Le personnage d'Octavie, dont la vertu étonne Cléopâtre comme une force inconnue, est tracé de main de femme et avec tout le dédain de l'épouse pour la maîtresse : l'une, honneur éternel du foyer, chaste gardienne de la famille, lampe toujours allumée de la maison ; l'autre, caprice passager d'une nuit, compagne folle des ivresses, torche secouée sur la débauche. Qu'elle est fière cette Romaine qui ne permet même pas qu'on la plaigne et se dit heureuse, car la pitié pour elle serait une accusation pour l'époux !

On se rappelle encore, comme morceaux de poésie à détacher de l'action, les strophes de l'esclave au moment de boire la coupe empoisonnée, et l'énergique apostrophe au soleil corrupteur de l'Égypte, déclamée par mademoiselle Rachel avec un lyrisme si entraînant. Il est bien regrettable que la mort prématurée de la grande tragédienne ait fait retirer *Cléopâtre* du répertoire ; mais elle seule pouvait représenter la reine d'Égypte comme elle a joué Marie Stuart, cette autre séductrice que l'histoire condamne et que la poésie absout.

La Faute du mari repose sur une idée charmante exprimée en vers frais, naturels, délicats, pleins d'esprit et d'aisance. Le comte d'Hauterive n'ose pas aimer sa femme ; il lui cache ses bonnes qualités. Amoureux, il est froid, de peur de sembler ridicule ; il feint l'indifférence ; et sa femme, ne trouvant en lui qu'une sorte de tuteur pédant au lieu de l'amant permis que se figuraient ses rêves de pensionnaire, est près de demander à un autre le bonheur que son mari lui refuse. Heureusement la marquise d'Arcueil, une de ces maîtresses femmes si bien jouées par madame Allan, autrefois aimée du comte, intervient à propos, excite la jalousie de Laurence, devine celle de M. d'Hauterive, éloigne le cousin, et rompt cette glace qui séparait les époux, obstacle invisible, transparent, mais réel, et qui, avec le temps, eût pu devenir un mur de glace.

A *C'est la faute du mari* succède *Lady Tartuffe*. Jusque-là, madame Émile de Girardin n'avait fait que des pièces en vers. Le poëte se décide malaisément à fermer ses ailes pour descendre sur le sol que foule tout le monde. Mais, à notre époque, la prose, pour une œuvre de théâtre, est une chance de succès, et surtout de succès d'argent, le seul que vénèrent les directeurs. On ne pensait pas ainsi au dix-septième siècle, où l'on faisait versifier le *Don Juan* de Molière par Thomas Corneille, parce que, sans cette forme suprême, une comédie semblait inachevée comme une statue de plâtre qui n'est pas traduite en marbre. Maintenant le vers déplaît par les raisons qui le faisaient aimer autrefois : il idéalise, il transporte la réalité dans le domaine de l'illusion, et lui donne le recul nécessaire. Mais l'art ne suffit plus; il faut la photographie; le public veut retrouver sur la scène son langage habituel et ses formes ordinaires de conversation, surtout lorsque le sujet est moderne et que les acteurs portent les mêmes vêtements que lui.

Et puis c'était un attrait pour le public d'entendre s'envoler des lèvres de mademoiselle Rachel, au lieu des solennels alexandrins de Corneille et de Racine, des phrases nettes, courtes, spirituelles, mordantes, et débarrassées des sonnettes de la rime. Le Beau charme toujours peu ces braves Athéniens de Paris, quoiqu'ils l'applaudissent en bâillant à demi.

Lady Tartuffe était un titre heureux et hardi, il indiquait la nuance du type sans révéler le secret de l'action. Ce type, étudié avec une profondeur et une finesse rares, ne pouvait être saisi que par un observateur du même sexe. Les hommes n'ont pas assez de sang-froid pour juger les femmes. Quoiqu'ils les injurient souvent, ils ne pénètrent guère sous la superficie de leur beauté. — Jeunes, pourvues de fraîcheur et de traits réguliers, elles trouvent toujours grâce devant un aréopage barbu, sans même que leur avocat ait besoin de leur découvrir le sein, comme fit l'avocat de Phryné. Le tartuffe mâle est franchement odieux; il abuse des choses saintes, il se glisse traîtreusement à la fortune au détriment d'une famille, sous le voile de la dévotion, à travers les tortuosités des mines et des contre-mines, tandis qu'il pourrait conquérir loyalement sa place au soleil par l'épée, par la plume, par l'Église même. — La société impose presque l'hypocrisie aux femmes ; elles ne sauraient guère être franches sans danger, surtout lorsque le sort les a fait naître dans une position inférieure et dépendante. Lady Tartuffe, qui n'a ni dot, ni mari, et que sa beauté expose à des attaques ou tout au moins à des suspicions, est obligée à un grand machiavélisme de conduite ; elle navigue sans patente et sans pavillon sur une mer dangereuse sillonnée de vaisseaux ayant pavillon et papiers de bord en règle ; chacun peut lui demander : Qui es-tu? d'où viens-tu? où vas-tu? et la couler faute de réponse satisfaisante : aussi elle louvoie, elle court des bordées, livrée au hasard des tempêtes, devant le port ouvert pour tous, fermé pour elle.

Le corsaire ne demanderait pas mieux que de faire partie de la marine régulière, mais quelque faute de jeunesse s'y oppose. — Il faut donc mentir, ramper, s'insinuer, flatter, circonvenir, éteindre l'éclat de ses yeux et de son teint, se vouer aux couleurs sombres, aux toilettes jansénistes, aux modes mortifiées, s'entourer de gens ennuyeux, de sots solennels, et tout cela pour séduire un vieux maréchal goutteux, racontant, la jambe entortillée de flanelle, ses anciennes campagnes diplomatiques ! — Mais ce vieillard peut épouser, donner un nom ! Quel horrible travail d'araignée, quelle complication de fils ténus, que de mailles reprises dans le réseau ! Quelle inquiétude et quelle surveillance perpétuelle ! On en arrive presque à la plaindre, cette pauvre lady Tartuffe, malgré ses noirceurs, ses mensonges, ses calomnies, et cette crainte des jugements du monde qui lui a fait abandonner sanglant sur la bruyère l'amant qu'elle pouvait sauver et qu'elle a laissé mourir pour ne pas se compromettre. — Aussi, à la fin de la pièce, mademoiselle Rachel avait un mouvement sublime. Quand elle venait au rendez-vous, ou plutôt au guet-apens tendu pour la confondre par Hector de Renneville, lasse d'hypocrisie, excédée de feintes, elle ouvrait son domino de prude, sa livrée noire de Tartuffe femelle, comme pour respirer à pleins poumons une ou deux bonnes bouffées d'air libre, et l'on voyait le corsage rose, symbole de sa jeunesse, qui éclatait au souffle ardent de l'amour. Sa beauté, démasquée enfin, rayonnait insouciante et superbe ;

et la mère dont elle avait essayé de perdre la fille avait beau s'élancer de sa cachette comme une lionne et la surprendre en flagrant délit, elle ne la regardait même pas, et d'une œillade elle reprenait le vieux maréchal, qui, s'il ne disait pas comme Orgon : « Le pauvre homme ! » disait du moins : « La pauvre femme ! »

La pièce, conduite avec une adresse, on pourrait dire une rouerie — le mot serait ici de mise — que les faiseurs refusent à tort aux poëtes, obtint un succès que des reprises ravivent encore ; l'esprit y étincelle, coupé à facettes comme les carres d'un diamant, et y jette les feux les plus vifs. Le récit du jardinier Léonard est une merveille, et il tient toute la salle oppressée.

Dans *La joie fait peur,* madame Émile de Girardin a poussé à la limite extrême cette anhélation d'intérêt : un battement de plus, et le cœur se briserait dans la poitrine. Sans cris, sans violence, par des nuances imperceptibles, la souffrance morale y devient une souffrance physique ; les sanglots suffoquent, les larmes aveuglent jusqu'à l'explosion finale, où l'on sent que le titre n'est pas un vain mot et que la joie pourrait être mortelle.

Ce beau talent si pur, si noble, si tendre, quand il le voulait, essuyait ses pleurs et savait rire à gorge déployée sans rien perdre de sa distinction. On voyait toutes les perles de cette bouche charmante dans l'hilarité folle du vaudeville-bouffe. *Le Chapeau d'un horloger* en est la preuve.

La mort de madame de Girardin a été pour le théâtre une grande perte. Remise de l'émotion des premiers pas, elle avait conquis sa forme et savait diriger sans les embrouiller les fils des marionnettes qui composent la comédie humaine. Quel trésor d'observations, quelle mine de riches sujets, quel écrin de traits d'esprit, quel carquois de flèches acérées elle avait encore à dépenser, lorsque la mort vint écrire *fin* au milieu de la page !

Marguerite, ou Deux Amours, roman, *Il ne faut pas jouer avec la douleur,* nouvelle, se placent entre *Lady Tartuffe* et *La joie fait peur,* de 1853 à 1854. Ce sont deux petits chefs-d'œuvre. Madame de Girardin est donc morte dans toute la force de son talent. Pour nous qui l'avons trouvée si supérieure à ses œuvres, nul doute qu'elle n'eût progressé encore. La confidence de ses projets nous permet de l'affirmer.

Après ce court examen littéraire, ajoutons quelques détails plus intimes. La rue Laffitte avait été abandonnée pour la rue de Chaillot et ce bel hôtel bâti par M. de Choiseul, à son retour de la Grèce, sur le modèle de l'Érechthéum. Le jardin était beaucoup plus vaste alors qu'il ne l'est aujourd'hui, et à la place où grésille maintenant cette petite fontaine dont parle M. de Lamartine, les quatre cariatides du Pandrosion, exactement copiées, soutenaient l'entablement d'un petit temple auquel ne manquait que l'olivier sacré ; des marronniers touffus voilaient à demi la façade du côté des Champs-Élysées. Une salle à manger, un grand salon et un salon plus petit composaient le rez-de-chaussée. C'est dans le petit salon que se tenait habituellement madame Émile de Girardin ; elle travaillait là, à demi entourée d'un grand paravent chinois où, sur un fond noir, voltigeaient des oiseaux bizarres à travers des bambous et des plantes exotiques, se laissant facilement distraire à l'attrait de quelque visite amicale. Elle était chez elle toujours vêtue d'un peignoir blanc, très-large, dont nulle ceinture ne marquait la taille, et quand elle écrivait, elle ne pouvait souffrir ni peigne ni lien dans les cheveux, qu'elle laissait flotter en larges nappes sur ses épaules. Jamais ouvrier littéraire n'eut moins d'outils ; un pupitre de marqueterie posé sur une petite table lui servait de bureau, et la plume de fer dont elle écrivait ses billets du matin courait vive et nerveuse sur un papier transversal : de même que Balzac, elle se vantait d'être très-propre dans son ouvrage, et comme elle justifiait le vers du Dante :

La bella creatura di bianco vestita,

on pouvait voir aisément que jamais goutte d'encre n'avait taché sa blancheur d'hermine.

En dépit de son esprit viril, madame de Girardin était femme, et très-femme ; elle eût monté à l'échafaud sans pâlir, comme madame Roland, mais elle se mourait de peur en voiture et n'osait traverser le boulevard. Nous l'avons vue haranguer, avec un sang-froid et une éloquence admirables, des émeutiers qui, en 1849, venaient crier autour de l'hôtel; et une chauve-souris, entrée par la fenêtre, qui voletait contre le plafond, la faisait presque évanouir.

Dans les dernières années de sa vie, sa beauté avait pris un caractère de grandeur et de mélancolie singulier. — Ses traits idéalisés, sa pâleur transparente, la molle langueur de ses poses ne trahissaient pas les ravages sourds d'une maladie mortelle. A demi couchée sur un divan et les pieds couverts d'une résille de laine blanche et rouge, elle avait plutôt l'air d'être convalescente que malade. — George Sand, qu'elle admirait sans aucune arrière-pensée, la vit souvent vers cette époque, et tandis que George fumait silencieusement sa cigarette, immobile et rêveur comme un sphinx, Delphine, oubliant ou cachant sa souffrance, savait encore lui adresser quelques flatteries ingénieuses, quelque mot charmant, plein de cœur et d'esprit.

Quoiqu'elle fût tendrement dévouée à son mari, dont elle avait épousé les luttes, que la gloire, le succès, la fortune, tout ce qui peut faire aimer la vie, lui fussent arrivés à souhait, que des amis fidèles et sûrs l'entourassent, elle semblait secrètement désirer d'en finir. Ce temps ne lui plaisait plus; elle trouvait que le niveau des âmes s'abaissait, et déjà elle cherchait à pressentir l'autre monde en causant avec les esprits qui habitent les tables : comme Leopardi, le poëte italien, auquel de Musset, descendu, lui aussi, dans la tombe, a adressé de si beaux vers, elle semblait rêver « le charme de la mort ». Quand l'ange funèbre est venu la prendre, elle l'attendait depuis longtemps.

Théophile Gautier.

A MA MÈRE.

> Du goût des vers pourquoi me faire un crime ?
> Leur prestige est si doux pour un cœur attristé !
> Il ôte un poids au malheur qui m'opprime ;
> Comme une erreur plus tendre il a sa volupté.
>
> Mme DESBORDES-VALMORE.

En vain dans mes transports ta prudence m'arrête ;
Ma mère, il n'est plus temps : tes pleurs m'ont fait poëte !
Si j'ai prié le Ciel de me les révéler
Ces chants harmonieux, c'est pour te consoler.
D'un tel désir pourquoi me verrais-je punie ?
Les maux que tu prédis ne sont dus qu'au génie ;
A d'illustres malheurs, va, je n'ai pas de droits :
Quel cri peut s'élever contre une faible voix ?
Vit-on jamais les chants d'une muse pieuse
Exciter les clameurs de la haine envieuse ?
Non, l'insecte rongeur qui s'attache au laurier
Épargne en son dédain la fleur de l'églantier.
Ah ! de la gloire un jour si l'éclat m'environne,
Comme une autre parure acceptant sa couronne,

Je dirai : « Son éclat sur toi va rejaillir ;
Aux yeux de ce qui m'aime elle va m'embellir. »
A ce cruel destin, hélas! me faut-il croire?
Pourquoi me fuirait-on? Le flambeau de la gloire,
Dont la splendeur effraye et séduit tour à tour,
N'est qu'un phare allumé pour attirer l'amour;
Qu'il vienne!... Sans regret et changeant de délire,
Au pied de ses autels j'irai briser ma lyre;
Mais dois-je désirer ce bonheur dangereux?

Hier, il m'en souvient, je fis un rêve heureux :
L'être mystérieux qui préside à ma vie,
Ce fantôme charmant dont je suis poursuivie,
Hier il m'apparut, triste, silencieux;
La langueur se peignait sur ses traits gracieux;
Moi, sans plaindre sa peine et d'espoir animée,
En le voyant souffrir je me sentais aimée...
Il ne l'avait pas dit... Non... mais je le savais,
Et bientôt j'oubliai... — ma mère, je rêvais!... —
J'oubliai de cacher le trouble de mon âme;
Il le vit; et ses yeux, pleins d'une douce flamme,
Pour m'en récompenser l'excitaient tendrement,
Et mon cœur se perdait dans cet enchantement.
Toi-même en souriant contemplais mon supplice
D'un regard à la fois maternel et complice.

Dieu! que j'étais heureuse! et pourtant... je pleurais
Et ce bonheur parut redoubler tes regrets :
Celui que nous pleurons manquait à notre joie, [1]
Car je n'espère plus qu'un rêve nous l'envoie;
Un rêve peut créer le plus doux avenir,
Mais il n'enlève pas le poids d'un souvenir;
Quand la source des pleurs ne peut être tarie,
La plus puissante joie est d'avance flétrie.

Mon songe est effacé... Je suis seule; dis-moi,
Celui qui doit me plaire est-il connu de toi?
Viendra-t-il, devinant le rêve qu'il m'inspire,
Sur un cœur qui l'attend réclamer son empire?
A ma jeunesse enfin servira-t-il d'appui?
Ah! si le Ciel un jour daignait m'unir à lui!...
Mais non, éloignez-vous, séduisante chimère;
En troublant mon repos vous offensez ma mère;
Tant qu'elle m'aimera, qu'aurai-je à désirer?
Rien... un si grand bonheur me défend d'espérer!..

[1] Son père, M. Gay, mort à Aix-la-Chapelle le 19 décembre 1822.
(Note de l'Éditeur.)

Paris, 1823.

POËMES.

POËMES.

MAGDELEINE.

CHANT PREMIER.

Harpe du Roi poëte, ô reine des cantiques,
Toi que David baigna de larmes prophétiques,
Toi que dans le saint temple il a fait retentir,
Toi qui chantas son crime avec son repentir,
Apprends-moi les accords empreints de son génie,
Fais couler sous mes doigts un torrent d'harmonie,
Révèle ce malheur de mon âge inconnu,
Fais crier les remords dans un cœur ingénu ;
Livre-moi les secrets d'une douleur amère,
Je ne connais encor que les maux de ma mère ;
Dans une sainte erreur mon cœur est demeuré ;
Pour chanter Magdeleine il faut avoir pleuré.

En ce temps-là vivait dans la cité chérie
Une femme, c'était Magdeleine Marie ;
De l'antique Sion, témoin de son bonheur,
Elle fut à la fois et la honte et l'honneur.

Belle comme la gloire, elle en était l'image ;
De même on lui rendait un imprudent hommage.
Le soin de sa parure occupait tous ses jours ;
Ses vœux étaient de plaire et de plaire toujours.
Dans son cœur inconstant quels yeux auraient pu lire ?
Tantôt de la folie elle avait le délire ;
Puis, d'une jeune fille imitant la candeur,
Comme un attrait de plus adoptait la pudeur,
De l'innocence même osait feindre les charmes ;
Mais ce cœur ignorait le mensonge des larmes,
Car il n'est plus d'espoir et point de repentir
Pour celle dont les pleurs ont appris à mentir.

O vous dont l'âme triste est pleine de tendresse,
Évitez les regards de cette enchanteresse !
Et vous, femmes, fuyez son dangereux séjour ;
Et toi qui de l'hymen vois briller le beau jour,
Dans la chaîne de fleurs que tes mains ont tressée
Retiens ton jeune époux, ô jeune fiancée !
Si tu veux par l'amour le soumettre à tes lois,
Fais qu'il n'entende pas sa séduisante voix !
Le sage en la voyant perd son indifférence :
De la rendre au devoir il conçoit l'espérance ;
Car, malgré tous ses torts, sa céleste beauté
Donne à son front coupable un air de chasteté.
Déjà dans son regard l'avenir se révèle,
Ah ! bientôt réclamant sa parure nouvelle,
Ce front se cachera sous la cendre du deuil ! [1]
Ils seront passagers, les jours de son orgueil !
Mais voyez quel éclat, quelle magnificence,

---

[1] *Mœurs des Israélites*, par l'abbé Fleury.

De cette femme impie annoncent la puissance.
Admirez ce palais orné de pampres d'or, [1]
Et ces vases d'airain plus précieux encor,
Ces colonnes de jaspe, et ces flambeaux superbes
D'où la flamme s'échappe en lumineuses gerbes.
L'aloès et la myrrhe, aux saints autels ravis,
De ce temple profane embaument le parvis;
Les tapis de l'Égypte en décorent l'enceinte.
Sous un dais recouvert de pourpre et d'hyacinthe, [2]
Dans la salle de fête un banquet est dressé.
Là, des jeunes flatteurs le cortége empressé
Sur les siéges d'ivoire avec ordre se range;
Chacun s'anime, on rit; l'encens de la louange
Autour de Magdeleine exhale ses vapeurs.
Elle-même préside à ces plaisirs trompeurs.
Elle sait d'un sourire encourager la joie;
Par des soins prévenants sa grâce se déploie.
Le vieil Herbas près d'elle a voulu se placer :
Aux rêves du jeune âge il ne peut renoncer.
Cette femme à l'œil noir est la belle Aurélie;
Cette autre est Salomé, par l'esprit embellie.
Plus loin on voit Pharès, de la tribu d'Aser,
Et Nachor, surnommé le Lion du désert.
On reconnaît Paulus à sa toge romaine;
Le dépit l'éloigna, mais l'espoir le ramène :
De l'adorer toujours on avait fait serment.

Mais quel est ce jeune homme au front pâle et charmant,
Ce convive distrait que la joie importune?

[1] Description du Temple de Jérusalem.
[2] Livre d'*Esther*, festin d'Assuérus.

Sa tristesse n'est pas celle de l'infortune :
Il est préoccupé d'un souvenir plus doux
Que tous ces vains plaisirs dont il n'est point jaloux.
C'est le noble Joseph, natif d'Arimathie;
Hélas! dans le péché son âme est endurcie;
On ne le voit jamais prier dans le saint lieu;
Le plaisir est son culte et l'amour est son dieu.
Jamais il n'accorda le pardon d'une offense,
Mais un tendre soupir le trouvait sans défense.
Ses yeux presque fermés étaient doux et moqueurs;
Il savait des discours qui charmaient tous les cœurs,
Il les avait appris dans un monde perfide,
Et pourtant son langage était simple et timide.
Des sages, des enfants il était écouté :
Comment se défier de la timidité?

Ce jour-là, soit raison ou soit par indolence,
Auprès de Magdeleine il gardait le silence.
Cachant à ses amis ses craintes, ses désirs,
Avec indifférence il voyait leurs plaisirs;
Et lorsque des rivaux la foule adulatrice
D'un regard bienveillant implore le caprice,
Lui, paraît dédaigner ce trop facile honneur,
Son sourire trahit un insolent bonheur.
Cependant Magdeleine a lu dans sa pensée,
De son morne silence elle semble offensée;
Il le voit, il se lève, et, domptant sa fierté,
Tout à coup fait briller sa tardive gaîté :
« Donnez, dit-il, la coupe à mes lèvres avides.
Eh quoi! les flacons d'or en mes mains restent vides?
Les plaisirs du festin ont-ils fui les premiers?
Nos coteaux ne sont-ils généreux qu'en palmiers?

Ah! que n'est-il ici, ce charpentier prophète
Qui de l'humble Cana vint partager la fête,
Et, d'oublier ses maux se faisant un devoir,
Par un joyeux miracle attesta son pouvoir!
Du Ciel ou de l'Enfer quel aimable transfuge!
C'est un nouveau Noé sans arche et sans déluge ;
C'est un roi travesti pour sauver l'univers ;
C'est un ange perdu dans un monde pervers ;
C'est un Dieu qui, forçant sa divine nature,
Vient des pauvres mortels goûter la nourriture ! »

O Jacob! ô David! jours de calamités!
La foule applaudissait à tant d'impiétés!
Et le jeune insensé, plein d'une double ivresse,
S'enflammant aux regards de sa belle maîtresse,
Et vantant par ses vers un trop heureux amour,
Riait, parlait, buvait et chantait tour à tour.
Puis Joseph dans ses bras serrait la harpe antique;
Sainte, elle accompagnait un profane cantique;
Tandis qu'autour de lui le vin oriental,
Quittant avec fracas la prison de cristal
Où depuis quinze hivers son doux parfum sommeille,
Retombait dans la coupe en cascade vermeille.

Déjà du haut des cieux l'étoile du matin
A fait pâlir l'éclat des flambeaux du festin.
Magdeleine aperçoit leur tremblante lumière;
Du somptueux banquet se levant la première,
« Séparons-nous, dit-elle, il est tard, et j'entends
Le concert matinal des oiseaux du printemps.
Allez, qu'un doux repos à ses lois vous enchaîne;
Adieu, nous nous verrons à la fête prochaine.

— A demain, » dit Joseph en lui baisant la main.
Et la troupe joyeuse a répété : « Demain! »
Les plaisirs ont cessé, l'ivresse dure encore.
Par les chants de la nuit insultant à l'aurore,
Les convives enfin s'éloignent de ces lieux ;
Le pauvre est réveillé par leurs bruyants adieux ;
D'un regard indigné le prêtre les contemple,
Et va pour leur salut prier dans le saint Temple.

Villiers-sur-Orge, novembre 1822 [1].

CHANT DEUXIÈME.

« Voici la nuit... J'attends... Dieu! qu'il tarde à venir!...
Que fait-il?... loin de moi qui peut le retenir?...
Déjà tous les pasteurs sont rentrés sous leur tente...
N'aura-t-il pas pitié d'une si longue attente?...
C'en est fait! l'heure expire, et je n'ai plus d'espoir!
Celui pour qui je veille avait dit : « A ce soir! »
Il avait dit : « Ce soir... » et la nuit est venue!...
J'éprouve une souffrance à mon âme inconnue...
Du retour de Paulus serait-il offensé?
Craint-il un souvenir dans mon cœur effacé?...
Ou bien pour un refus a-t-il pris mon silence?...
Faut-il de son amour accuser l'indolence?
Non... j'en crois sa prière et son brûlant regard,
Sans doute il va venir... mais comme il viendra tard! »

[1] Delphine Gay de Girardin était née en 1804.

Ainsi, toute à l'amour qui domine son âme,
Magdeleine, oubliant qu'un devoir la réclame,
N'a point revu sa sœur, et ne s'informe pas
Des motifs qui loin d'elle ont retenu ses pas.
Et pourtant Séphora, si vive, si légère,
Est l'enfant qu'à ses soins a léguée une mère.
Seule — on la voit prier au tombeau maternel.
Des dangers où la livre un oubli criminel
Quelques vieux serviteurs préservent sa jeunesse.
A la grâce elle unit la candeur, la finesse;
Neuf fois déjà, tombés sous les vents orageux,
Les doux fruits du palmier servirent à ses jeux.
Tel, entouré de fleurs où le poison se cache,
Sort des marais fangeux un lis pur et sans tache :
Telle, et n'ayant aussi que Dieu pour protecteur,
Au sein des vils plaisirs d'un monde corrupteur
On voyait Séphora grandir dans l'innocence.
Magdeleine n'a point remarqué son absence;
L'enfant l'avait quittée au repas du matin.
Ce n'est pas elle, hélas! qu'à l'horizon lointain
Ses regards inquiets ont si longtemps cherchée.
Mais en vain sur le mont sa vue est attachée ;
En vain du noir coursier sur les cailloux brûlants
Magdeleine épiait les pas étincelants;
La voix des chameliers qu'on entendait encore
Et que la paix du soir rendait triste et sonore,
L'insecte lumineux bourdonnant sur les eaux,
Les reptiles impurs criant dans les roseaux,
Les brises de la nuit qui soulevaient ses voiles,
Et le parfum des fleurs, et l'éclat des étoiles,
Et ces lampes d'airain qu'un esclave allumait,
Et le Temple désert qu'avec bruit on fermait :

Tout défendait l'espoir à son âme oppressée...
Tout lui disait enfin que l'heure était passée!...

Cependant, vers le seuil qu'ombragent mille fleurs,
Sur le marbre d'Égypte aux luisantes couleurs,
Des pas ont retenti... Soudain la porte s'ouvre !
Elle entend frissonner le rideau qui la couvre...
C'est Joseph!... hélas! non...·A ses yeux étonnés
Séphora paraît seule.

     « O ma sœur, pardonnez!
Dit l'enfant, qu'agitait une frayeur secrète ;
Nous revenons bien tard; vous étiez inquiète...
Oh! ne vous fâchez pas avant de m'écouter;
Je n'ai pas tort, ma sœur; je vais tout vous conter.
L'air était moins brûlant et les cieux étaient calmes,
Toutes deux nous marchions vers la cité des Palmes ;
Au-devant de Jésus la foule se portait.
Tandis qu'au pied du mont, Nohamel [1] s'arrêtait,
D'avance préparant l'aumône accoutumée,
J'allai vers ce vieillard, ce pauvre Bartimée,
Qu'on voit toujours assis à l'angle du chemin ,
Et qui ferme les yeux en étendant la main ;
Il était prosterné devant le FILS DE L'HOMME,
Le Sauveur!... c'est ainsi que le peuple le nomme ;
L'aveugle mendiant s'écriait, plein de foi :
« Seigneur, fils de David, ayez pitié de moi!
» D'un seul mot vous pouvez me rendre la lumière! »
Au même instant, touché de cette humble prière,
Jésus lui dit : « Voyez ! » — L'aveugle ouvrit les yeux,

---

[1] Nohamel, nourrice de Magdeleine.

Et son premier regard se porta vers les cieux :
Il bénit le Seigneur dans sa reconnaissance.
Or chacun de Jésus admirait là puissance,
Et les femmes pleuraient... et le peuple, à genoux,
Disait : « Un grand prophète est venu parmi nous ! »
Mais lui, sans s'étonner, contemplait ce spectacle.
Ce qu'il a fait, ma sœur, on l'appelle un miracle ! »

Par ce récit naïf l'enfant veut s'excuser.
Magdeleine, sa voix ne peut donc t'apaiser?
Cruelle ! cette enfant qu'à bannir tu t'empresses,
En un jour de bonheur recevrait tes caresses !
A son esprit distrait Séphora parle en vain ;
Magdeleine, insensible au miracle divin,
Fait emmener sa sœur, hélas ! sans l'adieu tendre
Qu'avant de la quitter l'enfant semblait attendre.

Seule, en proie aux soupçons qui viennent l'assiéger,
Pour Joseph qui l'oublie elle rêve un danger ;
Son cœur, de l'abandon fuyant la certitude,
Veut encor se flatter... par une inquiétude !
C'en est fait... son amour l'excuse vainement :
Joseph ne viendra plus dissiper ce tourment !...
Mais... n'est-ce point sa voix si longtemps espérée?

« Conduisez les chameaux vers la porte Dorée,
Et vers Arimathie allez par ce détour
Au palais de mon père annoncer mon retour ! »
Au bruit des pas légers qui frappe son oreille,
Couché sur le parvis, un esclave s'éveille...
Inquiet, il veut voir qui pénètre en ces lieux ;
Il reconnaît Joseph... et referme les yeux.

Tandis que, traversant la riche galerie,
Joseph passe en tremblant sous la voûte fleurie,
De crainte et de dépit n'étant plus agité,
Le cœur de Magdeleine a repris sa fierté.
Déjà par le dédain, la fausse indifférence,
Elle veut se venger de sa longue souffrance;
D'une attente pénible il faut cacher l'ennui :
Joseph ne saura point qu'on a souffert pour lui.

Rêveuse, à son aspect Magdeleine s'étonne;
Il cherche à s'excuser... d'avance on lui pardonne.
Il se plaint... et l'on rit de ses soupçons jaloux.
« Je pars; adieu, dit-il enflammé de courroux,
Pour la dernière fois!...

      — Quoi, déjà! répond-elle,
Dans le camp des Romains Hérode vous rappelle?...

— Non... t'oublier, te fuir, voilà mon seul devoir.
Je suis las de t'aimer, honteux de ton pouvoir!
Rends à l'heureux rival dont la foi te réclame
Tous les droits qu'un moment j'usurpai sur ton âme;
Il ne me verra plus, dans mon juste mépris,
De son crédule amour lui disputer le prix. »

Magdeleine, à ces mots, sans paraître offensée,
Veut calmer de Joseph la colère insensée :

« Quelle nouvelle erreur trouble votre raison?...
Pour qui m'accusez-vous d'oubli, de trahison?...
D'Alcas redoutez-vous le sublime délire?
L'Ausonie et la Grèce ont couronné sa lyre;
Mais lorsque dans ses chants mon nom vient l'inspirer,

Sans flatter son amour, ne puis-je l'admirer?...
Trop fière de régner sur une âme sauvage,
Du farouche Nachor si j'accueillis l'hommage,
Je n'ai par nul espoir encouragé ses vœux...
De Pharès craignez-vous les frivoles aveux,
Son langage indiscret et sa gaîté naïve?...
Ah! la voix qui séduit est une voix plaintive;
Et qui n'a point souffert n'est pas digne d'aimer!...

— Perfide! il en est un que tu n'oses nommer!...
S'écrie alors Joseph dans sa jalouse rage;
Paulus eut ton amour!...

      — J'honorai son courage,
Il est vrai. Dans nos murs par Tibère exilé,
D'un injuste destin mes soins l'ont consolé.
Je rendis l'espérance à son âme flétrie;
Il croyait près de moi retrouver la patrie,
Et, le voyant paré de gloire et de malheurs,
Je cédais sans remords au charme de ses pleurs.
Mais devez-vous punir ma pitié généreuse,
Vous... dont l'ardeur légère, hélas! plus dangereuse,
A soumis ma tendresse à des tourments nouveaux?
Ah! l'inconstant Joseph a besoin de rivaux!
Sans craindre leurs succès votre amour ne peut vivre,
Et leur encens flatteur, c'est vous seul qu'il enivre!...

— Excuse mensongère!... inutiles détours!...
A cette ruse en vain mon dépit a recours;
En vain, moi, pour dompter ton amour par la crainte,
Cherchant à me parer d'une inconstante feinte,
Je porte mon hommage aux pieds de Salomé;
Sans joie, indifférent au bonheur d'être aimé,

Plein de ton souvenir, je suis distrait près d'elle,
Et sans la regarder, je lui dis qu'elle est belle;
Lorsque de ma tendresse elle exige un serment,
Ma voix le dit sans trouble et mon cœur le dément;
Si je veux l'appeler quand sa douleur me touche,
C'est ton nom qui toujours s'échappe de ma bouche.
En voulant me venger je suis encore à toi;
Mais c'en est trop... je veux...

— Joseph! regarde-moi...
Ingrat!... ne vois-tu pas ton pouvoir sur mon âme,
Mon trouble, mon bonheur, quand ton regard de flamme
Sur mon front embelli descend avec amour?...
Ah! pour moi, ce regard enivrant est le jour!...
Oui, l'Arabe égaré dans sa lointaine course
Voit avec moins d'espoir le cristal d'une source...
Le lis a moins d'orgueil au lever du soleil...
Et la nouvelle mère, épiant le réveil
De l'enfant que le Ciel accorde à sa tendresse,
A son premier sourire éprouve moins d'ivresse!...

— Oh!... sous d'autres regards je te vis t'embellir!
Au son d'une autre voix j'ai vu ton front pâlir.
Cesse de m'abuser par un vain artifice;
Mon orgueil outragé demande un sacrifice;
Pour croire à ton amour j'ai besoin d'un remords.
Immole ces rivaux à mes jaloux transports;
Éloigne ce Paulus... brise son espérance,
Et par un crime enfin prouve ta préférence!... »

Ah! pourquoi de l'amour les profanes accents
Sur les cœurs sans vertu sont-ils donc si puissants?

O triomphe du mal! ô trouble de la terre!...
Ce pouvoir séducteur, ce dangereux mystère,
Joseph le connaissait; — et déjà rassuré,
Il ne demandait plus s'il était préféré.

Ange de l'hyménée, espoir des âmes saintes,
O toi qui de l'amour bannis les chastes craintes,
Et qui, d'un feu divin sachant nous enflammer,
Pour prix de nos vertus nous ordonnes d'aimer!...
Mes vers ne diront point un bonheur qui t'offense,
Ma voix l'accuserait moins que mon ignorance;
Révélés malgré moi, ces secrets odieux
Souilleraient la candeur de mes rêves pieux.
Moi-même en les chantant je te ferais injure,
Mon front serait plus triste et ma bouche moins pure!
Je livre Magdeleine à tes ressentiments;
Elle t'a méconnu dans ses tendres serments :
Le voile virginal qui protége tes charmes
Ne fut point inondé de ses pudiques larmes...
Hélas! ton saint bandeau n'orna point ses cheveux;
Sa main n'a point porté l'anneau d'or de tes vœux,
Et son front sans rougeur, que la honte environne,
Ne s'est point incliné sous ta blanche couronne!

A cet affreux hymen, célébré par l'Enfer,
Satan seul présida. — Sur son autel de fer
De leur amour profane on déposa la chaîne.
Orgueilleux d'asservir Joseph et Magdeleine,
Satan serra leurs nœuds par les Démons ourdis,
Et le Livre infernal reçut leurs noms maudits...

Villiers-sur-Orge, 1825.

CHANT TROISIÈME.

FRAGMENT.

. . . .

De ses rêves d'orgueil Magdeleine s'éveille ;
Elle écoute... Des chants ont frappé son oreille :
D'une vierge d'Aser c'étaient les doux accents.
Elle allait puiser l'eau sous l'arbre de l'encens ;
Joyeuse, elle marchait, et de sa main agile
Soutenait sur sa tête une amphore d'argile ;
Un long voile de lin par le vent agité
Cachait de son front pur la naissante beauté.
Magdeleine la vit passer sous le portique ;
La jeune fille alors chantait ce vieux cantique
Qu'on apprend dès l'enfance aux filles d'Israël,
Qui séduisit Jacob et que chantait Rachel,
Ce cantique d'amour dont la chaste harmonie
Pour un coupable cœur semblait une ironie :

« Je ne connais pas mon époux ;
» Mais d'avance je suis fidèle,
» Et ceux dont il serait jaloux
» Ne savent pas que je suis belle.

» Le pauvre qu'il faut secourir
» Seul connaît mes soins et mon zèle ;
» On ne me vit jamais courir
» Que sur les pas de ma gazelle.

» Sans plaisirs comme sans douleurs,
» Je ne sais, dans mon ignorance,
» Que prier, plaindre la souffrance,
» Et la guérir avec des fleurs.

» De leur couronne virginale
» Mes cheveux toujours protégés
» Ne furent jamais dérangés
» Que par la brise matinale.

» Mon père seul a caressé
» Ce front d'où mon voile retombe;
» Mes lèvres n'ont jamais pressé
» Que les ailes de ma colombe.

» Le jour où, soumise à ses lois,
» Je suivrai l'époux que j'ignore,
» Il me verra naïve encore
» Rougir pour la première fois.

» Et lorsque sous le térébinthe
» Il appellera Noémi,
» Mon cœur, sans remords et sans crainte,
» A sa voix seule aura frémi.

» De l'amour apprends-moi les charmes,
» Toi que m'a choisi le Seigneur!
» Viens, je te garde mon bonheur,
» Mes vœux, mon sourire et mes larmes! »

Elle dit, et déjà ses pas vifs et légers
Franchissaient la montagne et le bois d'orangers;

Elle chantait encor, mais sa voix plus lointaine
Ne troublait que l'écho de la sainte fontaine.
Comme un reproche amer, ces accents ingénus,
Au cœur de Magdeleine ils étaient parvenus!
La fortune à l'orgueil ne peut donc pas suffire,
Si dans un palais d'or, d'ivoire et de porphyre,
Rappelant ces beaux jours qu'on ne peut oublier,
La chanson d'une enfant venait l'humilier?
« Ah! pensa Magdeleine en sa douleur nouvelle,
Comme elle j'étais pure, et je chantais comme elle;
Hélas! comme son cœur, sans crainte, sans combats,
Le mien formait des vœux qu'il ne comprenait pas!
Où sont-ils ces beaux jours d'espoir et d'ignorance,
Où l'âme en sa candeur trouve tant d'assurance,
Et, rêvant tous les biens qu'elle croit obtenir,
Ne voit pas un remords dans tout son avenir? »

. . . .

CHANT QUATRIÈME.

CONVERSION DE MAGDELEINE.

CHANT CINQUIÈME.

Le signal est donné sous la terre qui tremble...
Satan nomme Jésus... et tout l'Enfer s'assemble.
Ce nom seul a troublé l'empire ténébreux;
Les Démons, alarmés, s'interrogent entre eux.

La salle du Conseil de leur foule s'encombre ;
Pressés par la terreur, ils se heurtent dans l'ombre :
Car le feu des Enfers, sans reflets, sans clartés,
Sert à peine à guider leurs pas précipités.
Ils courent à grand bruit, s'appellent, se répondent,
Aux plaintes des damnés leurs clameurs se confondent :
Mais les damnés eux seuls, à leur rage aguerris,
Ne se demandent point la cause de ces cris ;
Qu'importent cet émoi, cette rumeur soudaine,
A des âmes qu'attend une éternelle peine ?
Leur torture ne peut s'interrompre un moment...
Ah ! cette indifférence est leur premier tourment !

Enfin de tant d'effroi la cause se révèle ;
Chacun a répété la fatale nouvelle,
Et l'écho des Enfers longtemps fait retentir
Le nom de Magdeleine... et le mot : Repentir !...
Les Démons réclamaient leur superbe victime,
L'ornement du Péché, la gloire de l'abîme !
Et le Péché vaincu, honteux et consterné,
Pleurait le déshonneur de se voir pardonné !

Tous, se parlant ainsi dans l'absence du maître,
A leurs regrets divers se faisaient reconnaître :

« Vengeance ! disaient-ils, détestable pouvoir !
Magdeleine nous fuir ! ô rage ! ô désespoir !
Elle qui sut prêter au vice tant de grâce !
Dont l'Enfer admirait la faiblesse et l'audace !

— Que d'envie inspirait l'éclat de sa beauté !

— Que de haine excitait sa moqueuse fierté !

— Sa bouche avec candeur savait mentir et plaire !

— Que ses yeux étaient beaux enflammés de colère !

— Quel luxe elle étalait dans ses brillants atours !

— Que d'esprit jaillissait de ses malins discours !

— Et comme elle savait, tendre et mélancolique,
Cacher la volupté sous un maintien pudique !...

— Elle avait embelli jusqu'à l'impiété :
Jamais son jeune cœur, de plaisir agité,
N'éleva jusqu'au Ciel une voix douloureuse ;
Elle ne priait point... et paraissait heureuse !

— Oh ! quel art merveilleux ! quels magiques attraits ! »

Insensés !... dans leur rage et dans leurs vains regrets,
Ils ne devinaient pas que ce charme invincible
Était le seul pouvoir d'un cœur noble et sensible,
Du Ciel qu'elle outrageait triste et précieux don,
Ineffable tendresse... avenir du pardon !

Tandis que tout l'Enfer s'émeut pour une femme,
Ourdissant en secret une effroyable trame,
Dans l'antique arsenal Satan s'est renfermé.
Par un nouveau vainqueur il se sent désarmé,
Et s'apprête à lancer l'infernale sentence,
Car il craint la Vertu moins que la Pénitence.

Mais pour mieux dérober sa honte et ses projets,
Il veut par ses discours rassurer ses sujets.
S'essayant aux efforts d'une haine invisible,
Et cachant ses fureurs sous un dédain paisible,
Il s'éloigne à pas lents du magique arsenal ;
Superbe, il vient s'asseoir sur le trône infernal ;
Au-devant de ses pas tout son peuple s'élance.
Sa vue a ramené le jour — et le silence.
A son aspect subit les Démons réjouis
Détournent un moment leurs regards éblouis :
L'Ange rayonne encor des saintes étincelles,
L'abîme est éclairé du seul feu de ses ailes ;
Rayon du feu divin, ce reste d'un éclair
Est l'astre des Démons, le soleil de l'Enfer !
On voit briller son corps sous l'ébène d'un voile ;
Son front, que Dieu maudit, porte encore une étoile.
Ah ! la sainte splendeur de ce front réprouvé,
Ce charme qu'aux Enfers Satan a conservé,
Des célestes bienfaits empreinte impérissable,
Bien plus que ses fureurs le rendent haïssable !
Sa funèbre pâleur décèle malgré lui
D'un pouvoir abhorré la fatigue et l'ennui.
Tel qu'un lac endormi ne vit que par l'orage,
Son âme ne répond qu'aux accents de l'outrage,
La Haine aux bras sanglants seule sait l'animer ;
Son farouche regard ne peut se renflammer
Que par l'espoir de voir sa vengeance assouvie,
Et pour son cœur éteint la colère est la vie !

Mais le Juge immortel, — Dieu, qui l'a tant aimé,
Connaît en ses replis ce cœur qu'il a formé.
Il inventa pour lui le plus grand des supplices :

Satan fut exilé du séjour des délices,
Et l'Éternel, vainqueur, à l'Ange factieux
Infligea pour tourment — le Souvenir des Cieux!

Depuis le dernier jour de sa gloire effacée,
Invisible aux regards, visible à sa pensée,
Un fantôme divin l'accompagne en secret :
Les enfants de l'abîme ignorent cet arrêt.
Souvent, pour éviter l'ennemi qu'il redoute,
Satan suit des Enfers la ténébreuse route;
Seul on le voit, errant sur le funèbre bord,
Chercher les profondeurs des déserts de la Mort.
Il pense que ces lieux où le Péché domine
Effraieront de l'Esprit la nature divine;
Mais il appelle en vain l'horreur à son secours :
L'Esprit suit des Enfers les caverneux détours;
Avec lui, dans le gouffre il parvient à descendre,
Ses invisibles pieds sont empreints sur la cendre.
Du fantôme, Satan ne peut se délivrer.
Il est là, — là toujours! il l'entend respirer.
La nuit, à ses remords, en songe il se présente,
Sur son cœur oppressé pose une main pesante;
Il offre à ses désirs les biens qu'il a perdus,
Lui jette des parfums, dans les Cieux répandus;
Lui montre ces clartés que les Anges adorent,
Ces éternelles fleurs — que les mortels ignorent...
Puis, quand Satan, vaincu par ce beau souvenir,
Rappelant ces objets, cherche à les retenir,
Poursuit de tous ses vœux la vision si douce...
Tout disparaît... l'Esprit loin du Ciel le repousse,
Et lui montre l'égide où l'Ange des regrets
En chiffres enflammés grava ce mot : Jamais!!

Ainsi du Ciel perdu cette image charmante
Comme un vivant remords sans cesse le tourmente;
Sans cesse une voix crie en déchirant son cœur :
« Satan, te souvient-il des jours de ton bonheur,
Quand du séjour divin tu respirais l'ivresse?
Quand Dieu t'environnait de gloire et de tendresse? »

A peine de Satan l'étoile resplendit,
Qu'assiégeant les degrés de son trône maudit,
Les princes de sa cour viennent lui rendre hommage;
Chaque Démon d'un vice offre l'impure image,
Porte ses attributs en signe de respect.
Oh! sinistre cortége! épouvantable aspect!...

La Mort, l'affreuse Mort, s'avance la première :
Ses yeux sans mouvement sont privés de lumière;
Un guide la soutient; — son inconstant désir
Parmi tous les Démons a droit de le choisir.
Tout l'Enfer est admis à cette concurrence,
Et briguant à l'envi l'horrible préférence,
Se dispute l'honneur de conduire ses pas
Et de guider sa main; — elle ne frappe pas,
Elle touche... et l'on meurt. — Sa funèbre parure
Change au gré du Démon dont l'appui la rassure :
Quand la Guerre la pousse au milieu des humains,
Un casque est sur son front, un glaive dans ses mains,
Son pas rapide effleure une sanglante arène; —
Mais que ses pas sont lents... quand la Douleur la traîne!
Qu'ils sont noirs et pesants ses longs voiles de deuil!...

Elle vient aujourd'hui, conduite par l'Orgueil.
Sous sa couronne d'or son front pâle succombe,

Son sceptre est un poignard, et son trône — une tombe;
On voit ses os percer sous la pourpre des rois,
Ses mains ont des anneaux trop larges pour ses doigts;
Plus triste que les pleurs, un sourire perfide
Fait grimacer ses dents sous sa lèvre livide.
Les Hydres, les Dragons, les noirs Pressentiments,
Les Spectres, les Terreurs, les Remords, les Tourments,
La Vengeance à l'œil fixe, — et la Peste au teint sombre,
La Famine sans voix, — la Guerre aux bras sans nombre,
Les Fléaux, dans leur rang, marchent à ses côtés.

Mais un seul tarde encor. — Les Démons arrêtés
Pour reprendre leur place attendent sa venue:
Nul n'ose s'opposer à sa marche inconnue...

L'Enfer n'a point vomi de monstre plus affreux;
Ce monstre est l'ANARCHIE au souffle désastreux!
Ce fléau, — qu'ont formé l'Orgueil et la Licence,
N'a point de volonté, — n'a point d'obéissance...
Ses membres, que nul frein ne saurait enchaîner,
Ont une vie à part qu'il ne peut gouverner.
Au hasard de ses coups les Enfers l'abandonnent.
Lorsqu'il agit contre eux, les Démons lui pardonnent.
S'il poursuit les mortels de ses pas incertains,
Satan, Satan lui-même ignore ses destins!
Tous les poisons de mort lui servent de pâture;
Vingt reptiles divers composent sa nature;
Deux insectes luisants, l'un à l'autre opposés,
De ses yeux sans regard lancent des feux croisés;
Ses mains sont deux scorpions qui d'eux-mêmes agissent;
Ses pieds, qu'à chaque pas des jets de sang rougissent,
De son corps chancelant capricieux appui,

Sont d'énormes lézards qui marchent — malgré lui...
Et chaque mouvement de sa tête insensée
Obéit aux serpents dont elle est hérissée !

L'Archange réprouvé, roi du sombre séjour,
Contemple avec horreur son effroyable cour ;
Son regard fatigué cherche en vain les ténèbres.
Honteux de commander aux légions funèbres,
Il maudit en secret sa fatale splendeur
Qui dévoile à ses yeux leur difforme laideur ;
Il déteste l'éclat de ses ailes de flammes...
Ainsi l'homme inspiré qui lit au fond des âmes
Se détourne et maudit le flambeau délateur
Qui montre à sa raison tous les vices du cœur ;
Ou tel, en son exil, pleure un guerrier transfuge :
En vain le sort lui donne un trône pour refuge ;
Ce tyran fondateur, sous de nouveaux climats,
Aux mœurs de ses sujets ne s'accoutume pas.
C'est toujours son pays que son cœur redemande ;
Il se sent étranger parmi ceux qu'il commande ;
Il s'afflige en voyant ce peuple forcené
Que son art déserteur n'a point discipliné ;
Il compare ces fronts courbés sous l'esclavage,
La féroce valeur de la horde sauvage,
A ces nobles soldats au regard inspiré
Dont il guidait jadis le courage éclairé,
Qui n'attendaient de lui qu'un seul mot pour salaire,
Qui marchaient à sa voix, qui mouraient pour lui plaire ;
Et tous ces bataillons, brillants de mille dards,
Avec leurs casques d'or, leurs flottants étendards,
Apparaissent toujours à sa triste mémoire,
Rayonnants de beauté, de franchise et de gloire.

Ainsi l'Ange exilé contemple avec douleur
Ses soldats dont la haine est l'unique valeur,
Sujets sans dévouement, peuple ingrat qu'il méprise,
Que la ruse conduit, que l'effroi seul maîtrise,
Et l'invisible Esprit lui répète tout bas :

« Satan, te souvient-il des sublimes combats,
Alors que tu guidais les célestes phalanges,
Et que Dieu te nommait le plus vaillant des Anges? »

Cependant des Démons, courbés sous la terreur,
Satan, par ce discours, ranime la fureur :

« Vous de qui l'univers craint le pouvoir funeste,
Démons, nobles rivaux de l'Empire céleste,
Vous tremblez!... Quel vertige a frappé vos esprits?
D'une humble pénitence êtes-vous donc surpris?
Sur un remords... croit-on qu'une secte se fonde?...
David pleura vingt ans sans convertir le monde!
N'avez-vous pas vaincu de plus fiers ennemis?
Les peuples, les tyrans, à vos lois sont soumis.
Quelle austère vertu ne dompta votre adresse?
Fiez-vous à votre art, à ma foi vengeresse.
Rappelez-vous ce temps où la Religion,
Assiégeant des Enfers l'immense région,
Dans le gouffre éternel vint jeter l'épouvante!...
Mon trône s'ébranlait sur sa base mouvante;
De ce fier ennemi je redoutai les coups,
Je sentis dans mon cœur se glacer mon courroux...
Mais un seul jour, d'effroi ma haine fut saisie;
Ma vengeance aussitôt créa l'Hypocrisie!...
Le Temple l'accueillit. — Son encens assidu

Avec le pur encens fut dès lors confondu...
Au sein du tabernacle elle cacha les vices;
Son souffle empoisonna l'onde des sacrifices;
Ses genoux ont souillé le marbre des autels,
Du Temple sa prière a chassé les mortels...
Jérusalem enfin par elle fut conquise...
Et les Pharisiens ont détrôné Moïse!

» Aujourd'hui comme alors elle peut nous servir,
Et nous rendre les cœurs qu'on cherche à nous ravir
Déjà ces pénitents, c'est sa voix qui les trompe!
Fatigués de grandeur, de richesse, de pompe,
Leur caprice imagine une autre vanité,
Leur inconstante gloire est dans l'humilité!
Éblouissant les yeux par un hardi contraste,
Modestes avec art et pauvres avec faste,
Ils se sont proclamés tous frères devant Dieu;
Leurs trésors dédaignés vont orner le saint lieu.
On les voit, dans l'excès de leur zèle hypocrite,
Prodiguer des bienfaits — dont le malheur s'irrite.
L'un, n'osant se venger, par l'outrage abattu,
Se pare de sa honte et l'appelle vertu;
D'autres, rabaissant tout à leur obscure vie,
Nomment Égalité le niveau de l'envie!...
Ne vous alarmez point de leur noble dessein,
Le fruit de mes conseils a germé dans leur sein.
Au son de ces grands mots je guide leur démence;
Où l'orgueil a parlé... mon empire commence!
Croyez-moi, ces revers ne sont que passagers,
Ah! le regret d'un jour suffit aux cœurs légers;
Toute à son repentir, Magdeleine est sans armes;
Nous la ramènerons par l'éclat de ses larmes :

D'être un modèle saint son cœur sera flatté.
Le remords de l'amour n'est pas sans volupté.
Des bienfaits de son Dieu l'homme aisément abuse.
La Pénitence enfin n'est qu'une sainte ruse ;
Ce nouvel ennemi ne saurait nous troubler.
Il ne faut point combattre, — il faut lui RESSEMBLER !
Et d'accord avec nous, cette vertu sublime
D'un peuple d'imposteurs enrichira l'abîme ! »

Il dit. — Des cris flatteurs, d'horribles hurlements,
Sont des Démons ravis les applaudissements,
Et Satan, qu'importune un si bruyant délire,
A trahi son dédain par un affreux sourire.
Il rougit d'un succès bassement mérité ;
Il sent de ses discours toute l'iniquité.
Ce monarque, honteux de ses lâches complices,
Méprise ses sujets d'applaudir à ses vices ;
Pour cacher ce mépris faisant de vains efforts,
Il feint d'être flatté de leurs hideux transports ;
Mais il maudit sa gloire en voyant qui l'admire ;
Et le divin fantôme à ses côtés soupire :

« Satan, te souvient-il de tes chants d'autrefois,
Quand les échos du Ciel répondaient à ta voix ?
Tes chants n'inspiraient point ce délire farouche
Quand l'esprit du Seigneur descendait par ta bouche ! »
. . . .

Villiers-sur-Orge, 1829.

. . . .
. . . .
. . . .

. . . . . Mais dans l'affreux cortége,
Quel est-il, ce Démon que sa faveur protége?
Dans sa fatale main il agite un flambeau;
Que ses regards brûlants font frémir! qu'il est beau!
Si la Haine était belle, on dirait : C'est la Haine!
Des anneaux d'un serpent il a formé sa chaîne,
Il porte sur son dos les ailes du vautour,
Et l'Enfer l'a nommé le Démon de l'amour!
Ce n'est pas cet amour dont la pudique flamme,
Comme un pardon du Ciel, vient épurer notre âme,
Ce gage précieux d'un bonheur à venir,
Ce rayon du beau jour qui ne doit pas finir!

. . . .
. . . .

CHANT SIXIÈME.

Les derniers feux du jour coloraient la cité.
Par mille sentiments à la fois agité,
Joseph de Magdeleine atteignit la demeure
Quand l'ombre des palmiers marquait la neuvième heure.
Sous le riche portique aussitôt qu'il entra,
Il vit venir à lui la jeune Séphora.
« Te voilà! dit l'enfant indiscrète et naïve,

On ne t'attendait plus. » Puis d'une voix plaintive :
« Dans quels lointains pays as-tu donc voyagé?...

— Ta sœur?...

— Elle est au Temple... Oh! tout est bien changé!
Elle adore Jésus, au désert l'accompagne :
Elle va l'écouter sur la sainte montagne.
Elle a donné son or, ses perles, ses rubis :
Elle ne porte plus que de simples habits.
Elle dit : « J'ai péché, mais Dieu m'a délivrée... »
De pauvres, de vieillards, on la voit entourée;
Tous ceux qui la blâmaient réclament ses secours.
Elle est douce, elle prie, elle pleure toujours;
Et moi je la console, et sans y rien comprendre,
Je pleure sur ses torts qu'on ne veut pas m'apprendre.
Toi, qui l'aimais déjà, tu l'aimeras bien mieux ! »

Et Joseph soupira; puis, détournant les yeux,
Abandonna l'enfant qu'il tenait embrassée;
Mais elle, par instinct, devinant sa pensée :
« Fuis ma sœur, reprit-elle, et ne l'afflige pas;
Ton nom la fait pleurer, quand je le dis tout bas,
Et Nohamel aussi défend qu'on le prononce.

— Il suffit, dit Joseph; à la voir je renonce...
Oui, de Jérusalem je partirai demain. »
Et, malgré lui, du Temple il suivit le chemin.

D'un orgueil emprunté se faisant une étude,
« Courage, disait-il, pâle d'inquiétude,
Mon nom la fait pleurer, elle n'ose me voir,

D'un souvenir trop cher elle craint le pouvoir.
Je conçois ses desseins; sa prudence m'évite;
Elle m'a trop aimé pour m'oublier si vite.
Aux accents de ma voix elle va se troubler;
Je la verrai rougir, je la verrai trembler;
Car, je n'en doute plus, sa feinte pénitence
Est l'œuvre du dépit, et non de l'inconstance. »

A ces mots, près du Temple une femme passa,
Et ce reste d'orgueil en son cœur s'effaça.
C'est elle!... il reconnaît sa taille et sa démarche...
Vers l'enceinte sacrée, en rêvant, elle marche;
Il la suit, elle arrive, et pour s'humilier,
A la porte s'arrête et se met à prier.
Est-ce bien Magdeleine? Ah! quelle différence!
Il l'admire et s'afflige, il n'a plus d'assurance.
Son amour, dont l'espoir commence à s'affaiblir,
Envie à la vertu ce pouvoir d'embellir;
Car jamais à ses yeux son amie infidèle
Au temps de ses erreurs n'avait paru si belle!
Jamais son jeune front n'eut un si noble aspect!
Joseph la contemplait, pénétré de respect.
Qu'il préférait alors à sa grâce perfide
Ce maintien à la fois imposant et timide!
On ne l'entendait pas prier, mais seulement
De sa bouche entr'ouverte un léger mouvement
Trahissait de son cœur la fervente prière;
Elle était à genoux humblement sur la pierre;
Ses cheveux, par des nœuds n'étant point retenus,
Descendaient en flots d'or jusques à ses pieds nus;
Une sainte langueur ajoutait à ses charmes;
Et ses yeux, dont l'azur était brillant de larmes,

Modestes, ressemblaient à ces modestes fleurs
Que l'Ange des adieux fit naître de ses pleurs,
Qui protègent l'absence et sa mélancolie,
Et dont le nom charmant défend que l'on oublie.

Ce Joseph, autrefois si fier, si confiant,
Voyez comme aujourd'hui, timide, suppliant,
Il craint de s'attirer un regard trop sévère,
Et s'étonne d'aimer autant ce qu'il révère !
Aux yeux de Magdeleine il voudrait se cacher ;
Il brûle de l'entendre et n'ose l'approcher ;
Hélas ! plus il la voit, plus son amour redouble ;
Épiant sur son front la rougeur et le trouble,
Enfin, malgré l'effroi qu'il s'efforce à bannir,
Et pour être écouté s'aidant d'un souvenir,
Il s'approche en tremblant de la femme qui prie,
Et lui dit tendrement : « Magdeleine... Marie ! »
Sa voix est reconnue... O surprise ! ô douleur !
Le front de Magdeleine a gardé sa pâleur ;
Ses traits ont conservé leur tristesse mortelle.
« Je bénis le Seigneur, c'est vous, Joseph ! dit-elle ;
Je vois que tous mes vœux ne sont pas superflus ;
J'allais prier pour vous...

— Ah ! tu ne m'aimes plus !

— Moi ! reprit Magdeleine, oh ! je vous aime encore ;
Ne me refusez pas la grâce que j'implore,
Épargnez-moi pour vous des regrets éternels :
Si jadis vous suiviez mes conseils criminels,
D'un pieux repentir suivez aussi l'exemple. »
Elle dit, et paisible elle entra dans le Temple.

De la religion dédaignant les secours,
Joseph n'entendit pas ce consolant discours.
Mais cette voix sans trouble, il l'a trop entendue !
Voyant que sa tendresse était pour lui perdue,
Il pleurait son amie et ne l'écoutait pas.
Il voulut lui parler et retenir ses pas ;
Mais triste, sans espoir et respirant à peine,
Il ne put prononcer que son nom : « Magdeleine !... »
Il la vit quelque temps errer dans le saint lieu,
Puis elle disparut... sans un regard d'adieu !...
Alors tout son malheur revint à sa mémoire,
Et son cœur en souffrit longtemps avant d'y croire.
Longtemps il répéta, de regrets consumé :
« Malheur ! malheur à moi ! je ne suis plus aimé !... »

Le Démon de l'amour, caché dans un orage,
N'avait pu jusqu'alors accomplir son ouvrage :
Magdeleine était là, loin d'elle il avait fui ;
L'amour que Dieu lui donne est plus puissant que lui !
Et tant qu'elle resta hors des murs de l'enceinte,
Joseph fut protégé par sa présence sainte.
Mais sitôt qu'il la voit sous les lambris sacrés,
Le Démon, dans les airs, s'abaissant par degrés,
Et souriant déjà du tourment qu'il apprête,
S'envole vers Joseph, vient planer sur sa tête ;
Par un prestige affreux égarant sa raison,
L'enchaîne de serpents, l'enivre de poison.
Pour rendre sa souffrance et plus longue et plus sûre,
Il déchire son cœur d'une sourde blessure,
Le perce lentement d'un invisible fer,
Du récit de ses maux va réjouir l'Enfer,
Et, faisant éclater son exécrable joie,

Aux tourments qu'il lui laisse abandonne sa proie.
« Reviens, criait Joseph, Magdeleine !... jamais
Je ne puis être heureux sans toi... Si tu m'aimais,
Pourquoi m'avoir quitté? Je ne t'ai point trompée,
De toi seule et toujours mon âme est occupée.
Oh! je t'aime, reviens, je ferai tout pour toi ;
J'adorerai ton Dieu s'il te ramène à moi ;
Je serai pénitent si ta voix me l'ordonne,
Et j'irai demander qu'ensemble on nous pardonne.
Qu'il rende Magdeleine à mes vœux impuissants,
Et sur tous ses autels je porte mon encens !
Mais je ne puis aimer un Dieu qui nous sépare,
Un Dieu dont le pardon te rendit si barbare ;
Un Dieu qui, t'inspirant une profane ardeur,
Du nom de repentir abuse ta candeur.
Non, de ce Dieu rival j'affronte la puissance,
Je maudis ses bienfaits et ta reconnaissance ;
Et mon cœur, par l'amour et la haine irrité,
Ne s'enflamma jamais d'autant d'impiété !
C'est en vain contre moi que ton orgueil conspire :
En vain de tes serments tu veux braver l'empire ;
Tu ne peux m'oublier jamais, tu m'appartiens ;
Ta honte nous unit ; mes crimes sont les tiens ;
Ton cœur qui fut à moi ne peut me méconnaître,
Et, roi de tes remords, je te commande en maître !
Je saurai, du passé dévoilant les secrets,
Troubler ta pénitence à force de regrets.
Tes remords avec moi seront d'intelligence ;
Mon bonheur, qui n'est plus, deviendra ma vengeance.
Dans le Temple, au désert, et la nuit et le jour,
Tu trouveras partout mon implacable amour.
La mort saura mon nom ; et la tombe elle-même,

Quand tu viendras pleurer, te criera que je t'aime.
Les échos du Carmel, des torrents et des bois,
Jusqu'aux pieds de Jésus te porteront ma voix;
Et les flots du Jourdain, complices de ma rage,
S'armeront contre toi de ma brûlante image! »

A peine il exhalait ces cris de désespoir
Que le peuple, sortant de l'offrande du soir,
Et remplissant déjà la galerie antique,
Fit du nom de Jésus résonner le portique.
Les docteurs de la loi, par la foule écartés,
Pour épier Jésus au Temple étaient restés.
C'est là qu'il expliquait sa morale profonde
En de simples discours qui changèrent le monde!
Tandis que les Hébreux, étonnés et ravis,
L'écoutent... franchissant les degrés du parvis,
Joseph entend nommer le rival qu'il déteste :
C'en est fait! plus d'obstacle à son projet funeste!
L'Enfer a secondé sa jalouse fureur;
Il traverse la foule, y répand la terreur;
Profanant de son Dieu la demeure sacrée,
Du Temple qu'on fermait il assiége l'entrée,
S'élance, et suspendant de loin le coup fatal,
D'une main sacrilége attaque son rival...
Mais, sans parer le coup, sans s'émouvoir du crime,
Jésus l'anéantit par un regard sublime.
O miracle! ô bonheur!... Joseph n'est plus jaloux!...
Il entend le Messie et tombe à ses genoux,
Reconnaît le Sauveur à sa voix qui console,
A son front couronné des feux de l'auréole.
Il regarde... Soudain, rempli d'un saint effroi,
Ses yeux ont vu briller le soleil de la foi!

L'avenir se révèle à son âme attendrie;
Enivré de lumière, il s'enflamme, il s'écrie :
« Vous êtes le Sauveur que Moïse a prédit! »
Et comme il s'inclinait, Jésus lui répondit :
« Il n'est point de pécheur que le Ciel abandonne;
Relevez-vous, allez, mon Père vous pardonne. »
Et Joseph, du pardon éprouvant la douceur,
Courut vers Magdeleine et l'appela : « Ma sœur! »

Villiers-sur-Orge, 1823.

CHANT SEPTIÈME.

LA TENTATION [1].

L'Archange réprouvé, le prince des ténèbres,
Satan, a disparu des royaumes funèbres.
Par son ordre infernal, les Démons conjurés
S'apprêtent à servir ses projets ignorés.
Le Démon de l'amour commande en son absence;
A son maître il répond de leur obéissance.
De ses nouveaux desseins lui seul est averti :
Il sait que, sous les traits de Joseph converti,
Satan va ressaisir son infidèle proie;
Malgré tous les moyens que sa ruse déploie,

---

[1] Lui montrant tous les royaumes du monde et toute la pompe qui les accompagne, le Diable lui dit : « Je vous donnerai toutes ces choses, si, en vous prosternant devant moi, vous m'adorez. » (Saint Matthieu, ch. IV, v. 8.)

A son but, sans l'amour, il ne peut parvenir :
L'Enfer est moins puissant qu'un tendre souvenir!
Il faut, pour enchaîner ce cœur que Dieu réclame,
D'un criminel amour ressusciter la flamme.

Le soleil embrasait la montagne d'Hébron.
Sur les bords désolés de l'antique Cédron,
Le pénitent Joseph conduisait Magdeleine.
Tous deux se dirigeaient vers la rive lointaine
Où Jésus, disait-il, avait porté ses pas.
Le torrent à leurs pieds roulait avec fracas,
La terre était sans ombre et le ciel sans nuage.
Des remparts écroulés encombraient leur passage.
Déjà, par des sentiers à l'Arabe inconnus,
Après de longs détours, tous deux sont parvenus
Au bord de cette mer que la Mort a nommée,
Que des flots d'un volcan l'Éternel a formée,
Qui s'ouvrant à sa voix comme un vaste cercueil,
Des coupables cités anéantit l'orgueil.
De leurs murs foudroyés un débris vit encore;
Et ce reste maudit que tout un peuple abhorre,
Que la foudre et le temps n'ont pas même effacé,
Semble un vivant remords des crimes du passé.
L'aspect de ce désert remplit l'âme de crainte.
Là, du courroux vengeur la nature est empreinte.
En vain le chamelier, aux rayons du matin,
Cherche pour se guider quelque palmier lointain;
Des rochers ferment seuls cet horizon immense;
Mais après les rochers le désert recommence.
Les vents n'agitent point le lac silencieux,
Et son onde jamais ne réfléchit les cieux.
Nul monstre de ses flots ne brave l'amertume;

Son rivage est couvert de cendre et de bitume.
Jamais, sur cette mer sans fanal et sans port,
Un vaisseau n'a vogué. Partout règne la Mort.
Comme l'onde, à ses lois, la terre est asservie,
Pas même un cri plaintif n'y rappelle la vie.
Le vautour, sans espoir d'un abri bienfaisant,
Pour fuir ces lieux d'horreur, hâte son vol pesant.
Nul chasseur n'y poursuit la gazelle sauvage;
Nulle herbe ne grandit sur le triste rivage;
De mortelles vapeurs viennent l'envelopper,
Et le reptile impur dédaigne d'y ramper.

Dans ce séjour de deuil, Magdeleine inquiète
Cherchait à triompher d'une terreur secrète;
Les regards de Joseph l'alarmaient, et sa voix
Semblait émue encor du trouble d'autrefois.
On eût dit qu'il voulait, réveillant sa tendresse,
D'un bonheur expié lui rappeler l'ivresse.
Tantôt il se plaignait; il devenait rêveur,
Et Magdeleine en vain lui parlait du Sauveur.

Mais Joseph, devinant le trouble qui l'agite :
« D'où vient que de mes maux Magdeleine s'irrite?
Dit-il, et quel danger craint-elle auprès de moi?
Depuis que de son Dieu j'ai reconnu la loi,
Par d'impurs souvenirs l'ai-je donc offensée?
Mes pleurs seuls ont trahi ma brûlante pensée!...

— Quoi! reprit Magdeleine, un si beau repentir,
A la face du Ciel, l'osez-vous démentir!
Vous, dont la piété nous servait de modèle,

A la loi de Jésus seriez-vous infidèle?
Vos vertueux serments, les avez-vous trahis?

— Non, répondit Joseph ; à Dieu seul j'obéis.
Ma tendresse ne peut exciter sa colère;
Lui-même l'inspira : de la foi qui t'éclaire
Le céleste flambeau m'embrase en me guidant;
Mon amour épuré n'en est que plus ardent.
Mes pleurs sont moins amers quand tes pleurs y répondent;
Dans la même ferveur nos âmes se confondent,
Et je sens que le Ciel, loin de nous en punir,
Dans notre amour pour lui veut encor nous unir. »

Magdeleine, abusée, entendit sans alarme
Ces profanes discours, pleins de ruse et de charme,
Et ne soupçonna plus dans ses rêves pieux
Qu'on voulût la tromper en lui parlant des Cieux.
Mais, hélas! le danger n'a rien qui nous repousse :
La voix qui nous égare est souvent la plus douce;
Et toujours, empruntant un langage sacré,
Du prisme des vertus le crime s'est paré.
Tout ce qui peut séduire une âme généreuse :
D'une fausse candeur la grâce dangereuse,
Ces plaintes, ces transports aussitôt réprimés;
Et ces coupables vœux, avec art exprimés;
Ces mots d'amour, voilés sous un langage austère;
Ce courroux médité qui semble involontaire,
Et ces perfides pleurs versés pour nous toucher,
Dont on sait le pouvoir et qu'on feint de cacher :
Tous ces moyens puissants, ravis à la tendresse,
Joseph les employa dans sa perfide adresse.
« Va, dit-il, cet amour, que tu combats en vain,

Du Ciel qui nous attend est le gage divin ;
Sans lui, que deviendrait la prière elle-même ?
On n'implore les Cieux que pour l'être qu'on aime ;
Si l'on veut mériter le céleste séjour,
C'est pour y retrouver l'objet de son amour.
Ah ! de la piété ma tendresse s'augmente,
Et, fier de me soumettre à cette loi charmante,
J'adore l'Éternel qui, m'ordonnant l'espoir,
Du bonheur le plus grand nous a fait un devoir !
Oh ! rends-moi ce bonheur, et, bravant les obstacles,
Tu verras mon amour enfanter des miracles.
Jésus, qui du Seigneur nous transmit les décrets,
N'est pas seul confident des merveilleux secrets.
Si l'auréole en feu rayonne sur sa tête,
Si sa voix sur les eaux commande à la tempête,
Comme lui, revêtu d'un pouvoir généreux,
Je puis rendre la vie à ce désert affreux :
Je puis couvrir ce lac d'éblouissantes voiles,
Et ramener le jour à l'heure des étoiles.
Ces palais qu'autrefois Ségor vit s'engloutir,
De leurs débris épars regarde-les sortir !
Oui, pour t'y voir régner, je puis créer un monde ! »

Il dit... et sur les bords de cette mer immonde
Tout à coup reparut la superbe cité.
Ses remparts du désert fermaient l'immensité.
La terre s'ébranla, les sables s'entr'ouvrirent,
Et de palmiers en fleur les rochers se couvrirent.
On vit croître à leurs pieds l'aloès, le nopal,
Et la vigne enivrante et le pommier fatal.
D'un foyer souterrain la flamme éblouissante,
Imitant les rayons de l'aurore naissante,

Jetait sur la nature un éclat emprunté,
Des navires paraient le lac ressuscité :
Ses flots, que Dieu ternit au jour de sa justice,
Réfléchissaient alors l'azur d'un ciel factice.
Les sables se changeaient en humides gazons ;
Confondant les climats, les heures, les saisons,
A l'iris se joignait la cassie embaumée,
La bruyère du Nord au lis de l'Idumée ;
Et l'oranger, déjà couvert de ses fruits d'or,
De sa pudique fleur s'embellissait encor.
Les agneaux, attirés par la fraîcheur de l'herbe,
Sans crainte, bondissaient près du lion superbe.
Mille fleurs s'échappaient des cailloux entr'ouverts ;
Mille insectes de feu, soudain nés dans les airs,
Agitant les rayons de leurs ailes brillantes,
Semblaient aux yeux surpris des étoiles volantes.
Des parfums inconnus, des accords ravissants,
D'une vague langueur enivraient tous les sens.
Les oiseaux qu'éveillait l'infernal météore
Saluaient par leurs chants une trompeuse aurore.
Aux ordres de Satan accouraient à la fois
Et l'oiseau des combats et le chantre des bois ;
Le faucon, la terreur des timides gazelles ;
Le cygne déployant la neige de ses ailes ;
L'oiseau de l'ironie au ramage indiscret,
Et l'oiseau de l'orgueil que Satan préférait.
Seuls, il n'évoqua point l'aigle, ni la colombe,
Symboles consacrés ! Là, son pouvoir succombe ;
Imprimant à son œuvre une fausse grandeur,
Satan peut du soleil imiter la splendeur,
Mais Dieu seul, de l'Enfer détrônant la puissance,
Peut créer le génie et donner l'innocence !

Interdite, éblouie à ce brillant aspect,
« Non, pensait Magdeleine avec un saint respect,
Du pouvoir de Satan, de sa jalouse rage,
Un miracle si beau ne peut être l'ouvrage! »
Elle cherchait celui qui ranimait ces lieux...
Mais ce n'est plus Joseph qu'ont retrouvé ses yeux :
Satan se montre alors dans sa beauté première,
Superbe, étincelant de gloire et de lumière.
Des rayons s'échappaient de ses cheveux épars.
Le charme du sourire et le feu des regards,
Tout ce que le génie en son art imagine,
Tout révélait en lui sa céleste origine.
L'ingrat! cette splendeur dont il est entouré
Prouve encor malgré lui que Dieu l'a préféré :
Sa beauté, son éclat, sa puissance elle-même,
Sont les dons de Celui que sa bouche blasphème,
Divins restes de gloire, angélique trésor,
Que pour nous éprouver le Ciel lui laisse encor!

Magdeleine, n'osant pénétrer ce mystère,
Crut voir l'Ange de Dieu descendu sur la terre.
Mais elle s'étonnait, dans son aveugle foi,
Qu'un être si charmant inspirât tant d'effroi,
Lorsque enfin par ces mots Satan se fait connaître :
« De ce monde nouveau que tes yeux ont vu naître,
De tant de nations prêtes à t'adorer
Sois reine, et de mes dons laisse-moi te parer.
Mon trône t'appartient; ma couronne immortelle
Sur ton front pénitent me semblera plus belle.
Ce Ciel, qu'un Dieu jaloux m'a fermé sans retour,
Je puis le retrouver encor dans ton amour!
Viens de mes longs malheurs éteindre la mémoire;

Viens, en la partageant, légitimer ma gloire.
Oui, Satan est vaincu : pour la première fois,
Au ton de la prière il abaisse sa voix ;
Lui qui brava le Ciel, t'invoque, te supplie...
Et l'Ange de l'orgueil devant toi s'humilie ! »

En vain de l'Éternel, qu'outragent ces discours,
Magdeleine à genoux implore le secours :
Le Démon secouant la flamme de ses ailes,
Comme une pluie ardente, un millier d'étincelles
Vient, autour de sa tête arrondissant leurs feux,
D'une couronne d'or parer ses blonds cheveux.
Mais à peine des rois la parure éclatante
A-t-elle ceint le front de l'humble pénitente,
Qu'elle sent, par l'effet de ce présent fatal,
Sa raison s'égarer sous le bandeau royal.
Dieu le prouvait ainsi : quand le crime la donne,
Un délire mortel s'attache à la couronne !
Magdeleine a perdu ses souvenirs pieux ;
La splendeur qui l'entoure a fasciné ses yeux :
En vain elle veut fuir, et d'une main tremblante
Arracher de son front la couronne brûlante.
Elle voudrait, s'armant d'un reste de ferveur,
Conjurer l'ennemi par le nom du Sauveur ;
Inutiles combats... sa voix déjà parjure
Répète des serments que tout son cœur abjure.
Elle invoque le Ciel par des vœux superflus...
Ses deux mains pour prier ne se rejoignent plus !
Sur ses esprits troublés la foi perd son empire,
Et le nom du Sauveur sur ses lèvres expire !

A l'aspect de ses pleurs et de ses vains efforts,

Déjà s'abandonnant à d'horribles transports,
Satan la poursuivait de son regard avide;
Tout l'Enfer souriait sur sa bouche livide;
Le criminel espoir dont il est agité
Altérant de son front l'héroïque beauté,
C'est alors que l'on vit, par un affreux mélange,
Le rire d'un Démon dans les traits purs d'un Ange.
Satan croit triompher, mais le Ciel est l'appui
De la foi qu'il éprouve et qui combat pour lui :
Dieu compte nos efforts ; sa bonté ne délaisse
Que l'âme sans vertu qui chérit sa faiblesse.
De Magdeleine il voit le courage impuissant,
Et répandant l'alarme en un cœur innocent,
Il guide Séphora vers la sainte fontaine
Où la vierge Marie attendait Magdeleine.
« Cesse de t'affliger, dit-elle avec douceur
A l'enfant qui pleurait en appelant sa sœur,
Hâte-toi, prends ce voile, et gravis la montagne :
Va, ne crains nul danger, l'Esprit saint t'accompagne. »
L'enfant suit des rochers le sentier périlleux,
Et ses bras sont armés du gage merveilleux :
De ce voile, doué d'un pouvoir qu'elle ignore,
Par les Anges tissu, qu'au Ciel même on adore,
Qui, rendant à l'amour sa première candeur,
Sur un coupable front ramène la pudeur.
Elle marche, et la foi rend son pas intrépide.
Parvenue au sommet de la montagne aride,
D'un spectacle effrayant ses regards sont frappés :
Dans le vallon, au pied des rochers escarpés,
Elle voit Magdeleine à son délire en proie;
Un Démon la menace... A son affreuse joie
L'enfant a deviné l'ennemi des humains.

Le voile merveilleux s'échappe de ses mains...
Il tombe... et, dirigé par un pouvoir suprême,
Éteint sous ses longs plis l'infernal diadème.
O miracle divin! secours inespéré!
Magdeleine déjà, sous cet abri sacré,
Ne craint plus du Démon l'impuissante furie.
Satan a reconnu le voile de Marie :
D'asservir Magdeleine il a perdu l'espoir;
C'en est fait... cette égide a détruit son pouvoir;
Il fuit... la terre tremble... Alors s'ouvre l'abime
Où l'Enfer attendait sa nouvelle victime;
Le Démon redescend dans l'empire enflammé,
Et bientôt sur lui seul le gouffre s'est fermé.
La Mort reprend ses droits sur la terre maudite,
Le désert reparaît. Magdeleine, interdite,
A vu s'évanouir le miracle imposteur;
Et son front, recouvert du voile protecteur
Que le souffle divin sur elle fit descendre,
De son royal bandeau ne gardait que la cendre.

Ainsi, pour abaisser la fierté des ingrats,
Dieu sait de son pouvoir armer un faible bras :
De cette lutte horrible où l'ennemi du monde
Épuisa les trésors de sa rage féconde,
Que fallut-il à Dieu pour sortir triomphant?
Le voile d'une vierge et les pleurs d'une enfant!

Paris, juin 1826.

CHANT HUITIÈME.

ÉPISODE.

LA VEUVE DE NAÏM.

. . . .
Jésus, accompagné de sa mère Marie,
S'en allait visiter les champs de Samarie ;
Magdeleine, craintive et fuyant son regard,
Le suivait, mais de loin, se tenant à l'écart.
On voyait près de lui ses apôtres fidèles ;
Aux peuples convertis les offrant pour modèles,
Il voyageait ainsi de vallons en vallons,
S'arrêtait dans les champs, sur le bord des sillons,
Du pauvre laboureur bénissait la semence,
Aux puissants de la terre enseignait la clémence,
De la religion prodiguait les secours,
Et tous les malheureux retenaient ses discours.

Le Jourdain réfléchit les feux de l'auréole ;
Le Thabor entendit sa divine parole ;
Les cèdres du Liban sur son front adoré
Deux fois ont répandu leur ombrage sacré ;
Et le rocher d'Hermon, sauveur de l'arche sainte,
De ses pas immortels conserve encor l'empreinte.

Après avoir franchi les coteaux d'Éphraïm,
Le Fils de Dieu marcha vers l'antique Naïm,

Qu'un miracle divin rend à jamais célèbre.
Or, comme il approchait, un cortége funèbre
Que le peuple suivait avec recueillement,
Vers l'asile des morts s'avançait lentement.
Dans la foule on voyait une femme éplorée.
Par ses cris déchirants Magdeleine attirée
Va se mêler au peuple. A travers les sanglots,
Son oreille attentive a distingué ces mots :
« Arrêtez ! laissez-moi descendre dans sa tombe !
Eh ! ne voyez-vous pas qu'à mon tour je succombe !...
Où le conduisez-vous ? Rendez-moi mon enfant !
Oh ! ne l'emportez pas ! sa mère le défend !...
J'ai besoin de sa main pour fermer ma paupière ;
Attendez... c'est à moi de mourir la première ! »

Magdeleine, à ces cris, le cœur rempli d'effroi,
Interroge un vieillard qui suivait le convoi.
« C'est, répond-il, l'enfant de cette pauvre veuve ;
Le Seigneur l'a soumise à cette rude épreuve ;
Ne l'interrompez point dans ses cris douloureux,
Le silence d'hier était bien plus affreux,
Son cœur même aux regrets semblait inaccessible ;
A force de douleur elle était insensible ;
Ses larmes aujourd'hui la soulagent, du moins.
Hélas ! elle a perdu l'objet de tous ses soins ;
Nul espoir ici-bas ne peut calmer sa peine ! »
A ces mots, le vieillard s'éloigne ; et Magdeleine
Voit arriver la mère et l'entend s'écrier :
« J'ai perdu mon enfant, je ne veux plus prier !
Je priais nuit et jour, et Dieu fut implacable !...
Mon cœur ne peut suffire aux maux dont il m'accable ;

S'il m'accorde un bienfait, c'est pour me l'enlever...
Par combien de tourments veut-il donc m'éprouver?
Ah! déjà sous le poids d'une douleur amère,
Je n'étais plus épouse... et je ne suis plus mère!...
O mon fils! mon seul bien! mon unique avenir!
Après l'avoir perdu que vais-je devenir?
Lui dont la voix chérie apaisait ma souffrance!
Que de fois, près de lui, mon cœur plein d'espérance
De ses jeunes vertus rendit grâce au Seigneur!
Les mères d'Israël enviaient mon bonheur.
Si Dieu, de mon époux bénissant la tendresse,
M'eût donné d'autres fils pour charmer ma vieillesse,
Ce premier don du Ciel, ce fils tant désiré,
Entre tous mes enfants je l'aurais préféré.
Il n'a pensé qu'à moi jusqu'à sa dernière heure...
« Hélas! si jeune encore, il faut donc que je meure!
» Ma mère, disait-il, Dieu me rappelle à lui
» Au moment où mon bras devenait votre appui;
» Demain j'allais atteindre à ma seizième année!
» Vous passerez sans moi cette heureuse journée.
» Dans ce nouveau malheur qui va vous secourir?
» Oh! je pleure sur vous qui me voyez mourir!
» O mon Dieu! sauve-moi! pour elle, je t'implore!...»
Voilà ce qu'il disait hier!... hier encore
Il était sur mon cœur et j'entendais sa voix!
Hier je l'embrassais pour la dernière fois! »

Elle parlait ainsi dans sa douleur mortelle.
Touché de ses regrets, Jésus s'approcha d'elle;
Pressentant l'avenir, son grand cœur se troubla :
Une mère souffrait et la sienne était là!

Cependant il commande : on s'arrête en silence ;
La mère au même instant vers le cercueil s'élance ;
Alors Jésus lui dit : « Femme, ne pleurez pas. »
Et la veuve aussitôt revenant sur ses pas :
« Ce mot m'a révélé votre pouvoir suprême,
Vous êtes le Sauveur ! Quel autre que Dieu même,
Près d'un fils dont la mort vient de la séparer,
A sa mère oserait défendre de pleurer ? »

Chacun sur sa raison concevait des alarmes ;
Mais, pleine de croyance, elle essuya ses larmes.
Magdeleine attentive est auprès du Sauveur ;
De la veuve il lui fait admirer la ferveur ;
Puis, touchant le cercueil que la foule environne :
« Jeune homme, levez-vous, dit-il, je vous l'ordonne. »

A ces mots, écartant ses longs voiles de deuil,
Le mort se lève... et reste assis dans son cercueil.
La foule à cet aspect s'enfuit épouvantée ;
Mais déjà dans ses bras sa mère s'est jetée :
Elle seule de lui s'approche sans effroi
Et sa félicité s'augmente de sa foi.
De tous les maux passés le souvenir s'efface ;
Elle a revu son fils ; c'est bien lui qu'elle embrasse.
Mais le jeune homme encor ne vivait qu'à moitié ;
Car il semblait que Dieu, dans sa noble pitié,
Refusant une gloire à sa mère ravie,
Lui laissât le bonheur de le rendre à la vie.
O transports maternels ! oh ! comme avec amour
De la vie en ses yeux elle attend le retour !
Voyez-la, séparant sa blonde chevelure,

Rejeter loin de lui la funèbre parure ;
Déjà sur ce beau front où régnait la pâleur
Ses baisers ramenaient une douce chaleur ;
C'en est fait, et la mort abandonne sa proie.
« O ma mère, c'est vous ! dit l'enfant plein de joie.
— Grand Dieu ! s'écria-t-elle, ai-je bien entendu ?
Quoi ! je suis mère encore, et mon fils m'est rendu !
La mort n'a point changé ses traits, son doux sourire.
Oh ! venez, mes amis, partager mon délire ;
Et toi dont le pouvoir m'aide à le ranimer,
Ce que je sens, mon Dieu, je ne puis l'exprimer ;
Mais l'excès de ma joie est ma reconnaissance.
Oui, je fus moins heureuse au jour de sa naissance :
Alors c'était bien lui qui vivait dans mes bras,
Mais à tout mon amour il ne répondait pas ;
Aujourd'hui, je le sens, il me comprend, il m'aime,
Et de tout mon bonheur il est heureux lui-même ! »

Elle dit. A sa voix les Hébreux étonnés
Vers le divin Sauveur sont bientôt ramenés.
« Magdeleine, dit-il, regardez cette femme ;
Puisse un espoir si grand fortifier votre âme !
Et vous, peuple, venez contempler ses transports,
Du Ciel qui vous attend ce sont là les trésors :
Ces saints ravissements, ces élans de tendresse,
Cette extase du cœur et cette chaste ivresse
Que ressent cette mère et qui brille en ses yeux,
Sont presque le bonheur que l'on éprouve aux Cieux ;
Mais ces ravissements qui vont passer pour elle,
Trouvant près du Seigneur une source éternelle,
Ne tariront jamais dans le cœur des élus ;
Méritez cette gloire ; allez, ne péchez plus. »

Ainsi sur cette terre où son Père l'envoie,
Il montre le bonheur afin que l'on y croie.

Mais son heure est venue, et dès le lendemain
De l'ingrate Sion Jésus prend le chemin ;
Tout au noble dessein qui remplit sa pensée,
Il n'entend pas les vœux de la foule empressée ;
Tandis qu'un peuple entier dont il guérit les maux
Parsemait son chemin de fleurs et de rameaux,
Il marchait nuit et jour à travers la campagne,
Et la croix l'attendait sur la sainte montagne.

Villiers-sur-Orge, août 1824.

CHANT NEUVIÈME.

LA PASSION DE NOTRE SEIGNEUR JÉSUS-CHRIST.

O martyre divin, supplice rédempteur,
Sceptre du Tout-Puissant, Arbre dominateur
Dont Dieu même jeta la racine féconde,
Étendard glorieux qui gouvernes le monde,
Symbole consolant, Croix sainte ! noble don,
Garant universel du céleste pardon !
Ton signe révéré, gage de délivrance,
Prodigue à tous les maux des trésors d'espérance.
La crainte et le bonheur t'invoquent tour à tour.
Le soir, du pèlerin tu guides le retour ;

Tu deviens dans nos camps, au jour de la victoire,
La parure du brave et le prix de la gloire.
Le crime, en ses remords, vient t'arroser de pleurs,
Et la vierge au front pur te couronne de fleurs.
Tu consoles les rois quand leur trône succombe,
Et du pauvre oublié tu protéges la tombe !
Ah ! puissent tes bienfaits s'étendre jusqu'à moi !
A mes pieux accords inspirés par la foi
Que l'orgueilleux s'abaisse et l'incrédule espère,
Qu'ils rendent, malgré lui, l'hypocrite sincère !
J'ose chanter le Christ et ses tourments humains ;
Soutiens la harpe sainte en mes tremblantes mains ;
Fais que dans mes récits, déguisant leur faiblesse,
La parole de Dieu conserve sa noblesse !
Pour raconter la mort qui sauva l'univers,
Fais que l'Esprit divin se révèle en mes vers,
Et que, douant ma voix de force et d'harmonie,
L'ardente piété me serve de génie !

L'exilant parmi nous sur la terre des pleurs,
Dieu choisit pour son Fils les plus nobles douleurs :
Son âme par l'amour ne fut pas attendrie,
Mais il perdit Lazare et pleura sa patrie ;
Il vit ceux qu'il sauva de sa gloire jaloux ;
D'une amitié trompée il souffrit comme nous,
Et plus encore, hélas !... Bercé par un doux songe,
L'homme d'une promesse ignore le mensonge,
Et longtemps à l'abri des soupçons douloureux,
Tant que vit son erreur du moins il est heureux ;
Son cœur, des trahisons écartant la mémoire,
A de nouveaux serments est toujours prêt à croire ;
Il cherche avec ardeur l'ami qu'il a rêvé,

Et chaque fois qu'il aime il dit l'avoir trouvé.
Mais le Sauveur n'a point cette heureuse ignorance,
Sa divinité même ajoute à sa souffrance.
Des maux de l'avenir avant l'heure attristé,
Sur le front du flatteur il lit la vérité;
Il voit sur cette bouche, à l'éloge asservie,
Le parjure baiser qui doit vendre sa vie.
Pierre avait dit ces mots : « Sans crainte, sans effort,
Dans les fers, dans l'exil, partageant votre sort,
Seigneur, de vos amis je serai le modèle;
Quand tous vous trahiraient, je resterais fidèle! »
Pourtant Jésus disait, le voyant endormi :
« Quand le coq chantera, je n'aurai plus d'ami! »
Mais à ces vains serments le Sauveur s'abandonne;
Ces vices des humains, d'avance il les pardonne,
Et deux fois généreux, déjà prêt à mourir,
Pour mieux les expier, son cœur veut en souffrir.

O superbe Sion! ton destin, tes alarmes,
Il les voit à travers de lumineuses larmes :
« Jérusalem, dit-il, malheur, malheur à toi !
Bientôt de l'étranger tu subiras la loi;
Dans tes champs dévastés il dressera ses tentes,
Tes remparts soutiendront ses enseignes flottantes.
Tu verras tes enfants, en esclaves soumis,
Suivre d'un pas honteux le char des ennemis.
Ils planteront la vigne où ton palais s'élève;
Au figuier domestique ils suspendront leur glaive :
Car au sein de tes murs ton Dieu même est venu;
Il voulait te sauver, et tu l'as méconnu...
Ingrate! aux nations tu serviras d'exemple,
Et l'herbe grandira sur les débris du Temple ! »

A ce discours on vit, sur son front abattu,
Que les maux de Sion accablaient sa vertu.
Ses yeux divins, du haut de la montagne sainte,
Se fixaient tristement sur la coupable enceinte.
Ainsi le Tout-Puissant, roi de l'immensité,
Choisissant pour berceau la plus humble cité,
S'attachant, comme nous, à la terre natale,
Pleura Jérusalem et sa chute fatale;
Et léguant à nos cœurs ce vertueux orgueil,
Nous apprit à gémir sur la patrie en deuil.
Oui, Jésus l'a prouvé par sa douleur extrême,
L'amour de la patrie est venu du Ciel même!

Or la Pâque approchait, et ce jour solennel
Rassemblait dans Sion les enfants d'Israël.
Déjà, du haut des murs qu'un demi-jour colore,
L'oiseau de la victoire a proclamé l'aurore.
Magdeleine, épiant sa naissante clarté,
S'échappe du séjour par Marie habité;
De cette sainte mère épargnant la tendresse,
Seule elle veut souffrir de l'effroi qui l'oppresse.
Elle sait que Judas a livré le Sauveur,
Et l'indignation augmente sa ferveur :
« Ah! dit-elle, s'il faut que sa mort s'accomplisse,
Que mes regards au moins endurent son supplice,
Que je l'assiste encore en ce fatal moment! »
Et le peuple, à ces mots, s'étonnait lâchement
En voyant une femme aimer avec courage
Cet homme poursuivi par la haine et l'outrage,
Par la voix du pontife à la mort condamné,
Et que tous ses amis avaient abandonné.

Mais bientôt de Caïphe elle atteint la demeure ;
Un homme est sur le seuil... Il se détourne et pleure.
Surprise, elle s'arrête... elle croit s'abuser...
Puis soudain s'écriant : « Faut-il vous accuser?
Quoi! Pierre, vous aussi délaissez votre maître!
Mes yeux, si loin de lui, n'osaient vous reconnaître!

— Va! pour m'injurier tu fais de vains efforts :
Tes reproches amers valent-ils mes remords?
Dit l'apôtre accablé. Ma lâcheté barbare
Mérite qu'à Judas ton mépris me compare :
L'implacable avenir nous confondra tous deux ;
Par l'Enfer adopté, Judas, ce nom hideux,
Va devenir l'égal de lâche, de parjure,
Et des amis ingrats le mien sera l'injure!
Disciple du Sauveur qu'on immole aujourd'hui,
Hier, j'avais juré de mourir avec lui ;
Le mont des Oliviers et sa grotte sonore
De mes traîtres serments retentissent encore,
Tout les redit ; moi seul j'ai pu les oublier,
Moi qu'à sa sainte gloire il voulait allier,
Moi qu'il avait choisi pour fonder son empire,
Je fuis, je l'abandonne au moment qu'il expire!
J'ai renié mon maître, et, pour comble d'affront,
Son amitié céleste a fait rougir mon front.
De sa divine main par les fers déchirée,
A l'heure du secours ma main s'est retirée ;
Par ses bourreaux déjà craignant d'être entendu,
A son dernier adieu je n'ai pas répondu!
Déplorant d'un ami l'absence accusatrice,
De ses persécuteurs il me croit le complice ;
Il sait que loin de lui j'ai détourné mes pas,

Et ses regards mourants ne me chercheront pas.
Ah! dans quel noir désert, dans quelle solitude
Cacherai-je ma honte et mon ingratitude?
Où trouver des tourments dignes de me punir?
A peine à mes remords suffira l'avenir.
Avant que du soleil je perde la lumière,
Mes pleurs auront creusé ma honteuse paupière,
Oui, ces pleurs survivront au dernier de mes jours,
Et de mes yeux glacés ils couleront toujours! »

Sensible au désespoir de cette âme flétrie :
« Allez, dit Magdeleine, allez trouver Marie;
Hélas! quand de son Fils les maux vont l'accabler,
C'est encor le servir que de la consoler.
De Jésus bénissez la science divine;
Vos remords déchirants, vos pleurs, il les devine,
Ah! sans doute il vous plaint; son cœur si généreux
Vous pardonne et se dit : « Qu'il sera malheureux! »

A ces mots, de son pas redoublant la vitesse
Et livrant à regret l'apôtre à sa tristesse,
Au palais de Pilate elle arrive; elle entend
Des murmures, des cris : c'est Jésus qu'on attend.
De ces vives clameurs elle cherche la cause,
Elle croit qu'à sa mort tout Israël s'oppose,
Et que ce peuple enfin, qu'un mot vient d'éclairer,
Reconnaît le Sauveur et veut le délivrer.
Eh! comment deviner qu'avide de sa proie
Il demande un supplice avec des cris de joie?
Mais le tumulte augmente... Un spectacle d'horreur
Bientôt de Magdeleine a dissipé l'erreur.
Le Fils de Dieu paraît sous le vaste portique :

Le sang voile de pleurs son regard prophétique :
Ses traits défigurés, ses bras chargés de fers,
Attestent les tourments qu'il a déjà soufferts.
On l'entraîne, on l'attache au pilier du prétoire ;
D'un long manteau royal la pourpre dérisoire
Couvre son sein meurtri ; jouet d'un vil dédain,
On lui donne pour sceptre un roseau du Jourdain,
Et l'épine, imitant la parure suprême,
Orne son front divin d'un sanglant diadème.
Frappé par ses bourreaux, sa vertu les confond ;
Il n'oppose à leurs cris qu'un silence profond :
Ne voulant pas qu'un mot de sa bouche divine,
En révélant soudain sa céleste origine,
Retarde les tourments qu'il se plaît à souffrir
Et l'exemple immortel qu'au monde il vient offrir.
Cependant Magdeleine, ignorant ce mystère,
Veut venger de son Dieu la honte volontaire :
Cet orgueil qu'éteignit un repentir vainqueur,
Semble encor pour Jésus revivre dans son cœur.
« Arrêtez, disait-elle à la foule en démence,
Eh ! ne craignez-vous pas de lasser sa clémence ?
Avez-vous oublié ses bienfaits, son pouvoir,
Les pécheurs à sa voix ramenés au devoir ?
Ou ne savez-vous pas qu'à sa sainte parole
L'aveugle a vu briller les feux de l'auréole,
Les muets ont parlé, les sourds ont entendu,
Au fond de leurs cercueils les morts ont répondu ;
Qu'enfin, pour vous punir et vous réduire en poudre,
Ce roseau dans sa main peut devenir la foudre ! »

Inutile menace ! un indigne mépris
De son noble courage, hélas ! est le seul prix.

En vain, pour échapper aux remords d'un tel crime,
Pilate aux furieux offre une autre victime;
A leur vœu sacrilége il ne peut s'opposer,
C'est la mort de Jésus qui doit les apaiser;
Et sur son dos meurtri, qu'humblement il présente,
Ses bourreaux en jouant jettent la croix pesante.
A ce nouveau tourment d'abord il succomba;
Sous l'énorme fardeau tout son corps se courba;
Mais, bientôt relevant sa tête résignée,
D'une froide sueur et d'un sang pur baignée,
Appuyant sur la croix une tremblante main,
De l'aride Calvaire il gravit le chemin.
Sa marche, sans soutien, par ses bourreaux hâtée,
Marquait d'un pas sanglant la terre épouvantée.

Sur son sein entr'ouvert dardaient les feux du jour;
Ingrat comme un mortel, et barbare à son tour,
D'une splendeur complice éclairant ses tortures,
Le soleil... qu'il créa!... dévorait ses blessures.
Les prêtres, les soldats, les docteurs de la loi,
Triomphants, escortaient cet horrible convoi.
En vain ils prodiguaient l'injure et la menace,
Magdeleine à leurs yeux pleurait avec audace.
Mais soudain, près de Jean que la pitié conduit,
Elle aperçoit Marie et son courage fuit.
Un cri s'est échappé de son âme oppressée :
« Pardonnez, lui dit Jean, devinant sa pensée;
Loin de son fils mes soins n'ont pu la retenir :
Pour l'embrasser encore elle a voulu venir... »
« Éloigne, ô mon Sauveur, ta malheureuse mère !
S'écria Magdeleine en sa douleur amère;
Que l'excès de tes maux d'elle soit ignoré;

Voile à ses seuls regards ton front décoloré :
Pour ta mère, en mourant, fais un dernier miracle ! »

Non, elle doit subir cet horrible spectacle ;
Le Sauveur veut la voir... sublime dévouement !
La douleur de sa mère est son plus beau tourment !
Déjà parmi la foule elle s'avance et prie.
Est-ce donc là Jésus?... L'innocente Marie
Eût méconnu les traits de ce fils bien-aimé,
Si les cris de son cœur ne l'avaient point nommé.
Glacée, à son aspect elle reste immobile ;
Elle voudrait vers lui tendre une main débile
Et l'appeler son fils pour la dernière fois...
Vains efforts... les sanglots étouffèrent sa voix.
Mais le Sauveur entend ce qu'elle ne peut dire ;
Son amour filial triomphe du martyre :
O noble sentiment qui seul peut tout braver,
Et que l'âme d'un Dieu s'honora d'éprouver !

Tandis que, parvenus au lieu du sacrifice,
Les bourreaux choisissaient, préparant le supplice,
Les fers les plus aigus pour mieux l'en déchirer,
Le Sauveur appela ceux qu'il voyait pleurer.
Par l'espoir du salut il adoucit leur peine ;
Et d'un dernier adieu bénissant Magdeleine :
« Ne pleurez pas, dit-il, ne plaignez point mon sort,
Mais celui des ingrats qui demandent ma mort. »
Puis, tournant ses regards vers l'apôtre sublime,
Dont la voix publiera ce trépas magnanime,
Il lui montra Marie, objet de sa pitié ;
Et sûr d'être compris par sa noble amitié,

Lui léguant le seul bien qu'il laissât sur la terre,
Il dit ces simples mots : « JEAN, VOICI VOTRE MÈRE ! »

Jour de calamités ! ô remords éternels !
Comme un vil imposteur, entre deux criminels,
Sur la honteuse croix les Hébreux l'étendirent,
Et du sang de Jésus les flots se répandirent :
La tache de ce sang sur leur front s'imprima ;
Dès lors des nations la haine s'alluma,
Et toutes, rejetant cette race perfide,
Pour elle ont inventé le nom de DÉICIDE !

A peine d'Israël le crime est accompli,
Que la foudre a grondé, la terre a tressailli ;
Avant l'heure du soir, de profondes ténèbres
Couvrent de Josaphat les monuments funèbres.
Les gardiens du supplice, alors saisis d'effroi,
Proclament le Messie et confessent la foi,
Et soudain, abjurant leur fureur insensée,
Adorent à genoux la croix qu'ils ont dressée !
Tout s'émeut, chaque objet emprunte un sentiment
Pour dire à l'univers le saint événement :
Le Temple sent mouvoir sa base de porphyre,
Du dôme jusqu'au pied son voile se déchire.
Les vents impétueux, se croisant dans les airs,
Font voler vers Sion la poudre des déserts.
Les nuages surpris s'arrêtent dans leur course ;
Le fleuve épouvanté remonte vers sa source.
De leurs linceuls vieillis écartant les lambeaux,
Les morts ressuscités sortent de leurs tombeaux.
Le soleil s'obscurcit, les montagnes se fendent ;
D'eux-mêmes dans l'Enfer les tourments se suspendent ;

Les Démons à leur tour connaissent la terreur;
Sur son trône ébranlé, Satan, plein de fureur,
Du serpent favori voit la tête écrasée,
La chaine de la Mort entre ses mains brisée...
En vain de ses sujets il réclame l'appui,
Ses captifs rachetés s'échappent malgré lui.
Faisant taire leurs chants, les célestes cohortes
Du royaume éternel ouvrent déjà les portes;
Vers les Cieux attentifs un cri s'est élevé...
L'âme du Dieu s'exhale... et le monde est sauvé!

Rome, 1827.

LE DÉVOUEMENT
DES MÉDECINS FRANÇAIS
ET
DES SOEURS DE SAINTE-CAMILLE

DANS LA PESTE DE BARCELONE.

> O femmes ! c'est pour vous que j'accorde ma lyre.
> Madame la princesse DE SALM.
> *Épître aux femmes.*

Bienheureux Séraphins, vous, habitants des Cieux,
Suspendez un moment vos chants délicieux;
Baissez vos yeux divins sur la terre d'alarmes,
Que l'attendrissement les remplisse de larmes !
Contemplez ces mortels, ils sont dignes de vous;
De leur beau dévouement, Martyrs, soyez jaloux !
Et toi, Reine du Ciel, vierge mystérieuse,
Prépare pour tes soeurs la palme glorieuse,
Et les robes d'azur, et le bandeau de feu
Qui ceint le chaste front des épouses de Dieu !
Mais, pour les célébrer, dis-moi, m'as-tu choisie ?
Vierge, m'enverras-tu l'Ange de poésie ?
Viendra-t-il de son souffle inspirer mon sommeil,
Et me dictera-t-il des vers à mon réveil ?

Non, pour un tel sujet je suis trop jeune encore;
Il faut pour vous chanter une voix plus sonore,

Hippocrates français [1] ! ô mortels généreux !
Plus grands que les martyrs, vous êtes moins heureux !
Aux yeux de l'univers, ils marchaient au supplice,
De leur sublime effort la gloire était complice ;
Mais vous, sous l'humble toit prodiguant vos secours,
Sans faste à l'indigent vous immolez vos jours.
Quel exemple frappant dans le siècle où nous sommes !
Ils mouraient pour un Dieu, vous mourez pour des hommes...
Et vous n'avez pour prix d'un si beau dévouement
Que nos éloges vains, nos regrets d'un moment !
A l'implacable Mort arrachant sa victime,
Pacifiques héros, vous triomphez sans crime.
Ces modestes vertus, qui vous ouvrent les Cieux,
Des femmes sont aussi les trésors précieux :
Nous avons avec vous des destins sympathiques :
On dit [2] que nous savons des paroles magiques
Qui, telles que vos soins, endorment les douleurs.
Pourquoi la douce voix qui sait tarir les pleurs
Ne peut-elle entonner les hymnes à la gloire !
De vos nobles vertus je redirais l'histoire ;
Mais j'en laisse l'honneur à ces talents divers,
Qui, parant leurs récits du charme des beaux vers,
Des sept frères martyrs [3] nous ont peint la torture,
Et du grand Régulus [4] la sublime imposture.
C'est aux chantres promis à la postérité
De vanter ce héros mort pour l'humanité,
Ce vertueux Mazet, de qui l'ombre chérie
Verra longtemps pleurer sa mère et sa patrie :

[1] MM. Audouard, Bally, François, Jouarry, Mazet et Pariset.
[2] M. de Chateaubriand, *Génie du Christianisme*.
[3] *Les Machabées*, par M. Alexandre Guiraud.
[4] *Régulus*, par M. Lucien Arnaud.

Qu'ils disent son courage, au malheur enlevé ;
Pour de plus humbles faits mon luth est réservé :
Les soins compatissants, le zèle inimitable,
La tendre piété d'une âme charitable,
Je vais les célébrer, ou plutôt les trahir,
Car louer la vertu, c'est lui désobéir.

Au récit du désastre, à leur devoir propice,
Deux femmes en priant ont quitté leur hospice :
D'un ordre révéré ce sont de pauvres sœurs,
Qui, de la charité pratiquant les douceurs,
Renoncent à vingt ans au bonheur d'être aimées,
Et du nom le plus doux ne sont jamais nommées.
Telles que ces guerriers, d'un cilice couverts,
Qui, pour voir un tombeau, traversaient les déserts,
Le monstre au souffle impur ne saurait les abattre,
Armés du crucifix, leurs bras vont le combattre ;
Et, soit que le soleil embrase un ciel d'azur,
Soit que sur les chemins s'étende un voile obscur,
Rien n'arrête leurs pas : gravissant les montagnes,
Traversant les forêts, les fleuves, les campagnes,
Au-devant du fléau toutes deux ont marché ;
Comme on fuit le péril, ces femmes l'ont cherché.

Mais Dieu, qui présidait à leur pieux voyage,
Veut une fois encore éprouver leur courage :
Réveillant dans leur cœur un souvenir trop cher,
Il dirige leurs pas vers les rives du Cher [1] :
La plus jeune des deux y reçut la naissance.
Des vallons paternels ô divine puissance !

---

[1] La sœur Saint-Vincent est née à Saint-Amand.

Voilà que tout à coup, à l'aspect de ces lieux,
Des pleurs en abondance ont coulé de ses yeux;
C'est que, dans la prairie, à travers le feuillage,
La sœur a reconnu le clocher du village,
De ce village aimé qui vit ses premiers jeux,
Qui contemple aujourd'hui ses efforts courageux.
Elle s'est arrêtée au bas de la montagne :
Alors, par un regard, sa sévère compagne
Interroge ses pleurs, et craint de deviner
Le sentiment secret qui la vient dominer.
Mais l'autre dit : « Vois-tu cet arbre solitaire,
Dont les rameaux fleuris, s'inclinant vers la terre,
Ombragent le sentier qui se perd dans les bois?
C'est là, ma sœur, c'est là, pour la dernière fois
Que j'embrassai mon père; il partait pour l'armée :
Il quittait à jamais sa fille bien-aimée,
Et son cœur, déchiré par ce cruel adieu,
Confia ma jeunesse à la bonté de Dieu.
Je restai seule et triste. Hélas! depuis cette heure
Il n'est point revenu dans sa pauvre demeure;
Chez l'ennemi sans doute il a trouvé la mort,
Ou, près de succomber à son malheureux sort,
Peut-être, dans les fers et loin de sa famille,
Sur un lit de douleur il appelle sa fille;
Et je ne suis pas là pour lui servir d'appui,
Pour soulager ses maux, ou mourir avec lui!
A des indifférents j'ai consacré ma vie,
Mon père, et de mes soins la douceur t'est ravie!...
Hélas! pour le pleurer accorde-moi ce jour,
Car, ma sœur, ce voyage, il sera sans retour..∴
Avant de me soumettre au sort qui nous menace,
Avant que de ces lieux le souvenir s'efface,

Ah! du moins laisse-moi, par un dernier regard...
Mais non... chez les mourants j'arriverais trop tard.
Dans un autre pays la douleur nous réclame;
D'un coupable désir viens distraire mon âme,
Cache-moi ce vallon, cet arbre, ce clocher,
Et du hameau natal, ma sœur, viens m'arracher ! »

Sa compagne, à ces mots, dans la forêt l'emmène.
Bientôt les habitants de la riche Aquitaine
Les virent cheminer avec recueillement;
Le Tarn a réfléchi leur simple vêtement;
Leurs pas ont réveillé l'écho des Pyrénées;
Vers Barcelone en deuil elles sont entraînées.
« Ces murs tant désirés, dit la sœur, les voilà :
Regarde sur la tour ce drapeau noir : c'est là!...
Dans ce nouvel hospice entrons sans plus attendre. »
Mais au pied des remparts quels cris se font entendre?
« Femmes, fuyez ! fuyez ! femmes, où courez-vous?
Nous toucher, c'est mourir; n'approchez pas de nous! »
Mais la sœur, qui d'abord sourit à leur méprise,
Leur dit sa mission. Alors, dans sa surprise,
Le peuple se prosterne, et croit tomber aux pieds
De deux Anges sauveurs par le Ciel envoyés.
Bientôt les vieux gardiens, d'un pas lent et débile,
Introduisent les sœurs dans la mourante ville.

Quel spectacle!... A leurs yeux s'offrent de toutes parts
Des spectres, des lambeaux sur les chemins épars;
Des mourants arrachés de leurs couches sanglantes,
Traînant leurs corps meurtris sur les dalles brûlantes;
Des cadavres infects dans un sang noir baignés,
Et que l'impur corbeau lui-même a dédaignés.

Ici, le matelot qu'a respecté l'orage
Expire en regrettant les horreurs du naufrage;
Là, sont des malheureux courbés devant l'autel,
Qui souillent leur encens de leur venin mortel :
C'en est fait, et déjà leur vie est moissonnée;
Mais ils tiennent encor l'offrande empoisonnée;
Et l'encens, de leurs mains tout prêt à s'échapper,
Fume encor pour le Dieu qui vient de les frapper.

Voyez sur les parvis cette mère éplorée;
Tremblante, elle rassure une fille adorée,
Et d'une mort moins lente implore la faveur.
Et cet enfant si jeune, il prie avec ferveur :
L'effroi fait à l'enfant deviner la prière!
Et cet autre orphelin, qui franchit la barrière :
Des soldats, plus cruels encor que le fléau,
Le repoussent vivant dans l'immense tombeau :
Aux pleurs de l'orphelin leur cœur est insensible;
Rien ne peut désarmer leur prudence inflexible.
Dans ces temps de désastre il n'est plus de pitié;
Entre les vieux amis il n'est plus d'amitié;
Aux soins de l'étranger le fils livre son père,
Et la nouvelle épouse a frémi d'être mère.

Dieu! quel est-il, l'emploi de ce prêtre inhumain,
Qui tient la croix d'ébène en sa tremblante main?
Dans son char tout sanglant qu'est-ce donc qu'il emporte?
Eh! ne voyez-vous pas qu'il va de porte en porte
Recueillir un cadavre étendu sur le seuil,
Et qu'il jette en passant dans le commun cercueil?
Lui-même, triomphant d'une terreur secrète,
Entassa tous ces morts dans l'affreuse charrette.

Tel un jour on a vu... Mais pourquoi réunir
A l'horreur du présent l'horreur du souvenir?
De nos aïeux vengés n'éveillons point les ombres,
Qu'ils reposent en paix dans leurs retraites sombres;
Oublions des Français le supplice et l'erreur,
Et ces moments flétris du nom de la Terreur.
Salut! des Catalans bienfaiteurs magnanimes,
Vos pieuses vertus ont racheté nos crimes!

Hélas! pour éclairer cet effrayant tombeau,
Jamais l'astre du jour ne s'est montré plus beau.
Barbare, il étalait sur la ville punie
De son éclat joyeux la cruelle ironie!
Quelle paix dans les champs! quel désert dans le port!
On croirait visiter l'empire de la Mort.
Immobile comme elle, en cette affreuse enceinte
Le désespoir muet a remplacé la plainte :
On n'entend même plus la cloche du trépas;
Pour tinter tant de morts elle ne suffit pas.
Quel silence! Jamais la malheureuse ville
Au temps de sa grandeur n'a paru plus tranquille!
Et cependant les sœurs, dans ce triste séjour,
A travers les mourants savaient se faire jour :
Rien ne ralentissait leur zèle infatigable.
Vainement le fléau tour à tour les accable;
Vainement du frisson leur bras faible agité
Fait trembler le breuvage au malade apporté.
D'adoucir quelques maux la secrète espérance
Suffit pour triompher de leur propre souffrance :
C'est aux plus menacés, c'est aux plus indigents,
Que s'adressent leurs vœux et leurs soins diligents.
De la plus jeune sœur le courage novice

Demande à s'éprouver par un grand sacrifice :
L'infortuné qui meurt au printemps de ses jours
Pour elle a moins de droits à ses pieux secours :
Qui sait, près d'un objet de tendresse et d'alarmes,
Si la seule pitié ferait couler ses larmes?
Ah! c'est à la vieillesse, à ce mal sans espoir,
Que l'enchaîne surtout un austère devoir.
Aussi, fidèle aux lois que sa vertu s'impose,
Dans ces lits alignés, où la douleur repose,
Elle voit un vieillard, et, vers lui s'avançant,
Elle offre à sa souffrance un baume adoucissant;
Mais le vieillard, qui touche à son heure dernière,
Ne peut plus soulever sa mourante paupière :
Il n'entend pas la voix qui vient le consoler,
De sa bouche aucun son ne peut plus s'exhaler;
Du poison tout son corps atteste le ravage.
Faudra-t-il remporter l'inutile breuvage?
Les lèvres du vieillard ne peuvent plus s'ouvrir;
Déjà le drap de mort est prêt à le couvrir :
« Arrêtez, dit la sœur, peut-être il vit encore;
Espérons tout du Ciel que ma douleur implore! »
Et, ne prenant conseil que de ses vœux ardents,
Du mourant avec force elle entr'ouvre les dents,
Fait couler dans son sein la liqueur salutaire,
Et bientôt sous ses doigts sent revivre l'artère.
Le vieillard se ranime. O moment fortuné!
Il jette sur la sœur un regard étonné;
Il contemple ses traits où l'espérance brille,
Croit renaître au Ciel même, et s'écrie : « O ma fille! »

Le Seigneur l'a bénie, et ce vieillard mourant,
C'est un père adoré que sa faveur lui rend.

Qui dira les bienfaits nés de ce jour prospère,
Les transports de la fille en retrouvant son père,
Et ceux du vieux soldat, si longtemps détenu,
Après tant de revers au bonheur revenu?
Mais leurs vœux, exaucés par un Dieu tutélaire,
Ont du fléau vengeur apaisé la colère :
Le Démon de la mort fuit dans son antre obscur,
Le calme reparaît, l'air redevient plus pur;
Au bonheur de revivre un peuple s'abandonne :
Pour les sœurs c'est l'instant de quitter Barcelone;
La santé qui renaît rend leurs soins superflus.
Peuvent-elles rester où le danger n'est plus?
Non, dans nos hôpitaux règne encor la souffrance,
Et de plus chers devoirs les rappellent en France.
La même piété les rendit tour à tour
Sublimes au départ, modestes au retour;
Et tandis que d'un roi la puissance suprême
Pour les récompenser devançait le Ciel même,
Tandis que par ce roi leur éloge dicté
Allait vouer leurs noms à l'immortalité,
Le rosaire à la main, l'œil baissé vers la terre,
On les vit en priant rentrer au monastère.
C'est là que, chaque jour, ces charitables sœurs,
D'un saint recueillement savourant les douceurs,
Et de tous leurs bienfaits écartant la mémoire,
Vont demander à Dieu le pardon de leur gloire.

1822.

INSTITUT ROYAL DE FRANCE.

ACADÉMIE FRANÇAISE.

Extrait du Rapport sur le concours de poésie et d'éloquence de l'année 1822, lu dans la séance publique du 24 août 1822, par M. le secrétaire perpétuel de l'Académie française.

Si l'auteur du n° 103, en ne traitant qu'une partie du sujet, n'avait donné pour excuse et son sexe et son jeune âge, l'Académie, à la perfection et au charme de plusieurs passages, aurait pu croire que la pièce était l'ouvrage d'un talent exercé dans les secrets du style et de la poésie; mais la simplicité touchante de divers tableaux, la délicatesse, je dirai même la retenue des pensées et des expressions, auraient permis d'attribuer l'ouvrage à une personne de ce sexe qui sait si bien exprimer tout ce qui tient à la grâce et au sentiment. En se restreignant à l'Éloge des Sœurs de Sainte-Camille, l'auteur se plaçait en quelque sorte hors du concours, et dès lors l'Académie, qui a jugé l'ouvrage digne d'une mention honorable, a cru juste de lui assigner un rang distinct et séparé de celui des autres mentions.

LA CONFESSION D'AMÉLIE.

A M. DE CHATEAUBRIAND.

> J'ai dit : Il faut que je confesse contre moi-même mes offenses au Seigneur ; et le Seigneur m'a pardonné l'impiété de mon crime.
> DAVID, *Psaume* 31.

La cloche frémissait dans le vieux monastère,
Car une âme chrétienne allait quitter la terre :
« Une sœur va mourir et demande à vous voir,
Dit l'abbesse en ouvrant la grille du parloir;
Hâtez-vous d'assister celle que Dieu rappelle! »
A ces mots un vieillard sortit de la chapelle.
Il portait l'huile sainte et le pain précieux,
Holocauste divin qui nous promet les Cieux.
Sous ses longs voiles noirs dérobant sa tristesse,
L'abbesse devant lui marchait avec vitesse;
Aux lueurs d'un flambeau qui tremblait dans sa main,
Des cloîtres tous les deux ils suivaient le chemin;
Leur ombre grandissait sur les piliers des arches,
Et leurs pas s'imprimaient sur les humides marches.
Au moment d'arriver dans le triste réduit :
« Au fond de la cellule entendez-vous du bruit?
Dit l'abbesse en tremblant. — Non... répondit le prêtre.
— Mon Dieu! s'écria-t-elle, il est trop tard peut-être! »
Tandis qu'elle parlait, au bout du corridor
Une porte s'ouvrit : « Elle respire encor!

Dit la sœur qui veillait près du lit de souffrance;
Mon père, venez vite; il n'est plus d'espérance;
Sa raison l'a quittée à l'heure du trépas;
Elle appelle quelqu'un que je ne connais pas!
Venez!... » L'abbesse alors, par un pieux scrupule,
Laissa le prêtre seul entrer dans la cellule.

Là, sur la sœur mourante, aux autels emprunté,
Un cierge répandait sa funèbre clarté,
Et, près du lit de mort, une fenêtre ouverte
Laissait voir et la mer et la plage déserte;
Cet aspect d'Amélie attirait seul les yeux;
Malgré le bruit des flots et des vents furieux,
Elle écoutait, tremblant d'une terreur nouvelle,
Le beffroi qui dans l'air se balançait pour elle.
Son cœur n'habitait pas dans la sainte prison :
Ses regards inquiets, fixés sur l'horizon,
A travers le grillage, aux lueurs des étoiles,
D'un navire lointain semblaient chercher les voiles;
Tandis que l'ouragan battait les flots amers,
Et que, fuyant la nuit, le sombre oiseau des mers,
Que du cierge attiraient les pâles étincelles,
Contre les vieux barreaux venait heurter ses ailes.

Prêt à parler des Cieux, cependant le vieillard
Jetait sur Amélie un douloureux regard :
Et quelle âme éprouvée aurait vu sans faiblesse
Ce front où combattaient la mort et la jeunesse?
La sœur avait gardé ses vêtements de deuil;
Car leur rudesse encor doit la suivre au cercueil.
Dans ses yeux se révèle un délire farouche,
Elle pleure... et ces mots s'échappent de sa bouche :

«Grand Dieu! serait-ce lui?... René!... Vœux superflus!...
Les flots restent déserts... Il ne reviendra plus...
C'en est fait! Le beffroi tinte mon agonie ;
Je meurs sans le revoir... je suis assez punie!... »

Le saint homme, effrayé de son égarement,
Lui promet l'indulgence au nom du Dieu clément.

« A l'espoir du salut, dit-il, livrez votre âme :
Le Seigneur vous attend!...

— Non, l'Enfer me réclame!...

— L'Enfer! vous dont la main essuya tant de pleurs!...
Croyez-moi, le secret de charmer les douleurs,
Ma fille, n'appartient jamais qu'à l'innocence ;
Un cœur plein de remords n'a pas cette puissance,
Et vos soins consolants ne seraient pas si doux
Si vous aviez de Dieu mérité le courroux.
Ah! calmez cet effroi. D'un dévouement sublime
Le Ciel n'ignore pas que vous êtes victime;
Quel que soit le péché que vous ayez commis,
Par ce noble trépas il vous sera remis ;
Sans vous, vos jeunes sœurs du jour seraient privées,
Et vous allez mourir pour les avoir sauvées.

— Ce glorieux trépas ne peut me protéger;
Près d'elles, Dieu le sait, je cherchais le danger :
Lorsque, rendant la vie à leur bouche expirante,
J'affrontais du poison la flamme dévorante,
Je venais me livrer et non pas les servir;
C'était la mort enfin que j'allais leur ravir!

Une coupable ardeur, que le monde vit croître,
Est entrée avec moi dans les saints murs du cloître.
En vain, me prosternant aux genoux du Sauveur,
Des épouses de Dieu j'imitai la ferveur :
Lorsqu'au pied des autels nous étions réunies,
Et que leurs voix chantaient les saintes litanies,
Moi je ne priais pas; car mes yeux égarés
Ne lisaient qu'un seul nom parmi les noms sacrés;
Mon voile était souillé par une larme impure,
Et mon profane cœur palpitait sous la bure!

— Eh! ma fille, pourquoi, vous consacrant à Dieu,
Avez-vous dit au monde un éternel adieu?
De vos torts quel malheur fut la cause secrète?
Je devine : celui que votre âme regrette
D'un autre amour, sans doute, avait connu la loi?

— Celui pour qui je meurs n'aima jamais que moi;
En vain j'ai désiré qu'il en chérît une autre...

— Et qui donc séparait son avenir du vôtre?
L'abbesse, il m'en souvient, naguère m'a conté,
Me faisant admirer votre humble piété,
Que, sans aucun effort, aux délices du monde
Vous aviez préféré la retraite profonde,
Et qu'un de vos parents, votre frère, je crois,
De sa tendre amitié faisant valoir les droits,
Longtemps à ce projet s'était montré contraire :
Qui donc vous y forçait?

     — Lui!...

        — Grand Dieu! votre frère!

Malheureux, il osait!...

— Ah! ne l'accusez pas!
Il ignora toujours mes remords, mes combats;
Et, loin de soupçonner l'horreur de ma souffrance,
Souvent il se plaignait de mon indifférence.
Longtemps de la raison j'espérai des secours;
Mais je vis qu'il fallait le quitter pour toujours;
De cacher mes tourments je n'étais plus maîtresse :
Redoutant sa froideur bien moins que sa tendresse,
J'éprouvais à sa vue un effroi criminel,
Et mon front rougissait du baiser fraternel.
Moi-même, par l'effet d'une horrible justice,
De mes propres tourments je devenais complice :
Avant que la douleur ait flétri ma beauté,
Mes traits offrant des siens la grâce et la fierté,
J'avais son doux sourire et son maintien sévère,
Et tous deux nous avions le regard de ma mère :
De mille souvenirs poursuivie à la fois,
Je ne pouvais parler sans entendre sa voix.
Vainement je fuyais... empreints sur mon visage,
Je retrouvais toujours mon crime et son image! »

Elle dit. Le vieillard cherchait à l'apaiser;
Mais, dans son désespoir, ardente à s'accuser,
Et le remords troublant sa raison affaiblie :

« Ce n'est pas tout encor, poursuivit Amélie;
Le jour où sur l'autel je prononçai mes vœux,
Lorsque le fer sacré fit tomber mes cheveux,
Et que dans le parvis, sur le marbre couchée,
Par le linceul des morts ma tête fut cachée,
Des sanglots de René l'église retentit :

D'un crime plus affreux cet instant m'avertit,
En voyant sa douleur je frémis d'être aimée,
Et dans son âme enfin, de regrets consumée,
Je crus voir des tourments qui ressemblaient aux miens !
O René ! jour affreux ! ô funestes liens !
Sur ton front j'ai du Ciel attiré la colère !...

— Calmez-vous, dit le prêtre ; oui, cet aveu m'éclaire :
René seul fut coupable, et cette infâme ardeur
Qui désola vos jours commença dans son cœur ;
De vos maux avant vous il connut le mystère,
Il en voulut souffrir : l'homme, dans sa misère,
Orgueilleux d'un tourment pour lui seul inventé,
Jusque dans la douleur cherche la nouveauté ;
Il accuse le sort dont il se croit victime,
Et du nom de malheur il honore son crime.
Mais vous, dont j'admirai les sentiments pieux,
Vous, que le Ciel lui-même a conduite en ces lieux,
La honte du péché ne saurait vous atteindre ;
Vous ne l'avez commis qu'à force de le craindre.
Le Ciel a vu vos pleurs, vos généreux efforts ;
Dans sa juste balance il pesa vos remords ;
Aux regards du Seigneur qu'un repentir désarme,
Il n'est point de péché que n'efface une larme :
Croyez-en votre mort dont l'heure va sonner ;
S'il vous rappelle à lui, c'est pour vous pardonner. »

Le trouble des aveux, d'une rougeur errante
Avait couvert les traits de la jeune mourante ;
L'abbesse, que le prêtre avait fait revenir,
S'approcha de la sœur qu'il fallait soutenir,
Et d'abord, un moment, d'espérance ravie,

Crut voir dans sa rougeur un retour à la vie.
Mais bientôt, dissipant son erreur : « Hâtons-nous! »
S'écria le vieillard... Puis, tombant à genoux,
Il posa sur la sœur un crucifix d'ébène,
Et dit les mots sacrés qu'elle entendait à peine;
Sublime, il prononça les adieux consolants,
Prit le calice d'or entre ses doigts tremblants,
Et la sœur, relevant sa tête appesantie,
Fit un dernier effort pour recevoir l'hostie.
Pendant que sur son front l'huile sainte coulait,
Des ombres de la mort son regard se voilait;
Et déjà, remontant à sa divine essence,
Sa jeune âme, rendue à toute l'innocence
D'un fraternel amour trop longtemps profané,
Implorait dans les Cieux le pardon de René.

L'abbesse veilla seule à côté de la morte;
Et, lorsque le vieillard eut entr'ouvert la porte
Pour aller à l'autel rendre le vase d'or,
Le vent qui gémissait dans l'étroit corridor,
A la brise de mer joignant sa violence,
De la cellule en deuil vint troubler le silence,
Fit résonner les grains du chapelet béni,
Et, courbant le rameau que l'hiver a jauni,
Renversa l'onde sainte et les apprêts funèbres.
Alors l'abbesse en pleurs pria dans les ténèbres :
Car le long crêpe noir, seul et triste ornement
Qui recouvrait la sœur à son dernier moment,
Du cierge avait éteint la lumière débile,
Et voltigeait encor sur la tête immobile.

A la Chaumière de Lormois, 1824.

LA CONFESSION D'AMÉLIE.

FRAGMENTS DE L'ÉPISODE DE RENÉ.

. . . .

« Cependant Amélie n'avait point encore prononcé ses vœux; et, pour mourir au monde, il fallait qu'elle passât à travers le tombeau. Ma sœur se couche sur le marbre; on étend sur elle un drap mortuaire; quatre flambeaux en marquent les quatre coins. Le prêtre, l'étole au cou, le livre à la main, commence l'office des Morts; de jeunes vierges le continuent. O joies de la religion, que vous êtes grandes, mais que vous êtes terribles ! On m'avait contraint de me placer à genoux, près de ce lugubre appareil. Tout à coup un murmure confus sort de dessous le voile sépulcral; je m'incline, et ces paroles épouvantables (que je fus seul à entendre) viennent frapper mon oreille : « Dieu de miséricorde, fais » que je ne me relève jamais de cette couche funèbre, et comble de » tes biens un frère qui n'a point partagé ma criminelle passion ! »

. . . .
. . . .

« J'errais sans cesse autour du monastère bâti au bord de la mer. J'apercevais souvent, à une petite fenêtre grillée qui donnait sur une plage déserte, une religieuse assise dans une attitude pensive; elle rêvait à l'aspect de l'Océan où apparaissait quelque vaisseau cinglant aux extrémités de la terre. Plusieurs fois, à la clarté de la lune, j'ai revu la même religieuse aux barreaux de la même fenêtre : elle contemplait la mer éclairée par l'astre de la nuit, et semblait prêter l'oreille au bruit des vagues qui se brisaient tristement sur les grèves solitaires. » . . . .

. . . .

Comme René achevait de raconter son histoire, il tira un papier de son sein et le donna au père Souël; puis, se jetant dans les bras de Chactas et étouffant ses sanglots, il laissa le temps au missionnaire de parcourir la lettre qu'il venait de lui remettre.

Elle était de la supérieure de ***. Elle contenait le récit des derniers moments de la sœur Amélie de la Miséricorde, morte victime de son zèle et de sa charité, en soignant ses compagnes attaquées d'une maladie contagieuse. Toute la communauté était inconsolable, et l'on regardait Amélie comme une sainte.

Génie du Christianisme, tome II.

ELGISE,

POEME EN QUATRE RÉCITS.

A M. DE BELLISLE.

RÉCIT PREMIER.

LE BERGER.

God, save the king!

On priait ce jour-là dans l'église gothique ;
Les vieillards s'affligeaient au pied du chêne antique,
Et s'opposant aux jeux qu'on allait commencer,
Les filles du hameau ne voulaient pas danser.
Hélas ! plus de plaisir, plus de chants au village ;
Nul bateau sur le lac, nul pêcheur sur la plage ;
Les enfants étonnés se demandent entre eux
Pourquoi leur mère aussi leur défend d'être heureux,
Pourquoi le barde en pleurs est parti solitaire.
C'est que le jeune Alfred, l'honneur de l'Angleterre,
Celui qui releva la gloire des Saxons,
Qui du prêtre de Rome écouta les leçons ;

Ce prince qui joignait aux grâces du jeune âge
L'audace des guerriers et la raison du sage;
Ce roi qui de l'Anglais devinant la fierté,
A ses sujets pour loi donna la liberté;
Ce barde chevalier, fier de sa double gloire,
Qui savait triompher et chanter sa victoire;
Cet Alfred qui régnait en commandant l'amour,
Dans le camp des Saxons n'était point de retour.
En vain dans le combat sa valeur s'est montrée,
L'affreux corbeau du Nord plane sur la contrée.
« Alfred chez les Danois serait-il prisonnier?
— Peut-être a-t-il péri dans le combat dernier?
Mais nul parmi les morts n'a trouvé son armure!
— Sous le joug des Danois le peuple anglais murmure;
Quoi! de le délivrer n'a-t-il donc plus d'espoir?... »
Ainsi de vieux soldats que rassemblait le soir,
Honteux d'un vil repos, se disaient leurs alarmes,
Près du saule entr'ouvert où sommeillaient leurs armes.

Tandis que les bergers chantaient dans le saint lieu,
Les filles d'Altheney, s'en allant prier Dieu,
Portaient à saint Edmond l'offrande du long cierge;
Et couronnaient de fleurs l'image de la Vierge;
Tous pour le jeune roi priaient avec ferveur.
Un seul berger pourtant, silencieux, rêveur,
Semblait indifférent à la douleur commune;
On eût dit qu'abattu sous sa propre infortune,
Il était sans pitié pour les malheurs d'autrui.
Naguère un vieux pêcheur, aussi pauvre que lui,
L'avait par charité conduit sur ce rivage;
Il venait, disait-il, de ce pays sauvage
Où les guerriers qu'on pleure habitent dans les airs,

Où l'on entend la nuit de funèbres concerts,
Où le barde, sorti de ses cavernes sombres,
Sur le bord des torrents converse avec les ombres :
Olric était le nom de ce jeune pasteur.
Longtemps, cherchant des bois l'asile protecteur,
Il mendia son pain de chaumière en chaumière.
Elgise aux doux regards le plaignit la première :
Elle implora pour lui de l'ouvrage, et d'abord
Elle obtint qu'il gardât les bateaux dans le port;
Bientôt, lui réservant un destin plus prospère,
Il devint le berger des troupeaux de son père.
Mais l'inquiet Olric, novice dans cet art,
Tondait mal ses brebis, les ramenait trop tard,
Et la vieille Norga s'en plaignait à sa fille.

Un soir qu'elle attendait sa nombreuse famille,
Et que sur le foyer elle avait préparé
L'oiseau des jours de fête et le froment doré,
Elle osa confier aux soins du jeune pâtre
Ces trésors du festin. Il s'assit près de l'âtre;
Mais bientôt de ce soin oubliant les ennuis,
Et formant des projets que l'on a sus depuis,
Il fixa sur le ciel un regard immobile;
Le double fer glissa de sa main inhabile;
Et tandis que du sort il rêvait les hasards,
La flamme consumait le repas des vieillards.
Norga revint alors... O surprise ! ô colère !
Soudain, sans lui payer son modique salaire,
Olric fut renvoyé; mais Elgise pleura,
Et pria tant pour lui qu'enfin il demeura.

Depuis ce jour, soigneux de réparer ses fautes,

Le berger regagna l'estime de ses hôtes.
Quand l'effroi des brebis ravagea leurs guérets,
Olric le poursuivit jusqu'au fond des forêts ;
Et la tête des loups aux portes suspendue
Attesta qu'au hameau la paix était rendue.
De ses talents divers chacun était surpris :
Toujours au jeu de l'arc il remportait le prix ;
Le soir à la veillée on admirait encore
Les airs qu'il modulait sur sa harpe sonore.
Mais tantôt dédaigneux, tantôt plein de respect,
Il gardait sur sa vie un mystère suspect ;
Et malgré ses talents dont l'âme était séduite,
Les vieillards du hameau soupçonnaient sa conduite :
La nuit vers la chapelle il dirigeait ses pas ;
Quelquefois à son nom il ne répondait pas ;
Aux arrêts des devins on l'avait vu sourire ;
Les moines l'accusaient même de savoir lire ;
Un' jour (et c'est alors qu'on douta de sa foi),
Il hésita de boire à la santé du roi.

Suivant de son cœur pur l'heureuse imprévoyance,
La seule Elgise enfin l'aimait sans défiance.
« Vainement, disait-elle, il m'évite, il me craint ;
Je sais trop qu'à me fuir un devoir le contraint ;
Honteux de la misère où le Ciel l'a fait naître,
Il n'ose pas aimer la fille de son maître,
Mais en lui tout dément sa trompeuse froideur.
Cher Olric ! c'est à moi de rassurer ton cœur !
Va, mon père voudra qu'Elgise soit heureuse,
Et mes larmes rendront ma mère généreuse.
Alors le pauvre Olric, devenu mon époux,
D'un maître n'aura plus à craindre le courroux ;

Au pied des vieux ormeaux qui bordent la clairière,
Il n'ira plus dormir sur l'humide bruyère;
Il sera possesseur de nos troupeaux nombreux;
Son chien, qui me connaît, nous gardera tous deux;
Oui, je veux de ses maux que l'amour le soulage,
Et qu'il soit le premier des bergers du village.
Poūrtant... si d'autres vœux... si mon cœur se flattait?... »
Puis, chassant ce soupçon, gaîment elle ajoutait,
En tournant le fuseau dans sa main gracieuse :
« Eh!... s'il ne m'aimait pas, serais-je aussi joyeuse? »

En se croyant aimée, Elgise avait raison.
Si les pompeux serments cachent la trahison,
L'amour le plus sincère est celui qu'on devine.
Voyez ce malheureux que son trouble domine;
Il feint l'indifférence et se meurt en secret;
Mais chacun a compris son silence indiscret :
Un sourire forcé voile mal sa souffrance,
Et l'oubli qu'il affecte est une préférence.
Tel en proie à l'amour qu'il combat vainement,
Olric croit aux regards dérober son tourment;
Parmi tous les bergers qui soupirent pour elle,
Lui seul ne dit jamais qu'Elgise est la plus belle.
Si de nouveaux bienfaits viennent le consoler,
Dans sa reconnaissance il n'ose lui parler :
De paraître insensible il se fait une étude,
Et se laisse accuser même d'ingratitude.
Repoussant un espoir dont son cœur est charmé,
Il aime, et cependant il frémit d'être aimé!

Mais on avait surpris son trouble involontaire :
Déjà l'amour d'Olric n'était plus un mystère.

A l'heure où pour Alfred on priait saint Edmond,
On avait remarqué, vers la fin du sermon,
Lorsque avec son offrande Elgise était venue,
Que, sans lever les yeux, il l'avait reconnue,
Qu'il avait à l'autel dérobé quelques fleurs,
Et puis s'était caché pour essuyer des pleurs.

Ces détours des méchants excitaient le sourire,
Et le malin Nighel, toujours prêt à médire,
En faisait le sujet de ses récits moqueurs;
Nul n'était plus adroit à lire dans les cœurs,
Et, malgré ses quinze ans, Nighel se faisait craindre :
De sa gaîté cruelle, on n'osait pas se plaindre.
Du sorcier de la Tour, serviteur indolent,
L'espoir seul du plaisir le rendait vigilant.
Souvent on l'avait vu déjouer par malice
Jusqu'aux méchants projets dont il était complice.
Au Démon quelquefois on le croyait uni;
Lui-même se disait un sorcier rajeuni.
Tantôt, à la faveur de phrases mensongères,
Dévoilant l'avenir aux tremblantes bergères,
Il lisait leur malheur dans le vol des oiseaux,
Ou dans le fil rompu de leurs légers fuseaux;
Tantôt, baissant la voix, et d'un air d'importance
Nighel à deux amants prédisait l'inconstance,
Effrayait les vieillards du retour des hivers,
Ou présageait l'orage aux lueurs des éclairs.
De ses arrêts enfin redoutant l'insolence,
Chacun par des présents achetait son silence.
Plus d'une fois Olric, dont il guettait les pas,
Lui céda la moitié de son frugal repas;
Mais Nighel, peu touché de ses grands sacrifices,

Revenait l'obséder par d'importuns services,
Et rien ne triomphait de sa témérité.

Cependant du hameau regrettant la gaîté,
Olric veut démentir sa longue indifférence :
« Pourquoi dans nos malheurs perdre toute espérance?
Dit-il aux vieux bergers que ranime sa voix ;
Alfred n'est point encore au pouvoir des Danois !
Il est jeune, il est brave, il saura les confondre,
Et rentrera vainqueur dans les remparts de Londre.
Nous, jeunes villageois, montrons-nous courageux,
Et trompons l'ennemi par le bruit de nos jeux ! »
Puis, feignant une joie à son âme étrangère,
Il chante le plaisir sur sa harpe légère ;
Les pasteurs, aux refrains de leurs airs favoris,
Bientôt viennent danser sur les gazons fleuris.
Quelqu'un paraît... Soudain sa voix devient plus tendre ;
C'est elle, c'est Elgise ! elle accourt pour l'entendre.
Fière de ces talents qui le font admirer,
Du triomphe d'Olric on la voit se parer,
Son éloge est pour elle une autre mélodie :
Qu'ils sont doux les succès qu'un regard nous dédie !

Mais pendant la prière, un moment disparu,
Au bruit des chants joyeux Nighel est accouru,
Et se réjouissant d'interrompre la fête,
D'un air mystérieux près du barde il s'arrête :
« Un aveugle, dit-il, te demande ; il est là,
Il attend. » A ces mots le berger se troubla ;
Ses doigts mal assurés sur sa harpe glissèrent...
Il s'éloigna bientôt, et les plaisirs cessèrent.

RÉCIT DEUXIÈME.

LE SOLDAT.

Les premiers feux du jour enflammaient l'horizon,
Et déjà les troupeaux erraient sur le gazon.
« Olric! dit à voix basse un chasseur. — Qui m'appelle?
— Je vais de saint Edmond visiter la chapelle.
— Allez, dit le berger, ce chemin y conduit. »

Et le chasseur s'éloigne en ajoutant : « Minuit. »
N'osant pas lui prouver qu'il comprend son langage,
Olric le suit des yeux à travers le feuillage.
Il veut fuir les témoins dont il est entouré,
Et dirige ses pas vers le lac azuré.
Bientôt dans le flot pur son chien se désaltère :
Olric croyait trouver la plage solitaire,
Mais déjà les pêcheurs partis avant le jour,
Chargés de leur butin, débarquaient tour à tour.
« Olric, cria l'un d'eux, à bord de sa nacelle,
Je vais de saint Edmond visiter la chapelle;
Je porte mon offrande au patron des Anglais,
Il a sauvé ma barque et béni mes filets,
Ne peux-tu me guider vers sa tombe sacrée?
— Non, répondit Olric d'une voix altérée,
Gardien de mes troupeaux tant que luit le soleil,
Je n'oserai prier qu'à l'heure du sommeil. »
A ces mots, le pêcheur s'élançant sur la grève,
Sous son manteau de lin lui montre un large glaive,

Puis, craignant les regards, loin du port il s'enfuit,
Et l'écho du rivage a répété : « Minuit. »

Dès ce moment Olric, dont le regard s'enflamme,
A des rêves nouveaux semble livrer son âme;
Il est moins attristé, moins humble en son maintien :
D'une voix plus sonore il appelle son chien,
Et son accent trahit l'espoir de la vengeance.
Depuis longtemps, Olric était d'intelligence
Avec ces fiers Saxons, qui, bergers ou soldats,
Sous le chaume attendaient le signal des combats.
Souvent il épiait dans la forêt prochaine
Les chevaliers danois rassemblés sous le chêne;
Tandis qu'autour de lui s'égaraient ses troupeaux,
Il feignait de goûter un nonchalant repos,
Au fidèle Mascor il imposait silence,
Et les Danois, riant de sa lâche indolence,
Se parlaient librement, sans voir un ennemi
Dans ce pauvre pasteur qu'ils croyaient endormi.

Cependant, pour tromper les soupçons qu'il redoute,
D'un groupe de pêcheurs il s'approche, il écoute :
C'est un vieillard qui parle. A son ton suppliant,
Le berger reconnaît un humble mendiant;
Les pêcheurs, qu'ennuyait sa plainte monotone,
Le chassaient loin du port; Olric le voit, s'étonne;
Au malheur qu'on outrage il s'offre pour appui.
Touché de sa pitié, le pauvre vient à lui;
La frayeur et l'espoir hâtent son pas débile;
Mais n'est-ce point un songe? Au fond de la sébile,
Que malgré les dédains il présentait encor,
Près de l'humble denier brillait un anneau d'or.

A cette vue Olric a tressailli de joie,
Il veut saisir l'anneau : « C'est le Ciel qui t'envoie !... »
Dit-il; mais aussitôt le vieillard l'arrêtant
Le contraint au silence, et, sans perdre un instant,
A travers les rochers l'entraîne avec mystère;
Et quand l'ombre du soir s'étendit sur la terre,
Quand déjà les bergers sommeillaient sous l'ormeau,
Olric seul n'était point de retour au hameau.
On l'appelait en vain, et l'inquiète Elgise
L'attendait tristement, devant sa porte assise;
Norga de son berger accusait la lenteur,
Et ses troupeaux erraient sans chien et sans pasteur.

u milieu des rochers l'ayant vu disparaître,
Le fidèle Mascor avait rejoint son maître;
Les agneaux, dans leurs jeux n'étant plus retenus,
Bondissaient sur des monts à leurs pas inconnus;
Les uns se dispersaient, fiers de leur délivrance;
Les autres détruisaient avec indifférence,
Oubliant de Mascor les prudentes leçons,
L'avenir d'un grand chêne et l'espoir des moissons.
Enfin, tous profitant de l'absence du pâtre,
Le désordre régnait dans la troupe folâtre.
C'était l'heure où Nighel, par un secret détour,
Rejoignait chaque nuit le sorcier de la Tour.
« Eh quoi! s'écria-t-il en passant sur la plage,
Un troupeau sans gardien erre sur le rivage;
Je reconnais d'Olric les agneaux favoris :
Olric est le coupable... A-t-il été surpris?
Cet aveugle d'hier... cette conduite étrange,
De crainte et de fierté ce bizarre mélange,
Tout m'indique un secret qui ne peut m'échapper.

Sur ses projets en vain il cherche à me tromper;
Demain je saurai tout! » Il dit, et dans la plaine
Il rejoint les brebis, les rassemble avec peine,
Et bientôt vers le parc les guide, en se flattant
Qu'Olric reconnaîtra ce service important.

A peine du village il franchissait l'entrée,
Qu'Elgise vient à lui par l'espoir attirée :
Hélas! sa douce erreur a fait place à l'effroi :
Elle arrête Nighel, lui demande pourquoi
Olric de son devoir le rend dépositaire;
Mais l'aspect de Norga la contraint à se taire :
Sur l'absence d'Olric il la faut abuser.
Sans connaître le tort qu'elle veut excuser,
Elgise du pasteur va prendre la défense,
Sous un prétexte adroit déguise son offense,
Et coupable à son tour, de son cœur ingénu,
Pour la première fois le mensonge est connu.
Norga croit le berger rentré dans l'humble asile,
Et bientôt sous son toit règne un sommeil tranquille.
Elgise veillait seule, et, triste, s'alarmait
Sur le malheureux sort du berger qu'elle aimait.
Les discours de Nighel, ses soupçons, sa contrainte,
De son âme innocente avaient doublé la crainte;
Tremblante, à la prière en vain elle a recours :
Contre l'inquiétude il n'est point de secours.
Son cœur, tout à l'objet qui cause sa souffrance,
Tantôt du moindre bruit se fait une espérance,
Tantôt se rappelant l'oracle des bergers,
Pour Olric son amour prévoit mille dangers.
Hélas! tout confirmait ces funestes présages;
Déjà sur le vallon s'amassaient les orages.

Les oiseaux de la nuit poussaient des cris de mort ;
Des nacelles, que l'onde agitait dans le port,
La voile s'élevait comme un pâle fantôme ;
Le vent, qui des vieux toits faisait trembler le chaume,
Roulait avec fracas la chaîne des bateaux,
Soulevait dans les airs le sable des coteaux,
De la cascade en pleurs dispersait la rosée,
Renversait les ormeaux sur leur tige brisée,
Et, répandant au loin la tristesse et l'effroi,
Allait d'un souffle impie ébranler le beffroi.

Pourtant l'astre des nuits achevant sa carrière,
Traçait dans le nuage un sillon de lumière,
Et jetait sur la rive un éclat passager.
Elgise a vu s'ouvrir la porte du verger :
Quel trouble émeut ce cœur autrefois si paisible !
Elle écoute : soudain, d'une harpe invisible,
Une corde rompue exhale un son plaintif ;
C'est lui ; vers la montagne il s'avance craintif.
A travers l'églantier qui voile sa fenêtre,
Malgré la nuit, Elgise a su le reconnaître.
C'est Olric ; tout à coup il vient de s'arrêter,
Pour regarder encor ce toit qu'il va quitter,
Cette lampe de fer qui veille pour l'attendre ;
En vain de ses regrets il cherche à se défendre,
A la douleur d'Elgise il ne résiste pas ;
Pour se justifier, il revient sur ses pas :
Elgise penserait qu'un ingrat la délaisse !
Non... mais comment la voir sans trahir sa faiblesse...
C'en est fait, il s'éloigne, il ne la verra plus !
Le devoir a fixé ses vœux irrésolus.

Elgise a vu ses pleurs; sans en savoir la cause,
Elle a trop deviné les efforts qu'il s'impose;
Prévoyant qu'un malheur peut seul les séparer,
Et toute au désespoir qui semble l'inspirer,
Elle quitte sans bruit le seuil de sa chaumière,
Traverse la prairie et l'étroit cimetière;
De loin suivant Olric qu'un rayon éclairait,
Elle prend le sentier qui mène à la forêt,
Et bientôt elle arrive au pied de l'ermitage.
Mais Elgise frémit d'approcher davantage;
Car le fer d'une lance à ses yeux a relui.
Olric parle; on répond; un soldat vient à lui,
Fait un signe, et tous deux pénètrent dans l'enceinte
Où du prince martyr dort la relique sainte.
Là des murs en débris, des autels écroulés,
Et d'un tombeau désert les marbres mutilés,
Attestent des Danois la fureur sacrilége.
Dans ce vieux monument que nul toit ne protége,
Entre les hauts piliers, les gothiques arceaux,
Le lierre avait formé de mobiles berceaux;
L'image du saint roi de mousse était couverte,
Et quelques fleurs sortaient d'une tombe entr'ouverte;
Car dans ces jours de deuil, ce temple profané,
Même par la prière était abandonné.
Quand le souffle du nord désolait le rivage,
Il servait de refuge à la biche sauvage;
Les funèbres oiseaux y suspendaient leurs nids,
Et le lézard glissait sur les degrés bénits.

Craintive, et cependant par l'espoir soutenue,
Au seuil de la chapelle Elgise est parvenue.
A travers les vitraux s'offrent à ses regards

Plusieurs guerriers assis sur les débris épars;
L'un d'eux, près d'une lampe, incliné sur la pierre,
Peignait un coursier blanc sur la rouge bannière;
Un mendiant lisait; derrière les piliers,
Un pêcheur discourait avec des chevaliers;
La lune leur prêtait sa lumière inégale;
Un glaive était couché sur la tombe royale;
Olric, qui l'aperçoit, s'en saisit vivement;
Alors chacun se lève; on profère un serment;
Jetant sa barbe blanche et sa robe de bure,
Le mendiant revêt une pesante armure;
Tandis que le pêcheur a pris les gantelets,
La hache, le poignard, cachés dans ses filets;
De sa robe des champs le berger se dépouille,
Pour ceindre le haubert qu'avait terni la rouille;
Dérobant ses cheveux sous le fer d'un cimier,
Vers la porte aussitôt il marche le premier.
On le suit; comme Olric sortait de la chapelle,
Elgise, redoutant une absence éternelle,
Pour le revoir encor précipite ses pas :
« Nous sommes découverts! s'écrie un des soldats,
Quelqu'un nous écoutait... Malheur au téméraire! »
Mais Olric, du soldat réprimant la colère,
Lui défend d'avancer vers l'autel protecteur
Où la tremblante Elgise a caché sa frayeur;
Seul, il pénètre alors dans l'enceinte sacrée :
Près du tombeau royal Elgise est éplorée,
Il vole à son secours : « Ah! dit-il, calme-toi!
Protége le secret que je livre à ta foi;
Le roi respire encor; pour tous c'est un mystère,
Nous sommes réunis pour sauver l'Angleterre!
Garde-toi de redire aux bergers curieux

Ce que dans la chapelle ont remarqué tes yeux :
Jusqu'à la fin du jour cache-leur mon absence ;
Adieu, ne doute pas de ma reconnaissance !
— Olric, vous me quittez ! — J'obéis au devoir !
— Moi, qui vivais pour vous, dois-je encor vous revoir ?
— Ah ! si le Ciel vengeur daigne guider nos armes,
Mon amour payera tes bienfaits et tes larmes ;
Celui que tu sauvas le jure à tes genoux.
— Grand Dieu ! serait-il vrai ?... Mais qui donc êtes-vous ?
— Hélas ! reprit Olric d'une voix attendrie,
Je ne suis qu'un soldat fidèle à sa patrie ! »

Elgise, rassurée, en face de l'autel,
Répond au vœu d'Olric par un vœu solennel.
Alors à le quitter son courage s'apprête ;
Sur le front du guerrier elle incline sa tête,
Et prenant à témoin l'image du saint lieu,
Par un baiser timide elle osa dire adieu.

RÉCIT TROISIÈME.

LE BARDE.

Soleil des jours heureux, charme de la présence !
Prestige de l'amour, invincible puissance ;
Toi qui donnes à tout l'existence ou la mort,
Qui des plus grands malheurs triomphes sans effort,

Et des tendres serments déguisant l'imposture,
Aux lèvres du jaloux fais expirer l'injure,
De ton fatal pouvoir qui n'a connu la loi,
Et le deuil, les regrets qui viennent après toi?
A ce deuil de l'absence Elgise était livrée ;
Pourtant de son vieux père Elgise est adorée,
De tous elle est l'amour ; les jeunes villageois
Attendent ses refus pour oser faire un choix ;
Mais elle, à ses regrets sans cesse rappelée,
Dans les champs paternels se croyait exilée.
Chaque jour, vers le lac où la suivait encor
Le compagnon d'Olric, le fidèle Mascor,
Elle allait épier le retour des nacelles,
Et près des bateliers écoutait les nouvelles
Qu'ils rapportaient le soir des rivages lointains.
Ils savaient, disaient-ils, par des avis certains,
Que plusieurs chevaliers, las d'un vil esclavage,
La nuit tenaient conseil près d'un rocher sauvage
Qui du vaillant Egbert porte le nom sacré ;
Enfin, pour un combat tout semblait préparé.
Les belliqueux Saxons, rendus à l'espérance,
Dans ce dernier effort rêvaient leur délivrance.
Elgise à ces récits sentait battre son cœur,
Et se voyait déjà l'épouse d'un vainqueur ;
Elle était confiante ; et comment ne pas croire
Aux serments de l'amour bénis par la victoire?
Comment dans un héros soupçonner un ingrat?
Comment se méfier de l'honneur d'un soldat?

Un soir que les pêcheurs débarquaient sur la rive,
Hors d'haleine, agité, soudain Nighel arrive :
« Venez, s'écriait-il, venez, accourez tous !

A d'étranges récits, bergers, préparez-vous ;
Écoutez ! vous allez partager ma surprise
(En prononçant ces mots il regardait Elgise) :
Du sorcier de la Tour je devance les pas
Pour vous dire... Mais non, vous ne me croirez pas.
De tout ce que j'ai vu je doute encor moi-même ;
Qui l'eût pensé ? Celui dont la misère extrême
Excita la pitié de vos cœurs généreux,
Cet Olric n'était point un berger malheureux :
Il nous a tous trompés par sa feinte détresse.
Son air indifférent, ses discours, sa paresse,
Rien en lui n'était vrai ; je l'avais soupçonné ;
Lui-même il frémissait de se voir deviné.
A mes yeux pénétrants rien n'a pu le soustraire.
Enfin, ce pauvre Olric que nous traitions en frère,
Celui qui par ses chants vous ravit tant de fois,
C'était... le croirez-vous ?... l'espion des Danois ! »

A ces mots, on s'étonne, et la foule murmure :
Déjà plus d'un pêcheur criait à l'imposture ;
Mais Nighel poursuivant : « Vous n'en sauriez douter ;
Mon maître qui me suit pourra vous l'attester.
Nous étions déjà loin de notre humble retraite :
Agitant dans les airs sa magique baguette,
Sous l'ormeau révéré, le sorcier de la Tour
Annonçait l'avenir aux bergers d'alentour,
Leur parlait de combats, de victoires prochaines ;
Leur disait qu'un héros viendrait briser leurs chaines,
Et tous, en accueillant ce présage flatteur,
Bénissaient le devin et le libérateur,
Lorsque, sortis de l'antre où les corbeaux habitent,
Tout à coup les Danois sur nous se précipitent ;

Et, malgré nos efforts, par leurs mains enchaînés,
Vers la tente d'Ivar nous sommes entraînés.
L'aspect des ennemis redouble nos alarmes,
Leur camp à nos regards semble une forêt d'armes.
Là des guerriers buvaient dans un crâne sanglant;
D'autres se querellaient. De leur foyer brûlant
Un chêne tout entier alimentait la flamme ;
Surmontant la frayeur qui saisissait mon âme,
Attentif, je prêtai l'oreille à leurs discours;
Leur voix d'un dieu farouche implorait le secours ;
Au grand serpent Migdar ils dénonçaient nos crimes,
A la déesse Héla nous offraient pour victimes;
Nous avions, disaient-ils, mérité son courroux,
Et le palais d'Odin était fermé pour nous.
Sans pouvoir expliquer ce langage barbare,
Mon maître a deviné le sort qu'on nous prépare :
Bientôt, près de leurs chefs, par les soldats conduits,
Dans la tente d'Ivar nous sommes introduits.
Que vois-je?... est-ce une erreur?... La surprise me glace!
J'oublie en ce moment qu'un danger nous menace.
Est-il vrai? m'écriai-je, Olric, est-ce bien toi?...
Mais lui, sans me répondre, assis aux pieds du roi,
Continuait ses chants, et d'une voix perfide
Vantait de l'ennemi le courage intrépide.
Il amusait Ivar, on le fit répéter,
Et voici les refrains qu'il fallut écouter :

« Invincibles guerriers, fils du roi des orages,
» Du barde révérez les chants mélodieux ;
» Sa voix peut vous ouvrir le palais des nuages :
    » La harpe a le secret des dieux !

» Le barde rend la gloire aux couronnes flétries ;
» Ses sublimes transports enflamment tous les cœurs,
» Et le soir des combats, aux belles Valkyries,
  » La harpe nomme les vainqueurs!

» Le barde, captivé par la beauté touchante,
» Que sa voix fait sourire et pleurer tour à tour,
» Obtient par ses accords un aveu qui l'enchante :
  » La harpe fait parler l'amour.

» Le barde des tyrans sait endormir la haine;
» Il soumet la tempête, il règne sur les flots,
» Du noble prisonnier son art brise la chaîne.
  » La harpe venge les héros!

» Invincibles guerriers, fils du roi des orages,
» Du barde révérez les chants mélodieux ;
» Sa voix peut vous ouvrir le palais des nuages :
  » La harpe a le secret des dieux. »

Ces chants flatteurs, d'Ivar ont redoublé l'ivresse...
Déjà, pour nous punir de troubler l'allégresse
Qui charme les Danois en ces joyeux moments,
Leurs chefs vont nous livrer aux plus cruels tourments ;
Mais le barde commande à leur âme ravie :
Pour prix de ses accords il obtient notre vie.
« Tu le veux, dit le roi, deviens leur protecteur ;
» Que tout cède aux désirs de ce chantre pasteur
» Qui de la mort d'Alfred apporta la nouvelle,
» Et promet aux Danois une gloire immortelle! »

Ainsi du faux berger la perfide chanson
A l'ennemi vainqueur paya notre rançon. »

Alors Nighel se tait, et chacun doute encore ;
Mais le sage devin que le village honore
Vient confirmer le fait par Nighel raconté.
En vain l'on repoussait la triste vérité ;
La trahison d'Olric, sa vertu mensongère
Ont pénétré les cœurs d'une juste colère.
De cent crimes divers on l'accuse à la fois :
C'est lui qui des guerriers cachés au fond des bois
Sans doute à l'ennemi dénonça le refuge ;
C'est lui qui, dans l'excès de son zèle transfuge,
Excitait les pasteurs à braver l'ennemi.
« Malheur, disait Nighel dans sa haine affermi,
Malheur à qui d'Olric mérita la tendresse :
Qui trahit son pays trahira sa maîtresse ! »

Hélas ! qu'il est cruel de l'entendre accuser,
Celui que l'on aimait et qu'il faut mépriser !
Du parjure d'Olric, qu'elle ne peut comprendre,
Elgise s'affligeait, sans oser le défendre ;
Mais essuyant les pleurs qui coulaient de ses yeux,
Elle disait : « Hélas ! de ce crime odieux
Épargnez à mon cœur la honteuse assurance ;
O mes cruels amis ! respectez ma souffrance ;
La honte, l'abandon, tout m'accable aujourd'hui ;
J'étais heureuse hier ! Je ne pleurais que lui !
De mes regrets amers ne m'ôtez pas les charmes ;
Laissez-moi croire encor qu'il mérite mes larmes,
Dites que son absence est mon plus grand malheur,
Et ne me faites pas rougir de ma douleur ! »

Pendant qu'à la tristesse Altheney s'abandonne,
Alfred dans les combats retrouvait sa couronne.

Reparu tout à coup, aux fiers enfants du Nord
Abusés dès longtemps par le bruit de sa mort,
Il venait de ravir, déshonorant leur gloire,
L'étendard enchanté, garant de la victoire.
Au milieu d'une fête Ivar a succombé ;
Au pouvoir des Anglais son vieux sceptre est tombé,
Et la patrie est libre! Après ces jours d'alarmes,
Alfred sur les autels vient déposer les armes ;
Londre attend le vainqueur dans ses murs délivrés ;
Partout on le proclame, et les noms révérés
Des braves compagnons de sa noble entreprise
Déjà font retentir l'écho de la Tamise ;
Ses flots, comme autrefois, de barques sont couverts ;
L'ivresse des plaisirs succède aux longs revers,
Et pour voir du retour la pompe magnifique,
Les pâtres vont quitter leur cabane rustique.
Le bruit de la victoire aux champs est parvenu.
D'Elgise qui dira le bonheur ingénu
En apprenant qu'Olric est encor digne d'elle?
« Sans doute, à son pays il est resté fidèle ;
Ne m'a-t-il pas prédit ce triomphe éclatant?
Si parmi les Danois on le vit un instant,
C'est que de leurs projets il instruisait son maître ;
Par ses prudents avis il l'a sauvé peut-être ! »
Disait Elgise, ardente à le justifier ;
Puis, sans crainte, à son père elle va confier
L'aveu qu'elle a reçu dans la sainte chapelle.
Orgueilleux de son choix, le vieillard se rappelle
Que de servir l'État il eut aussi l'honneur,
Et, voulant de sa fille assurer le bonheur,
Lui permet d'aller voir, dans la cité royale,
Du retour des guerriers la fête triomphale.

Ainsi que la douleur la joie est sans sommeil.
Avant que sur les monts ait brillé le soleil,
Pour le joyeux départ tout le hameau s'apprête ;
De sa toque d'argent Norga pare sa tête,
Et chaque villageois, de plaisir enivré,
A revêtu l'habit aux grands jours consacré.
Dans la plaine on s'assemble ; et parmi les bergères
On reconnaît Elgise à ses grâces légères.
Son visage a repris ses brillantes couleurs ;
Dans ses yeux le sourire a remplacé les pleurs.
Elgise, consolée et belle d'espérance,
Aux regards des pasteurs s'offre avec assurance ;
Sur son front gracieux le velours s'arrondit ;
Sur son beau sein voilé la croix d'or resplendit,
Et des franges d'azur bordent son blanc corsage ;
Enfin on part ; Mascor est aussi du voyage.
Ah ! ce bon chien, qu'Olric a pris soin d'élever,
Au milieu des vainqueurs saura le retrouver.

RÉCIT QUATRIÈME.

LE ROI.

Gloire au vaillant guerrier qui sauva son royaume,
Au prince que l'exil instruisit sous le chaume !
Gloire au sage proscrit, au roi triomphateur,
Qui de la liberté généreux fondateur,

Méprisa des sujets la vile obéissance,
Et voulut par les lois modérer sa puissance !
Gloire au barde vainqueur, gloire à l'humble berger
Qui, seul, portant ses pas dans le camp étranger,
Par ses chants séducteurs, sa noble hypocrisie,
Fit à la liberté servir la poésie !

Enfant consolateur de la patrie en deuil,
Son nom des conquérants fera pâlir l'orgueil ;
Avec un saint respect l'histoire le contemple.
Monarques de la terre, imitez son exemple :
Voyez ce peuple ému d'espérance et d'amour,
Comme un bienfait du Ciel célébrer son retour ;
Entendez-vous ces cris ? Par des hymnes de joie
Il accueille celui que la victoire envoie :
Regardez ces enfants, ces femmes, ces vieillards,
Pour le voir les premiers, groupés sur les remparts ;
Déjà les laboureurs, assemblés dans les rues,
Laissent dans le sillon leurs oisives charrues ;
Les créneaux sont parés d'étendards et de fleurs ;
Les belles, de l'absence oubliant les douleurs,
Ornent pour le retour les foyers domestiques ;
Et fières, se montrant aux fenêtres gothiques,
Sur le brillant cortége effeuillent des lauriers.
L'une, qui voit son père au milieu des guerriers,
Se livre sans réserve à sa joie ingénue ;
Une autre a déployé, pour être reconnue,
Sur le riche balcon de ses adieux témoin,
L'écharpe et les couleurs qui parlent de si loin !

En vain le ciel jaloux se couvre de nuages ;
Chacun au roi vainqueur apporte ses hommages.

Au bruit des chants joyeux, aux cris du peuple anglais,
Le cortége royal vers l'antique palais
S'avance ; en vain la pluie arrose les bannières,
Inonde des coursiers les fumantes crinières,
Des casques alourdis les panaches flottants;
Alfred, loin de son peuple exilé si longtemps,
En revoyant les murs de la cité chérie,
Aime jusqu'aux rigueurs du ciel de sa patrie.

Sans armes, sans drapeaux, les prisonniers danois
Défilaient lentement, inclinés sous la croix.
Alfred, ouvrant leurs yeux à la céleste flamme,
Ne veut les asservir que pour sauver leur âme ;
Du rang de chevalier ils ne sont point déchus ;
Le baptême a lavé la honte des vaincus,
Et le nom de chrétien leur semble une conquête.
Le superbe Dévon s'avançait à leur tête ;
On remarquait au doigt du héros favori
L'anneau mystérieux, présent d'un roi chéri ;
Le chevalier pêcheur d'Alfred portait l'écharpe,
Et le faux mendiant sa houlette et sa harpe.
A la suite des pairs, des nobles chevaliers,
Dont les chiffres d'amour couvraient les boucliers,
Marchaient les vétérans, parés de leurs blessures ;
Les pages, orgueilleux de leurs riches armures ;
Puis les jeunes soldats, que la gloire enivrait,
Passaient en saluant leur mère qui pleurait.

Mais bientôt dans les airs la trompette résonne ;
A ses joyeux transports la foule s'abandonne :
Le roi paraît ; son nom s'entend de toutes parts ;
L'ivresse du triomphe éclate en ses regards.

Près du temple il s'arrête, et tout son peuple admire
Son maintien noble et fier, son gracieux sourire,
Ses traits majestueux ; à sa mâle beauté
La gloire ou le malheur semble avoir ajouté !
En voyant ses sujets bénir sa délivrance,
Il ne se souvient plus de ses jours de souffrance.
Mais qui jette le trouble en ces moments heureux ?...
De la foule soudain part un cri douloureux ;
Brisant tous ses liens, bravant les coups de lance,
Sur le royal coursier alors un chien s'élance ;
Contre lui chacun s'arme ; il est battu, chassé.
« Paix, dit un courtisan, le roi l'a caressé ! »
Il est vrai ; le monarque a su le reconnaître,
Et le pauvre Mascor, toujours cher à son maître,
Sous la pourpre des rois retrouve le berger ;
Et c'est toujours Olric qui vient le protéger.
Mais Alfred, en pensant à celle qui l'envoie,
Cherchait des yeux en pleurs à travers tant de joie :
Sans doute Elgise est là ; pour rassurer son cœur,
Il soulève l'airain de son casque vainqueur,
Et montre, sur son front que la gloire environne,
Un baiser que n'a point effacé la couronne.

Hélas ! ce tendre soin pour Elgise est perdu ;
Ce langage d'amour il n'est pas entendu !
A l'aspect de son roi, la douleur, la surprise,
Avaient glacé les sens de la modeste Elgise ;
Loin du peuple joyeux, pâle, sans mouvement,
Sa mère et ses amis l'emportaient tristement.
Par leur secours Elgise a revu la lumière,
Et bientôt ramenée à son humble chaumière,
Elle passe en pleurant sous ces mêmes ormeaux

Où le royal berger conduisait ses troupeaux ;
Elle aperçoit de loin sa cabane déserte,
Dont la porte de chaume était encore ouverte.
Triste, elle a salué la chapelle des bois ;
C'est là qu'il fut berger pour la dernière fois ;
C'est là que, dans l'espoir d'une chaîne éternelle...
Mais, hélas ! c'en est fait, Olric est mort pour elle !

D'une nouvelle heureuse en secret se flattant,
Sous la croix du hameau son vieux père l'attend.
Bientôt dans le chemin il reconnaît sa fille,
L'objet de tous ses soins, l'espoir de sa famille ;
Elle vient l'embrasser. O ciel ! quelle pâleur !
« Eh bien, dit le vieillard, pressentant un malheur,
Olric ! l'as-tu revu ? que faut-il que j'espère,
Dis ? — Parmi les soldats il n'était point, mon père.
En vain je l'ai cherché ! tout est fini pour moi !
— Qu'entends-je? Olric est mort! — Hélas! non... il est roi! »

Cependant l'ennemi, plein d'espoir et de rage,
Dans le sang des Anglais veut laver son outrage.
On a vu de la tour qui domine les mers,
Le pavillon danois s'agiter dans les airs ;
Des pirates vengeurs menacent la patrie ;
La honte des revers a doublé leur furie.
A punir leur audace Alfred n'hésite pas ;
Il se montre : tout cède au pouvoir de son bras ;
Le barbare s'enfuit vers sa froide contrée,
Et de son sang impur la mer s'est colorée.

Dans les remparts de Londre à peine de retour,
Le roi pour une fête a rassemblé sa cour.

Des chasseurs réunis la joyeuse cohorte
Déjà du vieux castel a dépassé la porte;
Et la trompe d'airain, les cors retentissants,
Déjà font tressaillir les coursiers hennissants.
Pour plaire au souverain, les nobles châtelaines
Sur leurs blancs palefrois vont parcourir les plaines;
On voit leurs chaperons de plumes couronnés;
Aux pages, aux veneurs les ordres sont donnés.
On part : la meute est libre et le faucon voltige;
Vers les bois d'Altheney la troupe se dirige;
Sous les chênes touffus le cerf est poursuivi;
Bientôt le faon timide à la biche est ravi.
Aux cris, aux aboiements de la meute royale,
Le paisible Mascor joint sa voix pastorale;
Les chasseurs dispersés remplissent la forêt;
Le cerf à leurs regards fuit, revient, disparaît;
Rien ne peut le soustraire à leur joie inflexible.
Seul, à ces vifs plaisirs, Alfred est insensible;
Un tendre souvenir l'occupe tout entier;
Et, sans s'apercevoir qu'au détour d'un sentier,
Nighel le regardait passer avec tristesse,
Le roi de son coursier redouble la vitesse,
Livre enfin les chasseurs à leurs bruyants combats,
S'éloigne, et leur défend d'accompagner ses pas.

Non loin de la chapelle une tente est dressée :
Aux genêts odorants la bruyère enlacée
D'une chaîne de fleurs couronne le banquet;
Les bois du cerf vaincu sont ornés d'un bouquet;
Les pêcheurs, les bergers des voisines campagnes,
Pour saluer le prince ont quitté leurs montagnes;

Dans leurs hymnes d'amour son courage est béni.
On l'attend : sous la croix chacun est réuni ;
Déjà l'heure est passée, et Dévon s'inquiète.
A la gaîté succède une crainte muette ;
Cédant à la frayeur qui trouble ses esprits,
Dévon s'est élancé sur les murs en débris ;
Il porte ses regards au loin dans la vallée.
Apercevant le roi sur la route isolée,
Aussitôt de la fête il donne le signal,
Et le cor lui répond par un chant triomphal.
Les chasseurs, que suivait la foule turbulente,
Vont mettre aux pieds du roi leur victime sanglante.
Par des accords bruyants Alfred est accueilli ;
Mais quel ennui secret couvre son front pâli ?
Ses regards sont voilés ; il respire avec peine.
Saisie à cet aspect d'une terreur soudaine,
La foule se retire ; on n'ose plus chanter.
Ému de sa tristesse, on veut la respecter ;
Tout bas se confiant le danger qu'il suppose,
Chacun de sa douleur croit deviner la cause.
« Du retour des Danois serions-nous menacés ? »
Disent les chevaliers à combattre empressés.
« Les barons de Norfolk, infidèles au prince,
Auraient-ils contre lui soulevé leur province ?
— Les Bretons à ses lois n'ont-ils pas obéi ?
— Ou bien par ceux qu'il aime a-t-il été trahi ? »

Ainsi des courtisans s'égare la pensée ;
Mais aucun ne pénètre en cette âme oppressée ;
Le roi n'est point trahi par des amis ingrats ;
Les seigneurs, les Bretons ne se révoltent pas ;

Et si le jeune Alfred, l'honneur de l'Angleterre,
Revint triste, et le front incliné vers la terre,
C'est que sur une tombe, avec un saint effroi,
Il avait lu ces mots : Que Dieu sauve le roi !

Villiers-sur-Orge, 1825.

LE DERNIER JOUR DE POMPÉI.

> Jour effroyable!... Hélas! de ces scènes affreuses
> Qui pourrait retracer les tragiques horreurs?
> Quels yeux pour ce désastre auraient assez de pleurs!...
> *Énéide*, livre II.
> Traduction de J. Delille.

O désastre! ô terreur! effrayante merveille!
Dans le sein des Enfers un volcan se réveille.
Par de sombres vapeurs les astres sont voilés;
Les fleuves sont taris sous les rocs ébranlés;
Les cités ont frémi sur leur base mouvante;
Les îles sur les flots reculent d'épouvante;
Renversant des Romains les orgueilleux travaux,
De la terre, soudain, sortent des monts nouveaux;
Du Vésuve en fureur on voit tomber la cime.
Un tonnerre inconnu gronde au sein de l'abîme;
La montagne de feu se couronne d'éclairs;
L'orage souterrain éclate dans les airs,
Lance des tourbillons de cendre et de fumée,
Et du gouffre jaillit une gerbe enflammée!

De la subite nuit troublant la profondeur,
Quel flambeau du soleil a remplacé l'ardeur?
Son éclat, réfléchi par le ciel et par l'onde,
Suffira-t-il longtemps à la clarté du monde?
Mais déjà sur ses bords le volcan se rougit;
De son sein écumeux la lave qui surgit,
Sans cesse découlant des sources du cratère,

D'un déluge de feu vient menacer la terre ;
Tantôt, reptile affreux, rampe autour d'un rocher,
Entraîne l'arbre en fleur qu'elle vient de toucher ;
Tantôt, précipitant sa marche sourde et lente,
Va tomber dans la mer en cascade sanglante.
Alors, torrent fougueux dans sa course arrêté,
Elle repousse au loin l'Océan révolté,
Et vers lui s'avançant comme une vague énorme,
Pour triompher des flots, semble avoir pris leur forme.

A l'ordre des Enfers les vents ont obéi :
Ils ont porté la cendre aux murs de Pompéi.
Lancés par le volcan, sur la ville imprudente
Les rochers retombaient comme une grêle ardente.
Chacun fuit, emportant de ce séjour d'horreur
L'objet que le premier a nommé sa terreur :
Pour un fils une mère abandonne sa fille...
L'autre, n'osant choisir, meurt avec sa famille...
L'avare succombait sous une masse d'or,
Maudissant le fléau qui montrait son trésor...
Ici, de Phidias un successeur habile
Essayait d'emporter, malgré son bras débile,
Le chef-d'œuvre nouveau qu'il venait d'achever,
Et que tous ses efforts ne pouvaient soulever...
Plus loin, de Cicéron un affranchi fidèle
Du plus puissant des arts veut sauver un modèle :
Des talents de son maître il devine le prix,
Parmi tous ses trésors il choisit ses écrits,
Et fuyant le portique au feuillage d'acanthe,
Où jadis retentit cette voix éloquente,
Il croit à Cicéron payer sa liberté
En gardant son génie à la postérité...

Au milieu des clameurs, des plaintes étouffées,
Hennissait un coursier qu'on chargeait de trophées.
Des acteurs s'échappaient du théâtre, et l'un d'eux
Cachait encor sa peur sous son masque hideux.
Des femmes se couvraient de parures futiles ;
Un vieillard emportait ses Lares inutiles.
Un jeune homme, quittant ses palais opulents,
Couvert d'habits de deuil, emportait à pas lents,
Cédant moins au danger qu'à sa douleur amère,
L'urne qui renfermait les cendres de sa mère ;
Tandis qu'un orphelin, dès longtemps sans appui,
Malheureux de n'avoir à trembler que pour lui,
Et jaloux de cacher son effroi solitaire,
Aidait une inconnue à sauver son vieux père.
Plusieurs disparaissaient sous la cendre engloutis :
Les uns, par la douleur, la crainte anéantis,
Voyaient sous les rochers leur demeure écrasée ;
D'autres, que poursuivait l'avalanche embrasée,
Cherchant à l'éviter par un dernier effort,
Recevaient à la fois et la tombe et la mort.

Prêtresse d'Apollon, dans ce commun délire,
Théora ne sauvait que son voile et sa lyre.
A délaisser l'autel et la divinité
La fille d'Arius a longtemps hésité.
Mais la voix de ses sœurs, au temple parvenue,
Cette voix qui la nomme et qu'elle a reconnue,
Enfin a triomphé de ses pieux combats.
Déjà, loin du portique, elle hâte ses pas.
D'où vient que tout à coup sa marche est suspendue ?
Dans l'enceinte sacrée elle rentre éperdue.
Quel effroi la ramène à l'abri de l'autel ?

Le temple a retenti des accents d'un mortel.
Le sanctuaire s'ouvre, et la voûte murmure.
C'est Paulus!... Un éclair a montré son armure.
C'est ce jeune vainqueur, le plus fier des guerriers,
Que la veille sa main couronna de lauriers ;
Théora, devançant la Muse de l'histoire,
Sur sa lyre a chanté sa dernière victoire.

« Fuis ! dit-elle en tremblant, Paulus, fuis de ces lieux !
Ici, par ton aspect, n'irrite pas les dieux.
Vois, tous sont conjurés pour nous réduire en poudre,
Et le feu des Enfers va rejoindre la foudre !

— Moi, te fuir quand le Ciel met tes jours en danger !
Viens, hâtons-nous : Pallas saura nous protéger ;
Le destin le permet, et pour moi tu peux vivre.
Viens, de tes chastes vœux le fléau te délivre !

— Que dis-tu, malheureux ! Quel dieu viens-tu braver !
Cache-moi ton amour si tu veux me sauver.
Sais-tu que d'Apollon la faveur est cruelle ?
Il nous défend l'amour que son feu nous révèle ;
Pour celle qu'il inspire il n'est point de secret :
Sa gloire est un exil, sa vie un long regret.
Malheur à qui reçut la science divine :
L'espoir est inconnu de l'âme qui devine ;
Aimer est son remords, savoir est son tourment,
Et l'inspiration devient son châtiment.
Fuis ! ou de ton amour tu me verras punie ;
Le plus jaloux des dieux est le dieu du Génie !

— Eh bien, si tu le veux, sois fidèle à sa loi ;
Que son courroux t'épargne et ne frappe que moi !
Dans Rome, à ses autels, je promets de te rendre,
Mais de tes jeunes sœurs ne te fais pas attendre :
Suis-moi ; viens arracher ta mère au désespoir !...

— Sans toi, dit Théora, j'aurais pu les revoir !...

— Ai-je donc mérité ce reproche barbare ?
Qui te l'inspire ?

— Hélas ! le dieu qui nous sépare !

— Si tes vœux sont à lui, pourquoi le redouter ?
Viens, fuyons !...

— Non, dit-elle, ici je dois rester ;
Rien ne peut me soustraire à la fureur suprême ;
Le dieu lit dans mon cœur... Il faut mourir... Je t'aime !

—Qu'entends-je ?... Théora, tu m'aimes !... heureux jour !
Je rends grâce au fléau qui m'apprend ton amour !
Tu m'aimes ! de l'oubli je puis braver l'outrage.
Que Rome et ses guerriers accusent mon courage,
Qu'aux Germains, sans Paulus, le combat soit livré !
Avec toi, je préfère un trépas ignoré,
Et dédaignant l'orgueil d'une illustre mémoire,
Je te donne ma mort que réclamait la gloire ! »

A ces mots, affrontant un ordre solennel,
Paulus osa franchir les marches de l'autel ;

Et tombant à genoux, dans sa profane ivresse,
Oubliant Apollon aux pieds de sa prêtresse,
De mourir avec elle implore la faveur.
Comme la piété, l'amour a sa ferveur,
Et plus d'un jeune amant, près d'une femme altière,
A vu le roi des dieux jaloux de sa prière !

Mais la terreur l'emporte, et l'amour prie en vain.
Cherchant à le soustraire au châtiment divin,
« Éloigne-toi, Paulus, dit la vierge inspirée,
Seule, je dois mourir dans l'enceinte sacrée :
Il ne faut pas qu'un jour, en découvrant ces lieux,
Le soupçon des mortels flétrisse nos adieux.
Cet ordre est le dernier... Va, n'y sois pas rebelle;
Obéis... Près de toi la mort serait trop belle ! »

Aux pleurs de Théora se laissant attendrir,
Paulus désespéré s'éloigna pour mourir.
O présage effrayant ! Par la foudre abattue,
A ses pieds d'Apollon vient tomber la statue.
De sa chute l'enceinte à peine retentit,
Qu'en un sable de feu l'idole s'engloutit.
Déjà redescendaient les nuages funèbres;
Le temple du Soleil s'emplissait de ténèbres.
Paulus, vers Théora se tournant au hasard,
Lui demandait encore un impuissant regard;
Théora, de Paulus cherchait en vain les armes :
La cendre dans leurs yeux venait sécher les larmes;
L'air embrasait leur sein; ils n'osaient respirer;
Leurs lèvres en parlant semblaient se déchirer.
Mais en vain du volcan le souffle les dévore,
Ne pouvant plus se voir ils s'appellent encore;

Et Paulus, affrontant le dieu prêt à punir,
Vers la prêtresse encor cherchait à revenir.

« Théora, disait-il, hâte-toi de descendre,
Viens; déjà le parvis est caché sous la cendre;
Les degrés de l'autel seront lents à couvrir.
Malheureuse, après moi, tu vas longtemps souffrir!
Déjà mon front s'abat sous l'ardente poussière!
Je succombe... ô douleur!... tu mourras la dernière!...

— Rassure-toi... Je sens approcher le trépas,
Paulus... Adieu!... » dit-elle...

      Il ne répondit pas.

Ce silence d'horreur, Théora sut l'entendre;
Pour elle seule, hélas! la mort se fit attendre.
L'écho redit encor plus d'un gémissement,
La tombe sur son front s'éleva lentement;
Et la cendre, déjà pesant sur sa paupière,
Laissa passer longtemps ses deux mains en prière.
Mais enfin s'accomplit l'arrêt du sort fatal :
L'écho ne dit plus rien... et le sol fut égal.
Lorsque après deux mille ans, à l'oubli disputée,
L'antique Pompéi se vit ressuscitée,
Parmi tous ses trésors que l'art sut réunir,
Que le volcan sauveur gardait pour l'avenir,
On trouva dans l'enceinte où le temple s'élève,
Sur l'autel une lyre... et près du seuil un glaive...

Naples, 1827.

NOTES.

PAGE 119, VERS 1.

O désastre! ô terreur! effrayante merveille!

LETTRE SEIZIÈME.

PLINE A TACITE.

Vous me priez de vous apprendre au vrai comment mon oncle est mort, afin que vous en puissiez instruire la postérité. Je vous en remercie, car je conçois que sa mort sera suivie d'une gloire immortelle si vous lui donnez place dans vos écrits. Quoiqu'il ait péri par une fatalité qui a désolé de très-beaux pays, et que sa perte, causée par un accident mémorable, et qui lui a été commun avec des villes et des peuples entiers, doive éterniser sa mémoire; quoiqu'il ait fait bien des ouvrages qui dureront toujours, je compte pourtant que l'immortalité des vôtres contribuera beaucoup à celle qu'il doit attendre. Pour moi, j'estime heureux ceux à qui les dieux ont accordé le don ou de faire des choses dignes d'être écrites, ou d'en écrire dignes d'être lues; et plus heureux encore ceux qu'ils ont favorisés de ce double avantage. Mon oncle tiendra son rang entre les derniers, et par vos écrits et par les siens, et c'est ce qui m'engage à exécuter plus volontiers des ordres que je vous aurais demandés. Il était à Misène, où il commandait la flotte. Le vingt-troisième d'août, à environ une heure après midi, ma mère l'avertit qu'il paraissait un nuage d'une grandeur et d'une figure extraordinaires. Après avoir été quelque temps couché au soleil, selon sa coutume, et avoir bu de l'eau froide, il s'était jeté sur un lit, où il étudiait. Il se lève et monte en un lieu d'où il pouvait aisément observer ce prodige. Il était difficile de discerner de loin de quelle montagne ce nuage sortait. L'événement a découvert depuis que c'était du mont Vésuve. Sa figure approchait de celle d'un arbre, et d'un pin plus que d'un autre; car, après s'être élevé fort haut en forme de tronc, il étendait une espèce de branches. Je m'imagine qu'un vent souterrain le poussait d'abord avec impétuosité, et le soutenait. Mais, soit que l'impression diminuât peu à peu, soit que ce nuage fût affaissé par son propre poids, on le voyait se dilater et se répandre. Il paraissait tantôt blanc, tantôt noirâtre, et tantôt de diverses couleurs, selon qu'il était plus chargé ou de cendre ou de terre. Ce prodige surprit mon oncle, qui était très-savant, et il le crut digne d'être examiné de plus près. Il commande que l'on appareille sa frégate légère, et me laisse la liberté de le suivre. Je lui répondis que j'aimais mieux étudier; et par hasard il m'avait lui-même donné quelque chose à écrire. Il sortait de chez lui, ses tablettes à la main, lorsque les troupes de la flotte qui étaient à Rétines, effrayées par la grandeur du danger (car ce bourg est précisément sur Misène, on ne s'en pouvait sauver que par la mer), vinrent le conjurer de vouloir bien les garantir d'un si affreux péril. Il ne changea pas de dessein, et poursuivit avec un courage héroïque ce qu'il n'avait d'abord entrepris que par simple curiosité. Il fait venir des galères, monte lui-même dessus, et part dans le dessein de voir quel secours on pourrait donner non-seulement à Rétines, mais à tous les autres bourgs de cette côte, qui sont en grand nombre à cause de sa beauté. Il se presse d'arriver au lieu où tout le monde fuit et où le péril lui paraissait plus grand, mais avec une telle liberté d'esprit, qu'à mesure qu'il apercevait quelque mouvement ou quelque figure extraordinaire dans ce prodige, il faisait ses observations et les dictait. Déjà sur ses vaisseaux volait la cendre plus épaisse et plus chaude à mesure qu'ils approchaient; déjà tombaient autour d'eux des pierres calcinées et des cailloux tout noirs, tout brûlés, tout pulvérisés par la violence du feu; déjà la mer semblait refluer et le rivage devenait inaccessible par des morceaux entiers de montagne dont il était couvert, lorsque après s'être arrêté quelques moments, incertain s'il retournerait, il dit à son pilote, qui lui conseillait de quitter la pleine mer : « La fortune favorise le courage. Tournez du côté de Pomponianus. » Pomponianus était à Stabie, en un endroit séparé par un petit golfe que forme insensiblement la mer sur ces rivages qui se courbent. Là, à la vue du péril qui était encore éloigné, mais qui semblait s'approcher toujours, il avait retiré tous ses meubles dans ses vaisseaux, et n'attendait pour s'éloigner qu'un vent moins contraire. Mon oncle, à qui ce même vent avait été très-favorable, l'aborde, le trouve tout tremblant, l'embrasse, le rassure, l'encourage, et, pour dissiper par sa sécurité la crainte de son ami, il se fait porter au bain. Après s'être baigné, il se met à table et soupe avec toute sa gaieté, ou (ce qui n'est pas moins grand) avec toutes les apparences de sa gaieté ordinaire. Cependant on voyait luire, de plusieurs endroits du mont Vésuve, de grandes flammes et des embrasements dont les ténèbres augmentaient l'éclat. Mon oncle, pour rassurer ceux qui l'accompagnaient, leur disait que ce qu'ils voyaient brûler, c'étaient des villages que les paysans alarmés avaient abandonnés, et qui étaient demeurés sans secours. Ensuite il se coucha et dormit d'un profond sommeil; car, comme il était puissant, on l'entendait ronfler dans l'antichambre. Mais enfin, la cour par où l'on entrait dans son appartement commençait à se remplir si fort de cendres, que, pour peu qu'il eût dormi plus longtemps, il ne lui aurait plus été libre de sortir. On l'éveille, il sort, et va rejoindre Pomponianus et les autres qui avaient veillé. Ils tiennent conseil, et délibèrent s'ils se renfermeront dans la maison ou s'ils tiendront la campagne; car les maisons étaient tellement ébranlées par les fréquents tremblements de terre, que l'on aurait dit qu'elles étaient arrachées de leurs fondements et jetées tantôt d'un côté, tantôt de l'autre, et puis remises à leur place. Hors de la ville, la chute des pierres, quoique légères et desséchées par le feu, était à craindre. Entre ces périls, on choisit la rase campagne. Chez ceux de sa suite, une crainte surmonta l'autre; chez lui, la raison la plus forte l'emporta sur la plus faible. Ils sortent donc, et se couvrent la tête d'oreillers attachés avec des mouchoirs. Ce fut toute la précaution qu'ils prirent contre ce qui tombait d'en haut. Le jour recommençait ailleurs; mais dans le lieu où ils étaient continuait une nuit, la plus sombre, la plus affreuse de toutes les nuits, et qui n'était un peu dissipée que par la lueur d'un grand nombre de flambeaux et d'autres lumières. On trouva bon de s'approcher du rivage et d'examiner de près ce que la mer permettait de tenter; mais on la trouva encore fort grosse et agitée d'un vent contraire. Là, mon oncle, ayant demandé de l'eau et bu deux fois, se coucha sur un drap qu'il fit étendre. Ensuite des flammes qui parurent plus grandes, et une odeur de soufre qui annonçait leur approche, mirent tout le monde en fuite. Il se lève, appuyé sur deux valets, et dans le moment tombe mort. Je m'imagine qu'une fumée trop épaisse le suffoqua d'autant plus aisément qu'il avait la poitrine faible et souvent embarrassée. Lorsque l'on commença à revoir la lumière (ce qui n'arriva que trois jours après), on retrouva au même endroit son corps entier, couvert de la même robe qu'il portait quand il mourut, et dans la posture plutôt d'un homme qui repose que d'un homme qui est mort. Pendant ce temps, ma mère et moi étions à Misène; mais cela ne regarde plus votre histoire : vous ne voulez être informé que de la mort de mon oncle. Je finis donc et n'ajoute plus qu'un mot : c'est que je ne vous ai rien dit ou que je n'aie vu, ou que je n'aie appris dans ces moments où la vérité de l'action qui vient de se passer n'a pu encore être altérée. C'est à vous de choisir ce qui vous paraîtra le plus important. Il y a bien de la différence entre écrire une lettre ou une histoire, entre écrire pour un ami ou pour la postérité. — Adieu.

LETTRE VINGTIÈME.

PLINE A TACITE.

La lettre que je vous ai écrite sur la mort de mon oncle, dont vous aviez voulu être instruit, vous a, dites-vous, donné beaucoup d'envie de savoir quelles alarmes et quels dangers j'essuyais à Misène, où j'étais resté; car c'est là que j'ai quitté mon histoire.

> Quoiqu'au seul souvenir je sois saisi d'horreur,
> Je commence. . . . .

Après que mon oncle fut parti, je continuai l'étude qui m'avait empêché de le suivre. Je pris le bain, je soupai, je me couchai et dormis peu, encore d'un sommeil fort interrompu. Pendant plusieurs jours, un tremblement de terre s'était fait sentir, et nous avait d'autant moins étonnés, que les bourgades et même les villes de la Campanie y sont fort sujettes. Il redoubla pendant cette nuit avec tant de violence, qu'on eût dit que tout était non pas agité, mais renversé. Ma mère entra brusquement dans ma chambre, et trouva que je me levais, dans le dessein de l'éveiller si elle eût été endormie. Nous nous asseyons dans la cour, qui ne sépare le bâtiment d'avec la mer que par un fort petit espace. Comme je n'avais que dix-huit ans, je ne sais si je dois appeler fermeté ou imprudence ce que je fis. Je demandai Tite-Live, je me mis à le lire, et je continuai à l'extraire, ainsi que j'aurais pu faire dans le plus grand calme. Un ami de mon oncle survient; il était nouvellement arrivé d'Espagne pour le voir. Dès qu'il nous aperçoit, ma mère et moi, assis, moi un livre à la main, il nous reproche à elle sa tranquillité, à moi ma confiance. Je n'en levai pas les yeux de dessus mon livre. Il était déjà sept heures du matin, et il ne paraissait encore qu'une lumière faible, comme une espèce de crépuscule. Alors les bâtiments furent ébranlés avec de si fortes secousses, qu'il n'y eut plus de sûreté à demeurer dans un lieu à la vérité découvert, mais fort étroit. Nous prenons le parti de quitter la ville : le peuple épouvanté nous suit en foule, nous presse, nous pousse; et, ce qui dans la frayeur tient lieu de prudence, chacun ne voit rien de plus sûr que ce qu'il voit faire aux autres. Après que nous fûmes sortis de la ville, nous nous arrêtons; et là, nouveaux prodiges, nouvelles frayeurs. Les voitures que nous avions emmenées avec nous étaient à tout moment si agitées, quoique en pleine campagne, qu'on ne pouvait, même en les appuyant avec de grosses pierres, les arrêter en une place. La mer semblait se renverser sur elle-même et être comme chassée du rivage par l'ébranlement de la terre. Le rivage, en effet, était devenu plus spacieux, et se trouvait rempli de différents poissons demeurés à sec sur le sable. A l'opposite, une nue noire et horrible, crevée par des feux qui s'élançaient en serpentant, s'ouvrait et laissait échapper de longues fusées semblables à des éclairs, mais qui étaient beaucoup plus grandes. Alors l'ami dont je viens de parler revint une seconde fois plus vivement à la charge. *Si votre frère, si votre oncle est vivant*, nous dit-il, *il souhaite que vous vous sauviez; et s'il est mort, il a souhaité que vous lui surviviez. Qu'attendez-vous donc? Pourquoi ne vous sauvez-vous pas?* Nous lui répondîmes que nous ne pouvions songer à notre sûreté pendant que nous étions incertains du sort de mon oncle. L'Espagnol part sans tarder davantage, et cherche son salut dans une fuite précipitée. Presque aussitôt la nue tombe à terre et couvre les mers; elle dérobait à nos yeux l'île de Caprée, qu'elle enveloppait, et nous faisait perdre de vue le promontoire de Misène. Ma mère me conjure, me presse, m'ordonne de *me sauver de quelque manière que ce soit; elle me remontre que cela est facile à mon âge; et pour elle, chargée d'années et d'embonpoint, elle ne le pouvait faire; qu'elle mourrait contente si elle n'était point cause de ma mort.* Je lui déclare qu'il n'y a point de salut pour moi qu'avec elle, je lui prends la main, et je la force de m'accompagner. Elle le fait avec peine, et se reproche de me retarder. La cendre commençait à tomber sur nous, quoique en petite quantité. Je retourne la tête, et j'aperçois derrière nous une épaisse fumée qui nous suivait, en se répandant sur la terre comme un torrent. *Pendant que nous voyons encore, quittons le grand chemin,* dis-je à ma mère, *de peur qu'en le suivant, la foule de ceux qui marchent sur nos pas ne nous étouffe dans les ténèbres.* A peine nous étions-nous écartés, qu'elles augmentèrent de telle sorte qu'on eût cru être non pas dans une de ces nuits noires et sans lune, mais dans une chambre où toutes les lumières auraient été éteintes. Vous n'eussiez entendu que plaintes de femmes, que gémissements d'enfants, que cris d'hommes. L'un appelait son père, l'autre son fils, l'autre sa femme; ils ne se reconnaissaient qu'à la voix. Celui-là déplorait son malheur, celui-ci le sort de ses proches. Il s'en trouvait à qui la crainte de la mort faisait invoquer la mort même. Plusieurs imploraient le secours des dieux; plusieurs croyaient qu'il n'y en avait plus, et comptaient que cette nuit était la dernière, la dernière et l'éternelle nuit dans laquelle le monde doit être enseveli. On ne manquait pas même de gens qui augmentaient la crainte raisonnable et juste par des terreurs imaginaires et chimériques. Ils disaient qu'à Misène ceci était tombé, que cela brûlait; et la frayeur donnait du poids à leurs mensonges. Il parut une lueur qui nous annonçait, non le retour du jour, mais l'approche du feu qui nous menaçait; il s'arrêta pourtant loin de nous. L'obscurité revient, et la pluie de cendres recommence, et plus forte et plus épaisse. Nous étions réduits à nous lever de temps en temps pour secouer nos habits, car sans cela elle nous eût accablés et engloutis. Je pourrais me vanter qu'au milieu d'aussi affreux dangers il ne m'échappa ni plaintes ni faiblesse; mais j'étais soutenu par cette consolation peu raisonnable, quoique naturelle à l'homme, de croire que tout l'univers périssait avec moi. Enfin, cette épaisse et noire vapeur se dissipa peu à peu, et se perdit tout à fait, comme une fumée ou comme un nuage. Bientôt après parut le jour et le soleil même, jaunâtre pourtant, et tel qu'il a coutume de luire dans une éclipse. Tout se montrait changé à nos yeux troublés encore, et nous ne trouvions rien qui ne fût caché sous des monceaux de cendres comme sous la neige. On retourne à Misène. Chacun s'y établit de son mieux, et nous y passons une nuit entre la crainte et l'espérance, mais où la crainte eut la meilleure part, car le tremblement de terre continuait. On ne voyait que gens effrayés entretenir leur crainte et celle des autres par de sinistres prédictions. Il ne nous vint pourtant aucune pensée de nous retirer jusqu'à ce que nous eussions des nouvelles de mon oncle, quoique nous fussions encore dans l'attente d'un péril si effroyable, et que nous avions vu de si près. Vous ne lirez pas ceci pour l'écrire, car il ne mérite pas d'entrer dans votre histoire; et vous n'imputerez qu'à vous-même, qui l'avez exigé, si vous n'y trouvez rien qui soit même digne d'une lettre. — Adieu.

PAGE 119, VERS 8.

De la terre, soudain, sortent des monts nouveaux.

Monte Nuovo, près de Pouzzoles, fut formé par une seule éruption, et dans le court espace de quarante-huit heures. Ce mont a trois milles de circonférence, et sa hauteur égale celle du *monte Barbero*. C'est après avoir observé ce phénomène que le savant chevalier Hamilton s'est confirmé dans l'idée que les montagnes sont produites par les volcans, et non les volcans par les montagnes.

Voyage pittoresque de Naples et de Sicile.

PAGE 119, VERS 19.

Mais déjà sur ses bords le volcan se rougit.

Le feu du torrent est d'une couleur funèbre; néanmoins, quand il brûle les vignes et les arbres, on en voit sortir une flamme claire et brillante; mais la lave même est sombre, telle qu'on se représente un fleuve de l'enfer. Elle roule lentement comme un sable noir de jour et rouge de nuit. On entend, quand elle approche, un petit bruit d'étincelles qui fait d'autant plus peur qu'il est léger, et que la ruse semble se joindre à la force : le tigre royal arrive ainsi secrètement à pas comptés. Cette lave avance, avance sans jamais se hâter et sans perdre un instant. Si elle rencontre un mur élevé, un édifice quelconque qui s'oppose à son passage, elle s'arrête, elle amoncelle devant l'obstacle ses torrents noirs et bitumeux, et l'ensevelit enfin sous ses vagues brûlantes. Sa marche n'est point assez rapide pour que les hommes ne puissent pas fuir devant elle; mais elle atteint, comme le temps, les imprudents et les vieillards qui, la voyant venir lourdement et silencieusement, s'imaginent qu'il est aisé de lui échapper. Son éclat est si ardent, que pour la première fois la terre se réfléchit dans le ciel, et lui donne l'apparence d'un éclair continuel. Ce ciel, à son tour, se répète dans la mer, et la nature est embrasée par cette triple image du feu.

MADAME DE STAEL. *Corinne*, t. II, p. 88.

PAGE 120, VERS 17.

L'autre, n'osant choisir, meurt avec sa famille...

Dans la maison d'Arius Diomède, à Pompéi, à l'entrée d'une longue cave voûtée en pierre, revêtue en stuc et parfaitement conservée, on a trouvé vingt-sept squelettes de femmes qui, vraisemblablement, s'étaient cachées dans cet endroit reculé, espérant échapper au fléau. Elles s'étaient réfugiées les unes auprès des autres, dans un des coins à côté de la porte, et on a retrouvé avec leurs os l'empreinte et la forme de leurs corps moulés et conservés dans la cendre avec les détails de leurs habillements.

Voyage pittoresque de Naples et de Sicile.

PAGE 120, VERS 18.

L'avare succombait sous une masse d'or.

A la porte de cette maison dite *la maison de campagne de Pompéi*, on a trouvé deux squelettes, dont l'un tenait d'une main une clef et de l'autre un sac contenant de l'or, des médailles et des camées. Le second portait sans doute un coffre rempli d'effets précieux, comme vases d'argent, de bronze, etc., que l'on a trouvés auprès de lui.

PAGE 120, VERS 20.

Ici, de Phidias un successeur habile...

L'atelier de statuaire est une des plus curieuses découvertes faites à Pompéi. Il contenait plusieurs statues de marbre, les unes à peine commencées, d'autres ébauchées ou presque finies, indépendamment d'une grande quantité de marbres destinés à d'autres ouvrages, et de beaucoup d'instruments de sculpture, que l'on conserve à l'Académie des études à Naples.

PAGE 120, VERS 24.

Plus loin, de Cicéron un affranchi fidèle...

Au sommet d'une colline, près du tombeau de la famille Arria, on voit encore les restes de la maison de plaisance de Cicéron, qui, avec celle de Tusculum, était le séjour favori de ce célèbre orateur. Comme il l'a dit lui-même dans une de ses lettres à Atticus : *Tusculanum et Pompeianum valde me delectant*. Le grand édifice souterrain d'ouvrage réticulaire et le portique soutenu par de très-hauts pilastres qu'on voit en cet endroit, appartenaient à cette maison de plaisance.

PAGE 121, VERS 4.

Cachait encor sa peur sous son masque hideux.

Les théâtres anciens pouvant contenir jusqu'à quarante mille spectateurs, dont la plupart devaient être placés à une grande distance du lieu de la scène, il était nécessaire de trouver des moyens pour fortifier et étendre la voix des acteurs. Un de ceux qui paraît avoir été employé le plus constamment a été l'usage des masques scéniques. Une infinité de bas-reliefs antiques, de pierres gravées, ne nous permettent point d'en douter. Ces masques de théâtre étaient une espèce de grand casque qui couvrait toute la tête de l'acteur, et qui, outre les traits du visage, représentait encore la barbe, les cheveux, les oreilles, et jusqu'aux ornements que les femmes pouvaient employer dans leurs coiffures. On appelait ces masques *persona;* c'est ainsi que Phèdre, Horace et d'autres auteurs les ont nommés dans leurs ouvrages. La matière dont on les formait ne fut pas toujours la même; il paraît que les premiers furent faits d'écorce d'arbre. On en fit aussi de cuir doublé, de toile; mais comme leur forme pouvait s'altérer facilement, on en vint à les faire tous d'un bois léger, et l'on imagina de plus de les composer de façon à pouvoir rendre la voix de l'acteur plus forte, soit en les doublant de lames d'airain ou de quelque autre corps sonore, soit en adaptant dans l'intérieur de l'ouverture de la bouche une espèce de cornet qui devait produire l'effet du porte-voix. C'est la raison pour laquelle une grande partie de ces masques ont une bouche d'une grandeur et d'une étendue qui les rendait hideux de près, mais dont la difformité diminuait sans doute étant vue de loin, et ne laissait apercevoir qu'une expression très-caractérisée. Les Latins, dit Aulu-Gelle, ont donné le nom de *persona* à ces masques, parce qu'ils font résonner la voix de ceux qui les portent.

Voyage pittoresque de Naples et de Sicile.

PAGE 121, VERS 21-22.

Prêtresse d'Apollon, dans ce commun délire,
Théora ne sauvait que son voile et sa lyre.

Près du Forum récemment découvert à Pompéi, au fond duquel on admire un temple élégant de forme rectangulaire, pavé de mosaïque, avec des ornements de stuc dans les murs, on a trouvé dernièrement la statue de marbre d'une prêtresse. Elle est d'un beau travail et parfaitement conservée. On a eu le soin de la laisser au même endroit où, suivant l'inscription qu'on lit sur le piédestal, les habitants avaient érigé cette statue à la prêtresse en signe de leur reconnaissance. C'est le premier exemple d'un objet transportable qui soit resté dans l'enceinte de la ville découverte. Cette statue doit avoir été faite d'après nature; la tête a tout le charme d'un portrait; sa physionomie a quelque chose de souffrant, de mélancolique, comme si cette belle inspirée avait pressenti le désastre qui devait bientôt désoler sa patrie.

NAPOLINE.

CHAPITRE PREMIER.

PORTRAITS.

UNE AMIE. — UN AMANT. — UN ONCLE. — DEUX RIVALES.

Elle était mon amie, — et j'aimais à la voir,
Le matin exaltée, et moqueuse le soir;
Puis tour à tour coquette, impérieuse et tendre,
Du grand homme et du sot sachant se faire entendre;
Sachant dire à chacun ce qui doit le ravir,
Des vanités de tous sachant bien se servir;
Naïve en sa gaîté, rieuse et point méchante;
Sublime en son courage, en sa douleur touchante;
Ayant un peu d'orgueil peut-être pour défaut,
Mais femme de génie et femme comme il faut.

Combien nous avons ri quand nous étions petites!
De ce rire bien fou, de ces gaîtés subites
Que rien n'a pu causer, que rien ne peut calmer,
Riant pour rire, ainsi qu'on aime pour aimer.
Je plains l'être sensé qui cherche à tout sa cause,
Qui veut aimer quelqu'un, rire de quelque chose :

Mes grands bonheurs, à moi, n'eurent point de sujets;
Mes plus vives amours se passèrent d'objets.
La perruque de mon vieux maître d'écriture,
Pendant plus de deux ans, a servi de pâture
A ma gaité; — parfois je me rappelle encor
Ses reflets ondoyants, mêlés de pourpre et d'or.
Cette perruque-là, c'était tout un poëme;
Ses malheurs surpassaient ceux d'Hécube elle-même.
Perruque de hasard, achetée à vil prix,
Elle était pour son maître un objet de mépris.
Soumise au même sort que la reine de Troie,
D'un fatal incendie elle se vit la proie,
Un soir que, fatigué d'un parafe en oiseau,
L'imprudent s'endormit sur les bords d'un flambeau!
Elle avait été belle au temps de sa jeunesse;
Les cheveux en étaient d'une extrême finesse,
Mais rares, attestant la marche des hivers;
Partout ravins profonds, partout sentiers déserts;
De leurs fils espacés on eût compté le nombre.
Jadis peut-être un sage a rêvé sous son ombre;
Dans ses anneaux bouclés, peut-être bien des fois
Un poëte rêveur a promené ses doigts;
Et peut-être elle avait — qu'un roi me le pardonne! —
De nobles souvenirs qu'envierait la couronne.
Vaut mieux être, à mon sens, neige sur le mont Blanc
Que panache orgueilleux sur un guerrier tremblant;
Mieux vaut, dans la forêt, être le gui du chêne
Que l'aigrette qui pare un chardon dans la plaine.
Perruque de Rousseau! tu vaux mieux, selon moi,
Qu'une couronne d'or au front d'un mauvais roi!

A quinze ans, que la vie est décevante... et belle !
L'erreur prend chaque jour une grâce nouvelle.
C'est ce brillant palais des MILLE ET UNE NUIT,
Où l'on entre sans guide, et par l'espoir conduit.
Partout ce sont des fleurs, de beaux apprêts de fêtes...
Mais nulle voix ne vient vous apprendre où vous êtes.
Un somptueux banquet se dresse sous vos yeux :
Mais, pour ce grand festin, nul convive joyeux.
Une douce harmonie à votre cœur résonne...
Inutiles accords qui n'animent personne.
Dans ce séjour magique ouvert à votre espoir,
Nul hôte hospitalier ne vient vous recevoir ;
Car le maître habitant ce palais de lumière
Est un Prince enchanté dont les os sont de pierre !
L'éclat seul est vivant ; les fleurs, les fleurs d'un jour
Sont la réalité de ce brillant séjour.
Une espérance ainsi d'un beau rêve suivie
Est la réalité des plaisirs de la vie.
Humble ou fat est celui qui compte des regrets.
Hélas ! l'homme ici-bas fait d'éternels apprêts
Pour la fête du cœur qui jamais ne commence ;
Un laboureur parfois se ruine en semence.
Ainsi de jour en jour le grand bal est remis,
Et l'on s'apprête en vain pour le plaisir promis :
Le Temps fuit, emportant l'Espérance parjure,
Et l'on n'a conservé du bal que la parure...

A quinze ans, Napoline avait beaucoup rêvé ;
Or ce qu'on rêve bien est autant d'éprouvé.
Dans ses choix de bonheur elle cherchait la gloire :
J'aimais un idéal... elle — aimait dans l'histoire ;
A son amour factice il fallait un grand nom,

Qu'elle allait déterrer dans quelque Panthéon.
Je me souviens encor d'avoir été jalouse
De l'amour exclusif qu'elle eut pour Charles douze.
Il fallait à ses vœux un malheur couronné,
Elle aimait Charles douze... et moi j'aimais RENÉ...

Mais quand elle eut passé l'âge où le cœur s'enivre
D'un amour de roman qui change avec le livre,
Quand elle se lassa de ces héros parfaits,
Auxquels on ne peut plaire et qui n'aiment jamais,
Et qu'un beau soir, rêveuse au doux son de la harpe,
Alfred nous apparut, pâle, un bras en écharpe,
Et paré d'une croix reçue en combattant,
Je vis que son malheur était juré. — Pourtant,
Le comte de Narcet est un noble jeune homme ;
L'éloge retentit aussitôt qu'on le nomme.
A vingt ans il obtint un grade à Navarin,
Une balle à Dehly : c'est un brave marin,
Un savant voyageur qui parcourut le monde.
Son esprit est brillant, sa pensée est profonde...
Mais les lois de la mode, il ne les savait pas ;
Il n'avait d'élégant qu'une blessure au bras.
Eh ! qu'importent l'esprit, les talents, la figure !...
Ici nous n'aimons point les tableaux sans bordure.
Les grandes qualités ne sont rien à Paris
Sans un frac à la mode ou des chevaux de prix ;
Ou bien, ce qui vaut mieux, quelque bon ridicule.
Ce n'est que pour le faux que Paris est crédule ;
Le vrai le trouve sage ; il en doute longtemps :
Tel ne croit pas en Dieu, peut croire aux charlatans.
C'est ce qu'il fait, et c'est pourquoi le jeune comte
De son peu de succès dans un bal avait honte,

Changeait son air rêveur pour des airs d'élégants,
Se ruinait en fracs, gilets, anneaux et gants ;
Et, promenant partout sa menteuse richesse,
S'attelait sans amour au char d'une duchesse.

Napoline ignorait ces travers ; son amour
Pour Alfred, malgré moi, s'augmentait chaque jour.
Moi seule entrevoyais une cause mortelle
Dans ces défauts mondains qu'il n'avait pas près d'elle !
J'appris alors comment, même sans fausseté,
On trompe un esprit franc, dans ses goûts arrêté.
Un esprit absolu n'a point droit de se plaindre
Des fausses qualités qu'il nous oblige à feindre.
Il doit croire aux vertus que pour lui l'on se fait ;
On sait ce qui le blesse, on sait ce qui lui plaît,
Et jamais il' ne court la bienheureuse chance
De surprendre un défaut qu'il a proscrit d'avance.
Puis l'amour rend modeste ; à peine sous sa loi,
On devient plus timide et l'on doute de soi :
On cherche à s'embellir... O modestie étrange !...
On s'admire... et sitôt qu'on veut plaire, on se change !

Certes, si Napoline avait vu comme nous
Son Alfred dans un bal, avec de jeunes fous,
Minaudant, étalé sur des coussins de soie,
Enivré d'ironie, aux vanités en proie,
Étouffant sous l'orgueil un cœur noble et brûlant,
Pour se faire léger et n'être qu'insolent,
Elle n'eût point trouvé dans sa voix tant de charmes,
Elle n'eût point pour lui répandu tant de larmes !
Mais le malheur voulait que la mort d'un parent

La retînt à l'écart dans un deuil apparent.
Elle ne rencontrait Alfred que chez ma mère :
Là, du monde, pour lui, s'envolait la chimère ;
Au coin du feu, sans faste, avec de vieux amis,
Les succès de l'esprit étaient les seuls permis ;
La froideur des grands airs devenant impossible,
Il était bien forcé de se montrer sensible ;
L'abandon succédait à son dédain moqueur ;
Il osait être aimable et vivre de son cœur.
Chaque soir, en récits sa mémoire féconde
Nous faisait voyager sur la terre et sur l'onde,
Des glaces de l'Islande aux déserts d'Orient.
C'étaient d'affreux dangers... racontés en riant ;
C'étaient de longs tableaux des pompes de l'Asie,
Des chameaux, des palmiers si pleins de poésie,
Des trombes, des volcans, des siéges, des combats,
Et, ce qui me plaît tant, des bons mots de soldats :
C'était enfin la force unie à la finesse,
Et tant de souvenirs avec tant de jeunesse !

Alors je l'écoutais avec ravissement ;
J'aimais la dignité de son regard charmant ;
J'aimais dans son maintien cette noblesse innée,
Des hommes du commun rarement pardonnée.
Souvent j'avais besoin de me dire tout bas
Qu'elle était mon amie et qu'il ne m'aimait pas !
Mais, grâce au ciel, un vœu tant soit peu malhonnête
N'a jamais pu rester plus d'une heure en ma tête.
Aussi, sachant éteindre un parjure désir,
Je les voyais tous deux s'aimer avec plaisir.

Hélas! ce court bonheur ne fut pas sans orage ;
Car les illusions ne sont plus du jeune âge,
Depuis que nos parents, par de prudents discours,
Pour sauver l'avenir déflorent nos beaux jours.
Les précoces leçons de leur expérience,
Sans éclairer le cœur, troublent la confiance :
Même au sein des plaisirs on attend le chagrin.
C'est un mauvais service à rendre au pèlerin
Que l'avertir toujours des dangers du passage.
Dans de certains périls vaut mieux un fou qu'un sage.
Tel, sur le front des rocs s'élance avec ardeur,
Chancelle... quand du gouffre il sait la profondeur.
Vieillards, gardez pour vous vos préceptes arides,
Gardez votre prudence, elle sied à vos rides ;
D'une sublime erreur n'arrêtez point l'excès ;
C'est la témérité qui fait les grands succès.
La force du jeune âge est dans son ignorance ;
Vieillards!... notre sagesse, à nous, c'est l'espérance !

Mais non... de nos erreurs les cruels sont jaloux ;
Le trop-plein de leurs ans retombe aussi sur nous.
Dans nos beaux jours troublés, la nuit touche à l'aurore :
A quinze ans, dans l'erreur, on peut rêver encore ;
Mais à vingt ans l'on sait que plaire n'est qu'un jeu,
Qu'un cœur froid peut parler un langage de feu ;
Jeunes, on nous apprend à fuir ce qui nous charme.

Ainsi, l'esprit tremblant d'une indécise alarme,
Napoline, à l'espoir se livrant à demi,
Sentait auprès d'Alfred un obstacle ennemi...

Puis venaient ces avis d'une grossière adresse,

Qui taquinent le cœur et faussent la tendresse,
Qui font d'un pur amour senti profondément
Une sotte bravade, un fol entêtement.
D'épigrammes sans art les parents sont prodigues.
Napoline voyait ces petites intrigues ;
Elle avait pour tuteur son oncle maternel,
Un bellâtre, nommé monsieur de Beaucastel ;
Or on écoute mal un oncle petit-maître.

A ce portrait fidèle on peut le reconnaître :

C'était un de ces gens qu'on nomme bons garçons,
De ces vieillards légers qu'on traite sans façons ;
Un quasi-philosophe à petites idées,
Aux discours peu décents, aux manières guindées.
Futile avec bon sens, ignorant avec goût,
Il savait sans esprit causer fort bien de tout ;
Bravant les préjugés, soumis aux convenances,
Sa vie était un long concert de dissonances.
Nos admirations nous trahissent parfois :
Il prenait les défauts des héros de son choix ;
Parmi les élégants il cherchait son modèle ;
Au temps de Louis treize, à la mode fidèle,
Le plumet de Cinq-Mars aurait paré son front ;
Au siècle de Turenne il eût singé Grammont,
Richelieu sous Voltaire, et Flahaut sous l'Empire.
Il imite aujourd'hui... Mais je ne puis le dire !...

Ce héros de salon, maître en frivolité,
Comme tout esprit faible était fort entêté,

Et, malgré leurs succès, même encore il s'obstine
A ne comprendre pas Hugo ni Lamartine :

« Pour les louer, dit-il, ou pour les critiquer,
Je prierais ces messieurs de vouloir s'expliquer :
Leurs vers sont un langage, ils devraient nous l'apprendre ;
Je ne condamne pas les gens sans les entendre. »

Eh ! sans doute, un cœur sec au poëte est fermé :
Pour sentir le génie il faut avoir aimé !
N'admire pas qui veut : la lyre parle à l'âme
Et cherche un foyer prêt à recevoir la flamme.
Le poëte, des sots est rarement compris ;
Il s'honore parfois de leurs pédants mépris.
Puis il est des cerveaux que déroute la rime,
Qui ne comprennent pas ce qu'un beau vers exprime,
Si vous n'y savez pas glisser de temps en temps
Quelques mots de zéphyrs, de roses, de printemps.
Les vers ne sont pour eux qu'un ramage sonore,
Qu'un vieux cadre où l'on place à son gré Mars ou Flore,
Adonis ou Vulcain, Pomone, et cætera...
Pour eux, la poésie est toute à l'Opéra.

Monsieur de Beaucastel, avec bien plus d'adresse,
De son esprit étroit cachait la sécheresse,
Et si l'on parlait vers, pour sortir d'embarras,
Il exaltait Racine... et ne le sentait pas ;
Il était connaisseur en musique, en peinture ;
En voyage, il rendait justice à la nature ;
Mais tout ce qu'on appelle amour, grands sentiments,
Il le considérait comme fable à romans.
En fait de grand courage et d'action sublime,

Il ne croyait à rien, pas même au noble crime ;
Il avait le secret de traduire en calcul
Le plus pur sacrifice, et de le rendre nul ;
Enfin, comme mentor près d'une jeune fille,
Rien ne convenait moins qu'un tel chef de famille.
Un franc carabinier, un hussard... amoureux
Eût, selon moi, près d'elle, été moins dangereux.
L'amour nous laisse encor du moins une croyance...
Mais de nos vanités la fatale science,
Mais ce rire infernal, ce rire sans gaîté,
Qui flétrit notre espoir dans sa naïveté,
Qui nous montre partout des ruses d'égoïsme,
Qui fait dans notre cœur avorter l'héroïsme,
Qui jette sur nos jours des voiles attristants,
Et fait que, sans malheur, on se tue à vingt ans !...
Voilà le vrai danger ; car l'amour qu'on expie...
Offense moins le Ciel qu'un désespoir impie !

Pauvre enfant, que d'ennuis ton jeune âge a soufferts
Chez ce joyeux parent, négligemment pervers !
Que de trouble il jeta dans ton âme douteuse !
Comme de ta candeur il te rendait honteuse !
Pour l'étude et les arts il blâmait ton ardeur ;
Puis, quand tu voulais rire, il devenait grondeur.
Prude, pédant, léger, quel bizarre contraste !
A l'église il voulait te conduire avec faste,
Et t'apprendre à prier en femme de bon ton ;
Puis, tout le temps du prône, il riait du sermon ;
Et, pour mieux exalter ta prière fervente,
Plaisantait le curé sur sa grosse servante.

Aussi ton jeune cœur, égaré dans sa foi,
Du Ciel qu'il te fermait a méconnu la loi ;
Du séjour des élus il t'a caché la route,
Et ton dernier soupir s'est éteint dans le doute !
Si Dieu n'eut point pitié de toi quand tu mourais,
S'il ne t'a point dicté de pénitents regrets,
S'il n'a point révélé le Ciel à ton génie,
Si, te voyant souffrir il ne t'a point bénie,
Si tu brûles, hélas ! dans l'abîme éternel,
C'est grâce à ce charmant marquis de Beaucastel !...
Lui seul par ses discours a perdu ta jeune âme ;
Et quand je le maudis, quand je le nomme infâme,
Lorsque ma lyre en deuil gémit pour te venger...
On dit : « Vous avez tort ; c'est un homme léger,
Mais il n'est point méchant... »

Oh ! puis-je me contraindre ?
Mais les hommes légers sont les seuls qu'il faut craindre.
Le vice est moins perfide : il choque la raison ;
Le dégoût qu'il inspire est un contre-poison ;
Il se nomme du moins... Mais ce froid badinage,
Parfum empoisonné qui flétrit le jeune âge,
Ce dédain gracieux jeté sur la vertu,
Cet ennemi charmant, sans avoir combattu,
Triomphe !... et nous rions encor de sa faiblesse,
Quand sa main nous atteint et quand son fer nous blesse
Nous ne reconnaissons le mal qu'après la mort...

Ainsi ma pauvre amie a vu flétrir son sort
Par cet homme léger, dont la froideur amère
Ne lui laissa chérir ni le Ciel ni sa mère,
Sa mère ! qui mourut si jeune et par amour !

« Ta mère, mon enfant, lui disait-il un jour,
Elle était, comme toi, douce, mais un peu folle :
L'Empereur, ton parrain, était sa seule idole ;
C'était, dit-on, la mode alors... mais aujourd'hui,
Tu ferais bien, crois-moi, de moins parler de lui,
Après tous les propos qu'on a tenus sur elle...
Et cette ressemblance... Oh ! mais, tu deviens belle !
Oui, je veux te mener au spectacle demain. »

Et puis il s'éloignait... et, passant son chemin,
Il laissait une enfant avec cette pensée :

« L'Empereur est mon père !... »

       O faiblesse insensée !
Ne pas voir qu'il troublait l'esprit de cette enfant !
Lui livrer un secret dont rien ne la défend !
Et quel secret, bon Dieu, jeté dans une vie !
Napoline soudain, de rêves poursuivie,
Voit changer tout son cœur. — Sa tête s'alluma.

Le vieillard tant pleuré, que jadis elle aima
Avec un saint respect, n'est plus pour elle un père :
C'est le mari trompé d'une femme légère.

Elle se rappelait les fêtes d'autrefois,
Et l'Empereur chéri, ses gestes et sa voix.
Il lui souvint qu'un jour il dit, s'approchant d'elle :

« Allons, regardez-moi ; l'on dit, mademoiselle,
Que vous me ressemblez. »

     Et puis bien tendrement
Il l'avait embrassée...

     O joie ! enchantement !
Cette main qui tenait entre ses doigts le monde
Un jour a caressé sa chevelure blonde ;
Napoline a senti sur son front enfantin
Ces lèvres qui donnaient des ordres au destin.
Il a vanté sa grâce et sa beauté gentille ;
Et, lorsqu'il l'embrassait, il a pensé : « Ma fille ! »

Oui, cette idée a dû troubler tes jeunes ans :
Elle a dû te dicter des rêves séduisants,
Napoline ! Souvent, dans tes désirs de gloire,
Pour son jeune héritier tu rêvas la victoire.
Tu ne prévoyais pas qu'il serait rappelé,
Comme toi, jeune, à Dieu... qu'il mourrait exilé ;
Que ces Français, jadis si fiers de sa naissance,
Qui de son berceau d'or encensaient la puissance,
Indifférents un jour, ne verraient dans sa mort
Qu'un gage de repos, un heureux coup du sort...
Et que lui, dont Paris célébra le baptême,
Lui !... du nom d'ÉTRANGER subirait l'anathème !...

C'est qu'il faut être vieux pour prévoir les ingrats :
Seule prévision qui ne nous trompe pas !

Cette prompte lueur, ce dangereux mystère,
En exaltant son âme ardente et solitaire,
Pour Napoline, hélas ! fut un tourment de plus.

Son oncle l'accablait de sermons superflus :
Il nommait son brillant esprit, de la folie ;
Il se moquait tout haut de sa mélancolie,
Dénonçait ses talents comme autant de travers,
L'accusait, devant moi ! d'avoir rimé des vers,
Lui vantait les vertus qu'il permettait aux femmes,
Et noyait ses sermons dans des flots d'épigrammes.
Pour ramener au vrai c'était un sot moyen.
Oh ! qu'il était bavard... Il nous ennuyait bien !

Enfin, il découvrit qu'Alfred et Napoline
S'aimaient. Un amour pur aisément se devine.
Alors il redoubla de ruse en ses discours ;
De sa plaisanterie il reprit l'heureux cours.
D'Alfred il critiquait l'esprit et la tournure ;
Il l'appelait : « Marin ! » croyant dire une injure ;
Mais comme on l'écoutait presque indifféremment,
Plus cruel, il niait son tendre dévouement :

« Il ne vous aime pas, lui disait-il, ma chère ;
A tous ses beaux projets vous êtes étrangère.
Alfred a le cœur froid ; c'est un ambitieux
Qui ne languira pas longtemps pour vos beaux yeux. »

Ce jugement était injuste : au fond de l'âme,
Alfred était guidé par une noble flamme ;
Mais sous un fol orgueil ce feu s'était caché.
Des pleurs de Napoline Alfred était touché,
Il aimait sa candeur, sa bonté sans égales...
Ce qui n'empêchait point qu'elle n'eût deux rivales,
L'une pour le présent, l'autre pour l'avenir :
Deux succès différents qu'il savait obtenir.

La première, c'était la duchesse élégante
Dont nous avons déjà parlé, femme charmante;
Regardez-la plutôt... Quel maintien gracieux!
Elle n'est point jolie, et le paraît aux yeux.
Sa beauté ne saurait supporter l'analyse;
Mais elle est si coquette, et toujours si bien mise!
Son pied est moins bien fait, dit-on, que son soulier;
Mais, devant lui, comment ne pas s'humilier!
Elle est très-maigre, mais ces cascades de blondes
Imitent les contours des tailles les plus rondes.
Elle a fort peu d'esprit, mais partout elle en prend;
Elle emprunte une idée, et jamais ne la rend.
A vrai dire, après tout, c'est une étrange femme,
Piquante sans gaîté, langoureuse sans âme,
L'humeur capricieuse et l'esprit positif,
Le ton impérieux et le regard plaintif :
Elle appelle langueur, sentiment vague et triste,
Le désenchantement de sa vie égoïste.
Elle fait sonner haut son amour pour les arts;
Chez elle les talents viennent de toutes parts;
Elle invite à grands frais le poëte à la mode;
Puis, tandis que pour elle il dit sa plus belle ode,
Elle rattache un gant, un nœud, un bracelet;
Si l'on chante, elle cause au milieu d'un couplet.
Fausse pour être aimable, et bonne par système,
Chacun de ses regards semble implorer qu'on l'aime;
Et je vous jure, moi, qu'on n'en refuse aucun.
Elle sait enivrer d'un factice parfum;
Elle attire, elle plaît; et moi-même j'avoue...
Je la déteste... eh bien, je comprends qu'on la loue,
Et je lui reconnais un charme séducteur!
Toujours, à son aspect, d'un sentiment flatteur,

Malgré tous mes griefs, je me sentis saisie...
Ah! c'est que l'élégance est de la poésie!

La seconde rivale était une beauté
Imposante, en effet, par sa rotondité;
C'était tout bonnement une grosse héritière :
Parure de princesse et mine de fruitière;
Sa démarche, son ton et ses discours bavards,
Ses petits yeux chinois lançant de longs regards,
Tout en elle disait aux âmes délirantes :
« PAPA me donnera cent mille écus de rentes! »

Et, contre tout cela, combattait chaque jour
Un ange de beauté, de génie et d'amour!

―――――

Voilà bien des portraits, dira-t-on, dans ce livre!
Eh! quand on voit les gens avec qui l'on doit vivre,
Déjà ne sait-on pas le sort qui vous attend?
Tel ami, — tel destin, — tel défaut donne tant!
Du jaune avec du bleu font du vert en peinture.
Tel vice marié mène à telle aventure.
Pour moi, si j'écrivais un roman, j'y mettrais
Un seul événement entouré de portraits...
Je prévois sans erreur l'effet involontaire
Des défauts de chacun sur mon sot caractère :
Un ennuyeux — me rend méchante au dernier point;
Je désire sa mort, je ne le cache point.
Un fat — me rend maussade; un sauvage — coquette;
Je deviendrais CARLISTE avec un Lafayette,
Républicaine avec monsieur de Metternich!

Oh! des opinions j'abhorre le trafic;
Chaque parti me voit dans le contraire extrême;
J'aime ce qu'il déteste et je hais ce qu'il aime!
N'allez pas croire, au moins, que j'approuve, grand Dieu!
L'exagération dans le JUSTE-MILIEU!...
Non; je suis philosophe en fait de politique;
D'un très-rare bon sens, entre nous, je me pique.
Je pense, de nos jours, que les gouvernements
Se nourrissent d'impôts — et non de sentiments.
C'est à notre raison que leur besoin s'adresse :
Ils veulent notre argent et non notre tendresse;
Et, puisque nous voilà sur ce sujet, je veux
En deux mots, en passant, vous faire mes aveux :

Un monarque absolu, je comprends qu'on l'encense.
Au moins, ce qu'on adore en lui, c'est la puissance.
Il peut nous exiler selon son bon plaisir,
Repousser — ou combler notre plus cher désir,
Nous dégrader — ou bien nous admettre à sa table,
Nous faire pendre — ou bien nous faire connétable;
Et je comprends alors qu'on lui donne sa foi,
Et que, dans son délire, on s'écrie : « O mon roi! »
D'ailleurs, ce dévouement sans bornes, il l'exige,
Et la toute-puissance est un fort bon prestige.
Mais qu'on adore un roi cons-ti-tu-ti-on-nel!
Mais, pour un tiers de trône, un amour éternel!
D'amour!... aimer le Roi, la Pairie et la Chambre,
Quatre cents députés convoqués en novembre
Pour régner!... et vouer un amour de roman
A ce trio royal qui fait cent lois par an!...
Non, les temps sont changés, messieurs; un roi de France
N'est plus qu'un contre-poids jeté dans la balance,

Pour empêcher le peuple un jour de l'emporter.
Il faut le soutenir, il faut le respecter ;
Mais l'adorer, pourquoi ?... Les tendresses de prince
Lui font cent ennemis, et sont d'un profit mince.
Croyez-moi, ce grand mot : sentimentalité,
S'harmonise très-mal avec la royauté.
Un prince qu'on discute, et qu'un seul journal prône,
Qu'une combinaison a placé sur le trône,
Entouré de ses preux qu'on retrouve toujours,
Qui sont de tous les camps et de toutes les cours,
Ne peut se croire aimé comme un autre Henri quatre,
Qui voyait ses flatteurs à ses côtés combattre.
Eh ! bon Dieu, que de rois adorés — et trahis !
Aimons tout bonnement, messieurs, notre pays.
J'aime la France, moi, comme on aime sa belle,
Avec tous ses défauts, vaine, folle, infidèle,
Changeant de Dieu, de roi, comme on change d'amour.
Je la suis à travers ses caprices d'un jour,
Et je subis son roi, comme un amant supporte
Un mari — pour ne pas être mis à la porte.

Un prince peut encore avoir des partisans,
Comme un système, soit, — mais plus de courtisans.
On est las de souffrir pour que le trône brille,
Et de verser du sang pour des soins de famille.
Au culte des faux rois nous avons dit adieu :
Notre amour... est au peuple, — et notre encens... à Dieu !

CHAPITRE DEUXIÈME.

FORTUNE SUBITE. — UN BAL. — JOIE ET DOULEUR.

Faire tout pour l'argent — et n'être point avare !
C'est le siècle, en un mot...

       Chez nous, il n'est pas rare
De voir un jeune fat, pour quelque mille écus,
Dans un sombre manoir aller vivre en reclus.
L'argent nous fait changer de nature... Une femme
Sensible — épouse un vieux sans tristesse dans l'âme.
Autrefois, on pleurait en suivant à l'autel
Un barbon, et c'était par ordre maternel;
Aujourd'hui, c'est par goût : pour une jeune fille,
Le bonheur, ce n'est plus l'amour, c'est l'or qui brille;
Ce n'est plus un amant cher entre ses rivaux :
C'est un riche carrosse avec de beaux chevaux
Qui, sur les boulevards, éclaboussent la foule;
C'est un vase chinois sur un meuble de Boulle,
Une loge aux Bouffons, une bonne maison,
Un château près d'Arcueil dans la belle saison,
Et de ce pur amour rien ne trouble la joie
Si le lit nuptial a des rideaux de soie !

Il faut rendre justice aux jeunes gens du jour :
Eux aussi, j'en conviens, ne font rien par amour.
Si l'on vient vous parler de quelque sot jeune homme
Qui consente à l'hymen sans une forte somme,

Dites, sans demander son nom : « C'est un Anglais! »
Si vous avez deux cents louis... pariez-les.

Les dandys de Paris n'ont point ce ridicule.
Jusqu'au poëte, hélas! tout homme ici calcule.
L'ingrat, il a quitté son grabat favori;
Du brillant char du Jour il fait un tilbury,
Et, jetant un harnais sur l'aile de Pégase,
Court au bois de Boulogne exhaler son extase!

Jadis on aimait l'or, aujourd'hui c'est l'argent.
Pour les vrais Harpagons cela rend indulgent.
Oui, la cupidité fait aimer l'avarice :
C'est une passion du moins, si c'est un vice.
Oui, l'avare me plait, j'aime sa pauvreté,
Et ses privations pleines de volupté.
L'avare en ses désirs peut posséder le monde,
Des palais sur la terre et des vaisseaux sur l'onde.
L'avare et le poëte ont des liens entre eux;
D'un bien imaginaire ils savent être heureux,
Ils aiment à souffrir — armés d'une espérance;
Mais l'avare est modeste, et c'est la différence;
Il ne s'entoure point de vains admirateurs :
L'avare a des trésors — et n'a point de flatteurs.
Il jouit en secret d'un orgueil solitaire;
Sa pauvreté prudente est un culte, un mystère...
Mais il n'est même plus d'avares dans Paris :
Sans être corrigés, nous sommes mal guéris.
Tel vient de s'enrichir par une basse intrigue,
Hier intéressé, — demain sera prodigue.
O misérable orgueil qui ne conduit à rien!
Cupidité d'un jour qui dissipe son bien!

Ah! je vous le répète, et vous pouvez m'en croire,
Un grand peuple, un pays, quelle que fût sa gloire,
Est frappé de démence et d'incapacité,
S'il en vient à chérir l'argent par vanité !

———

Alfred ainsi, marchant dans la commune ornière,
Pour plaire à la duchesse — aspire à l'héritière.
Un brillant mariage assurait son destin,
Près des femmes rendait son triomphe certain.
Séduire une élégante est chose très-coûteuse ;
Encor faut-il avoir une mine flatteuse,
Lui donner des bonbons, des bouquets pour le bal ;
Pour suivre sa calèche il faut un beau cheval,
Et tout cela demande une fortune aisée ;
Sinon, de ses rivaux on devient la risée.

Alfred n'était pas né pour se commettre ainsi ;
Son cœur noble à l'amour n'était pas endurci ;
Il était généreux, — mais il suivait la pente,
Et, faible, il se mêlait à la foule rampante
Qui cherche la fortune. On brave mille morts,
Mais, pour les vanités, il est peu d'esprits forts,
Et plus d'un grand guerrier, fier comme un roi de Sparte,
Flatta, pour un duché, monsieur de Buonaparte !

Comme je redoutais le jour, l'instant fatal
Où, dans ce jeune Alfred, tendre, sentimental,
Napoline verrait un fat plein d'arrogance,
Un merveilleux manqué, sans goût, sans élégance ;
Car, malgré son esprit, il n'excellait en rien

Dans ce nouveau métier, qui n'était pas le sien.
Qu'elle devait souffrir de cette découverte!

Elle était de ces gens qu'un malheur déconcerte,
De ces êtres parfaits et toujours méconnus,
Vieillis par la raison, mais restés ingénus;
Vivant de sentiments que le monde refoule,
Qui peuvent traverser — mais non suivre la foule;
Aigles qui ne sauraient modérer leur essor,
Riches qui ne sauraient diviser leur trésor :
Tout ou rien! c'est le cri de leur âme infinie;
Ils ne peuvent marcher qu'au pas de leur génie,
Rougiraient d'éprouver un demi-sentiment;
Un amour, c'est pour eux un entier dévouement :
Ils ne peuvent singer la piété des autres;
Ils vivent sans croyance, — ou bien se font apôtres;
Ils ne comprennent pas qu'on se donne à moitié
A la religion, à l'amour, l'amitié;
Que l'on prie à midi le ciel, et que l'on aille
Après — se promener à Saint-Cloud, à Versaille;
Qu'on aime un peu sa femme, et sa maîtresse un peu,
Un peu sa sœur, un peu son frère et son neveu;
Que chaque dévouement, chaque amour ait son heure.
Ils comprennent qu'on aime une fois — et qu'on meure.
Ils comprennent qu'à Dieu l'on consacre ses jours,
Mais il faut que ce soit sans partage — et toujours.

Telle fut Napoline, et sa fin le dénote;
Elle eût été martyre — et ne fut point dévote.
On dit : Qui peut le plus peut le moins; folle erreur!
Proverbe suranné qui me met en fureur!
LABLACHE ne saurait chanter une romance;

Taglioni se perdrait dans une contredanse ;
L'élégant lord Seymour, si brillant à cheval,
Sur un âne rétif figurerait fort mal ;
Et Soumet ne pourrait, sans une peine atroce,
Tourner un vaudeville et des couplets de noce !

Ainsi, les cœurs taillés pour de grandes vertus
Ne peuvent s'abaisser à des jeux superflus ;
Ils traînent dans l'ennui leurs heures indolentes.
Tel le chamois captif vit au jardin des Plantes ;
On le voit tout le jour couché sous les rameaux : —
C'est le plus paresseux de tous les animaux.

Pour ces cœurs exaltés l'amour est une proie,
Et Napoline aimait avec ardeur et joie.
Elle avait tout placé sur cet attachement ;
Elle aimait comme on hait, — toujours, assidûment.
C'était plus qu'un amour, c'était une pensée,
Un champ vaste où son âme ardente était lancée,
Un de ces maux rongeurs qui ne pardonnent pas.
Elle ne pouvait plus revenir sur ses pas.
Lorsqu'on a mis sa vie en un rêve de flammes,
Lorsqu'on est possédé par le démon des âmes,
A de froids sentiments on ne peut recourir.
Elle... ne pouvait plus qu'être heureuse — ou mourir.

Hélas ! qu'elle eût été douce et charmante... heureuse !
Comme elle eût animé sa vie aventureuse !
Que la joie eût donné d'élan à son esprit !
Le génie est si franc quand il joue et sourit !
Dans ses rêves de feu son âme était si belle !
On devenait poëte en causant avec elle.

Je n'oublierai jamais l'éclat de ses beaux yeux,
Le jour qu'elle arriva, le cœur libre et joyeux,
M'annoncer en riant sa subite fortune.
En cette occasion, une femme commune
En philosophe eût pris des airs indifférents
Pour raconter ce legs de six cent mille francs ;
Elle dit :

   « Je suis riche !... et voilà mon histoire :
Mon parrain, l'Empereur, — tu ne vas pas me croire ! —
A, pour moi, déposé chez un banquier flamand
Une dot — qui grossit je ne sais trop comment.
Le banquier a voulu bien m'expliquer la chose :
Il a parlé de legs, de testament, de clause,
Du secret qu'il avait saintement respecté
Jusqu'au jour révolu de ma majorité,
Des soins qu'il avait pris pour grossir cette somme...
Que sais-je ? il parlerait encore, le brave homme,
Mais je n'écoutais point ; tout cela m'ennuyait.
D'abord c'était trop long, — et puis il bégayait.
Tout ce que j'ai compris, c'est qu'un héros lui-même,
L'Empereur, a veillé sur mon sort. — Que je l'aime !
Combien il me tardait de venir te conter
Ce grand événement, dont je ne puis douter.
Du secret qu'on m'avait caché vois quelle preuve !...
Je vais au bal ce soir... ma robe est toute neuve ;
Ma guirlande est charmante ; elle me sied très-bien...
J'ai choisi ce collier pour moi... voici le tien ;
Point de façons... à toi ma première largesse !
Je veux que mon amie étrenne ma richesse.
Je deviens folle !... Alfred !... ce soir je le verrai ;
Oui, mais en lui parlant je crois que je rirai.

Il viendra me prier à danser, je le pense;
Alors je lui dirai pendant la contredanse :

« Je suis riche à présent, monsieur... vous me plaisez;
Ma fortune est à vous... »

                      Et puis, chassez, croisez...
A ce soir!... Je te quitte... Ah! j'en perdrai la tête!

— Mais, moi, je n'irai pas ce soir à cette fête,
Lui dis-je; nous partons pour Villiers aujourd'hui,
Et nous y resterons deux grands mois.

                            — Quel ennui!
Comment! sacrifier une fête superbe,
Un bal d'ambassadeur, à des dîners sur l'herbe!

— Oh! nous ne dînons pas sur l'herbe avec maman.

— Et vous me laissez seule au milieu d'un roman!
Et que ferez-vous là, mes champêtres amies?

— Ce qu'on va faire aux champs.

                  —Quoi?

                          —Des économies
Mais, tu me le promets, demain tu m'écriras?

— Oui, si je me marie... alors tu reviendras!
Adieu... »

Pleine d'espoir, et de tendresse émue,
Elle vint m'embrasser...

Je ne l'ai pas revue!

Et sa mort m'accabla d'une morne stupeur!...
Mon esprit, poursuivi d'un souvenir trompeur,
Ne peut se figurer cette fin si cruelle;
Car elle m'apparaît toujours joyeuse et belle,
Ainsi que je la vis pour la dernière fois.
Mourante... dans les pleurs, jamais je ne la vois.
C'est un horrible effet que je ne saurais rendre...
Cette mort que j'oublie... et qu'il me faut rapprendre.
Et pourtant je souris en vous parlant de nous,
Car, malgré ce malheur, mes souvenirs sont doux.

En arrivant au bal chez la noble étrangère,
Napoline marchait, élégante, légère,
Et joyeuse — à son oncle elle donnait le bras.
De salon en salon ils portèrent leurs pas;
Et c'était pour chacun un aimable sourire,
Et des propos flatteurs qu'au bal on doit se dire.
Les hommes la suivaient d'un regard long et doux,
Les femmes l'honoraient de leurs regards jaloux :
Et chacun admirait sa beauté ravissante.
Soudain un échappé de la meute dansante,
Un danseur aux abois vient l'inviter au vol; —
C'était un étranger, un petit Espagnol,
Un de ces inconnus dont on n'est jamais fière.
Son air était commun, sa mine singulière;

Il portait des gants verts et parlait mal français.
Or plaire à ce monsieur n'était pas un succès.
Elle se consola de sa mésaventure.
La danse n'étant plus qu'un combat en mesure,
Un danseur dans la foule est un guide, un soutien;
Dans le nombre on n'est pas responsable du sien.
Qu'on en ait de petits, de bossus, de maussades,
Qu'importe? — ce qu'il faut, c'est parer les glissades;
C'est sortir, si l'on peut, du siége en bon état,
Et sauver, sans affront, ses manches du combat.

Napoline aperçut Alfred en face d'elle;
Il tenait par la main la fière demoiselle
Gobinard, — l'héritière au regard engageant.
En elle, on croyait voir danser un sac d'argent.
Sur sa tête elle avait placé beaucoup de choses :
Des nattes, des bijoux, des épis et des roses.
Alfred, avec candeur, admirait tout cela.
Napoline la vit... et d'effroi recula.
Mais il ne faut jamais rire dans une fête;
L'ennui seul est permis, c'est un plaisir honnête.
Napoline étouffait sa gaîté ; — cependant
Elle se demandait quel étrange accident,
Quel devoir imposé, quelle aventure affreuse,
Faisait à son Alfred subir cette danseuse.
Eh! comment deviner qu'il a sollicité
Cet honneur qu'à sa place un autre eût évité!
Comment croire jamais qu'Alfred l'avait choisie,
Et qu'elle méritait toute sa jalousie!

Alfred vit Napoline et rougit aussitôt,
Mais près d'elle il passa sans lui dire un seul mot :

« De cette grosse femme il est honteux, sans doute,
Pensa-t-elle; il me fuit, sa gaîté me redoute.
Il craint de ne pouvoir garder son sérieux
En me voyant sourire, en rencontrant mes yeux. »

Salut. — Voici venir l'instant des révérences;
Les devoirs accomplis, viennent les préférences.
On danse par égard, et l'on cause par goût. —
Mais il faut accomplir le devoir jusqu'au bout,
Reconduire à sa place une danseuse émue,
Et Napoline attend; — Alfred l'a reconnue;
Il va venir près d'elle, inquiet, empressé...
Mais ce vaste salon, Alfred l'a traversé,
Et Napoline voit que son regard l'évite...
Et c'est une autre femme, une autre qu'il invite!

―――――

« Cette femme, du moins, est-elle jeune?

— Non,
Mais elle est à la mode; elle porte un grand nom :
C'est la duchesse de...

— Celle de qui...

— La même.

— Elle cherche à lui plaire, et vous croyez qu'il l'aime?

— Il n'en est pas épris, non, mais il est flatté;
Il l'aime comme on aime avec la vanité!

Ce n'est pas un amour, ce n'est qu'une conquête;
Mais cela suffit bien pour lui tourner la tête.
Elle valse avec lui maintenant... Regardez
Cette petite femme aux traits fins, mignardés,
Coiffée en Béarnaise, avec ce blanc panache;
Voyez-vous?...

    — Pas encor; ce gros Anglais la cache...
Je la vois!... Elle est maigre et sèche à faire peur!...
Ce marin défrisé, c'est Alfred?

         — Son valseur.

— Il est plus pâle encor que sa cravate blanche;
Il a l'air d'un noyé...

    — Qui valse avec sa planche! »

Napoline écoutait ces propos, et souffrait
D'entendre ainsi parler d'Alfred qu'elle honorait.
Elle riait pourtant à travers sa tristesse.
D'ailleurs ces propos fous n'étaient pas sans justesse :
Alfred était vraiment ridicule en valsant,
Avec ses longs cheveux et son air menaçant.
Du monde et de l'esprit inconcevable empire!
Ridicule malheur qui tue — et qui fait rire...
Ce n'est qu'en nos salons que l'on peut t'éprouver!

La valse étant finie, il fallut se lever,
Céder sa place enfin. — Une aimable comtesse
Que l'heureux Beaucastel trompa dans sa jeunesse,
A Napoline, au bal, servait de chaperon.

Elle voulut passer dans un autre salon :
Napoline obéit.

   Dans la serre élégante
On se promène, on rit. La vieillesse intrigante
Sous des myrtes en fleur discute le budget ;
Un vieux duc d'une loi déplore le rejet
Près d'un jeune ministre, et guette un portefeuille
En tournant dans ses doigts un œillet qu'il effeuille.

Sous ces verts orangers, sous ces lilas fleuris,
Les mères vont causer, — et dormir les maris.
Ceux qui rêvent l'amour, qui cherchent à se plaire,
Implorent à leur tour cet abri tutélaire.
Alfred et la duchesse, retirés à l'écart,
Derrière un oranger se cachent au regard.
Napoline les voit... elle écoute immobile :
On devine l'amour sans être bien habile ;
Le plus malin sorcier ne vaut pas un jaloux.

La duchesse disait : « Que me demandez-vous ?... »
Et puis elle prenait un air tendre et pudique.

« Demain !... » reprit Alfred.

      Ce mot fut sans réplique.
Elle baissa les yeux, — Alfred saisit sa main,
Et, d'une voix émue, il répéta : « Demain !... »

Napoline comprit ce coupable langage !
La vierge la plus pure a cet instinct sauvage
Qui lui fait deviner une infidélité.
Tout l'Enfer s'alluma dans son cœur agité....

Mais il faut se contraindre et boire le calice.
Quelqu'un vient la chercher pour danser ; ô supplice !
Elle reprend courage... elle cause, elle rit ;
Comme une femme heureuse elle fait de l'esprit :
Elle jette des mots piquants ; — chacun l'écoute ;
Elle est un peu moqueuse, et méchante, sans doute ;
Son esprit excité venge son cœur souffrant :
Le mal que l'un reçoit, c'est l'autre qui le rend.
Oh ! l'on devient cruel quand le cœur se déchire...
Et pour elle, à mon tour, j'écris cette satire ;
Car ces vers insolents sont partis de mon cœur.
Ce sont les cris amers du poëte vengeur !...

Après avoir conclu son marché de tendresse,
Alfred a cru prudent de quitter la duchesse.
Il jette sur le bal un regard satisfait,
Dérobe quelques fruits au splendide buffet.
Il avait ce maintien joyeux et ridicule,
Ce bonheur indiscret d'un fat qui dissimule.
Sa joie était visible — et son air emprunté.
Oh ! l'amour véritable a plus de dignité :
Il sourit en secret, son regard sait se taire ;
La vanité joyeuse ignore le mystère,
L'orgueil ne sait plus feindre au comble de ses vœux.

Et devant une glace arrangeant ses cheveux,
Parlant haut, ricanant comme un fat de province,
Alfred se pavanait et faisait le bon prince ;
On eût dit, à son ton goguenard, protecteur,
Qu'il jouait les MARQUIS, — mais en mauvais acteur.

Auprès de Napoline il vient, plein d'assurance ;
Elle affecte, à sa vue, un air d'indifférence.

Oh ! que lui dira-t-il ? Par quelle fausseté
Voudra-t-il apaiser son orgueil irrité ?
Vient-il la consoler par une tendre excuse ?...
Peut-être il l'aime encor, peut-être elle s'abuse...

« Il fait bien chaud ce soir ! comment peut-on danser !... »

Voilà tout le discours qu'il daigna prononcer.
Napoline attendait, sa réponse était prête ;
Mais Alfred, aussitôt, se perdit dans la fête.

« Quoi ! vous le connaissez ? dit un danseur voisin.

— Qui, monsieur de Narcet ?

— Oui, mon futur cousin :
Ma cousine lui plaît, sa fortune le tente.
Amanda Gobinard l'aime assez ; mais ma tante
Dit qu'il n'a pas le sou, qu'il est léger, qu'enfin
Une femme est toujours veuve avec un marin.

— Et cette jeune fille... est-elle aimable... belle ?...

— Mais, vous pouvez la voir ; il dansait avec elle...

— Tout à l'heure ?...

— A l'instant.

— Ah ! oui, je les ai vus. »

Et puis elle pensait : « Je ne respire plus !
Je sens que je succombe ! Oh ! ma tête se trouble... »

Mais elle se contraint, son courage redouble.
Souffrir et plaisanter, femmes, c'est notre lot.
Tout bas elle disait : « Le monstre!... » Et puis tout haut :
« Que ces airs sont jolis! ils font aimer la danse! »

ELLE PENSAIT :

   « Hélas! plus d'amour, d'espérance!
Aimer pour de l'argent une héritière, lui!...
Eh bien, il peut m'aimer! je suis riche aujourd'hui!...
Mais il a trop d'orgueil... Cet orgueil nous sépare;
Ce soir il s'est montré trop vil et trop barbare,
Pour revenir à moi plus tendre, en apprenant
Que je suis riche... Il va me haïr maintenant :
Il sait que je le juge... et que je le méprise... »

ELLE DISAIT :

   « Voyez comme une robe grise
Est triste dans un bal!

     — Oh! vous avez raison :
Cette étoffe n'est pas du tout de la saison;
Une femme, d'ailleurs, n'est jamais trop parée
Pour danser...

   — J'en mourrai! Ma vie est déflorée... »

Elle tremblait si fort qu'il lui fallut s'asseoir.

« Madame de Cherville est bien belle ce soir.

— Oui, dans ses faux cheveux, cette fleur naturelle
Est d'un effet charmant... Monsieur, LA PASTOURELLE. »

Et sa bouche affectait un sourire moqueur,
Et ses pleurs dévorés retombaient sur son cœur.

Oh ! que le désespoir est affreux dans le monde !
Qu'il est lourd d'y traîner une douleur profonde !
La contrainte est un poids qui double le malheur.
Le visage est glacé sous sa feinte couleur.
Vous qui n'avez point mis de chaîne à votre vie,
Femmes du peuple, ô Dieu, comme je vous envie !
Votre franche douleur vous soulage, du moins.
L'orgueil ne vous dit pas : « Souffre, mais sans témoins. »
Vous n'avez point placé la honte dans les larmes :
Votre rage a des cris, votre haine des armes.
Vous ne vous piquez point de courageux efforts ;
En mots injurieux s'exhalent vos transports.
Vous courez, vous frappez la rivale imprudente
Qui gêne vos amours. — Votre âme indépendante
A de fausses douceurs ne sait point s'abaisser ;
Car vous ne savez point haïr... et caresser,
Et dire à l'ennemie, au démon de votre âme,
Avec candeur : « Comment vous portez-vous, madame ? »

Ce supplice mortel dura le temps du bal.
Napoline, en sortant, faillit se trouver mal.
Jamais douleur ne fut plus durement sentie.
Chez elle on l'amena mourante, anéantie.
Sans un amer chagrin elle ne put revoir

Ces lieux, encore empreints de son menteur espoir.
Elle se rappelait sa joyeuse folie,
Son orgueil de se voir si fraîche et si jolie,
Et tous les beaux projets formés par son amour,
Tout ce bel avenir... détruit... et sans retour !
Alors elle éprouva la douleur froide et sombre
D'un matelot qui voit le navire qui sombre.
Point d'espoir de salut !... plus d'amour, de lien ;
Dans le passé... mensonge, et dans l'avenir... rien...
Elle ne sentait plus d'élément à sa vie ;
Même l'espoir perdu ne lui fait plus envie.
Alfred n'est plus chéri, ni même regretté ;
Il n'éveillerait plus son cœur désenchanté.
Tout manque sous ses pas... le sol, l'air et l'espace.
L'horizon disparaît, le souvenir s'efface.
Sa tête dans ses mains se cache tristement.
Le plus pesant des maux, le découragement,
L'accable. — A tant d'ennuis sa jeunesse succombe :
Elle n'a plus qu'un vœu, qu'un avenir... la tombe !

CHAPITRE TROISIÈME.

LE LENDEMAIN D'UN BAL. — UN SUICIDE. — UN RENDEZ-VOUS.

Elle n'a pu dormir la nuit... elle a pleuré...

Le matin à des soins prudents est consacré ;
C'est un grand embarras qu'une mort volontaire...
Le jour où l'on se tue, on a beaucoup à faire !

Elle a revu son oncle avant de le quitter
Pour toujours. — L'aimable oncle a voulu plaisanter
Sur Alfred, la duchesse et le bal de la veille.
Napoline l'écoute en riant... ô merveille !

« Je l'avais dit : Alfred ne te convenait point,
Et nous sommes d'accord maintenant sur ce point.
N'y pensons plus!... Enfin, te voilà raisonnable.
Va, tu ne l'aimais pas... Allons nous mettre à table! »

En causant tous les deux, ils dînèrent gaîment.
Le soir, elle rentra dans son appartement;
Puis, on la vit sourire en taillant une plume;
Mais, triste, elle exhalait ces mots pleins d'amertume :

« Il a dû recevoir ma lettre ce matin...
Point de réponse!... Un mot eût changé mon destin.
Hélas! pour s'excuser qu'aurait-il pu me dire?
Ce soir elle l'attend... il cède à son empire.
Il est tout au bonheur d'un premier rendez-vous!
Oh! que j'aime à troubler ce souvenir si doux!
Oui... puisque le bonheur ne m'offre plus de chance,
Que l'horreur de ma mort, du moins, soit ma vengeance!
S'il me voyait mourir lentement dans les pleurs,
Il s'accoutumerait à mes longues douleurs.
Les médecins diraient :

    « Morte de la poitrine,
Comme sa mère! »

    Et lui : « Faible, d'humeur chagrine,
Elle ne pouvait pas être heureuse ici-bas!... »

Et, tranquille, il lirait le Journal des Débats;
Ou bien il s'en irait, de peur d'être malade,
Faire au bois de Boulogne un tour de promenade.
Au spectacle il serait deux jours sans se montrer;
Ou bien, pour se distraire, il irait s'enivrer !...
Mais, s'il me trouve un soir morte dans sa demeure,
Il faudra bien alors qu'il m'aime et qu'il me pleure !...
Sur sa couche funèbre il me verra toujours;
Je placerai ma tombe entre tous ses amours;
Le cœur, d'un vain regret, d'un remords se dégage :
Mais les yeux ne sauraient se sauver d'une image,
D'une image de mort qui sans cesse poursuit.
Elle combat le jour et triomphe la nuit;
Elle est là, toujours là... Je connais sa faiblesse :
Il m'oublie aujourd'hui, sans crainte il me délaisse;
Mais quand, soudain, ma mort l'aura glacé d'effroi,
Il ne m'oubliera pas... il sera tout à moi !...
Morte, je régnerai sur son âme oppressée;
Mon souvenir constant nourrira sa pensée...
Ah! la douleur s'éteint; mais, chez les gens d'esprit,
L'imagination jamais ne se guérit.
Son cœur est sec et froid, mais sa tête est brûlante! »

En se parlant ainsi, Napoline, tremblante,
Agitée, écrivait... hélas! son dernier vœu.
Sur le papier tombaient des pleurs, des pleurs de feu,
Et l'on voyait passer sur son jeune visage
Toutes les passions, l'orgueil, l'amour, la rage;
La colère du cœur, si noble en ses excès...

Puis la douleur revint plus calme après l'accès.
Elle essuya ses yeux, — acheva sa parure,

Attacha son manteau, demanda sa voiture; —
Et le pas des chevaux dans la cour retentit,
Et, comme pour un bal, légère, elle partit.

Souvent elle venait seule ainsi chez ma mère,
Et sa femme de chambre, à sa vie étrangère,
Bien qu'il fût tard, la vit sortir sans s'alarmer.

Mais, je le sens, déjà vous allez la blâmer.
Le désespoir est mal compris d'un cœur tranquille.
Quelle horreur! direz-vous; aller mourir en ville!
Chez un jeune homme encor : cela ne se fait pas!
Ne pouvait-on choisir un plus noble trépas?...

Que vous dirai-je, moi? C'était de la démence,
Mais c'est toujours ainsi qu'un désespoir commence.
Le premier vœu d'un cœur qui souffre, c'est la mort.
Si l'on n'a point d'ami pour détourner le sort,
Si l'on n'est retenu par une main chérie,
Si l'on n'entend au loin une voix qui vous crie :

« Arrête, ne meurs pas!... espère, vis pour moi! »

Le désespoir vous mène au crime sans effroi.
Oh! qui n'a ressenti, dans le cours de sa vie,
Cette douleur de feu qui veut être assouvie,
Qui brave le mépris, la honte, le danger;
Qui veut agir, qui veut, à tout prix, se venger?
Une longue douleur mène à l'indifférence;
Mais un malheur subit... tombé sur l'espérance,

Est un coup imprévu dont le choc étourdit.
Le courage se glace et le cœur se roidit ;
C'est un vent froid soufflant sur un lutteur en nage ;
C'est ce qui fait qu'on meurt pour un bal au jeune âge.
On ne se défend point contre un mal imprévu.
Sitôt qu'on est surpris sans arme... on est vaincu.

« Le comte de Narcet ?

— Il est sorti, madame.

— Eh bien, je l'attendrai. »

                    « C'est une belle femme,
Dit le vieux domestique en montant l'escalier ;
Mais elle me fait peur ; son air est singulier.
Je soupçonne monsieur d'avoir beaucoup d'intrigues.
Ah ! ces jeunes marins, ils sont fous et prodigues.
C'est à ces femmes-là que va tout leur argent. »

Napoline comprit ce murmure outrageant :
« Ce soupçon, pensa-t-elle, est un propos d'avare,
Une ironie encor de mon destin bizarre ;
Mais, avant de mourir, je veux faire un heureux.
Qui n'a plus d'avenir doit être généreux...
Ma bourse est pleine d'or...

                    Prenez, je vous la donne.
Je comprends votre erreur et je vous la pardonne. »

Dans la chambre d'Alfred, tremblante, on l'introduit.
Elle rougit de honte et son courage fuit.

Le trouble, la douleur, une longue contrainte,
Égarent sa raison. — Sa passion éteinte
Se ranime à l'aspect de ces objets chéris
Qu'Alfred voit tous les jours. Ses livres favoris,
Ses armes, souvenirs de ses nombreux voyages,
Des plus nobles dangers séduisants témoignages;
Ces flèches, ces poignards, ces vases précieux,
Ces rosaires bénits apportés des Saints Lieux :
Tout le faisait aimer dans ce modeste asile;
Là, rien ne trahissait un cœur vain et futile.

Sur la console un buste attirait le regard :
Napoline bénit ce bienfaisant hasard;
De l'Empereur c'était une image fidèle.
L'artiste avait saisi l'orgueil de son modèle.

Napoline, soudain, émue à cet aspect,
Se prosterne à genoux avec un saint respect;
Et, comme on prie un Dieu, Dieu puissant, Dieu sévère,
A son heure suprême... elle — pria son père !

Dans un coffre élégant par son ordre apporté,
Avec un soin risible elle avait apprêté
Ce qu'il faut pour mourir... d'une mort fastueuse?
Non; — pour mourir, hélas! comme une REPASSEUSE,
Selon l'expression d'une femme d'esprit. [1]

[1] Une jeune fille s'était asphyxiée par amour pour M. de L... G.... On faisait à celui-ci compliment de ce succès devant la duchesse de Coigny : « En vérité, il n'y a pas de quoi être fier, dit-elle; c'est une mort de repasseuse! » -

Elle se rappela ce mot, elle en sourit.
De gaîté, de douleur, incroyable mélange !

« Que dira-t-on de moi ? de cette mort étrange ?...
Bah ! des malins soupçons qu'importe la noirceur ?
Dit-elle ; je n'ai plus de mère et point de sœur !
Qui pourrait concevoir une idée offensante !...
Ma mort même dira que je fus innocente ;
Et lui me défendrait... C'est un homme d'honneur.
Ah ! s'il m'avait aimée ! ô ciel ! que de bonheur !...
Pour lui j'aurais été soumise, douce et tendre !...
Comme sa femme, ici, j'aurais droit de l'attendre ;
Je le consolerais, il serait mon appui,
Et je pourrais mourir sans honte auprès de lui ! »

Et des pleurs, excités par cette humble pensée,
Soulagèrent alors sa poitrine oppressée.

———

Au coin du feu, rêveuse, elle resta longtemps ;
Elle entendait gémir le vent sec du printemps,
Qui, sur le boulevard, faisait craquer les arbres ;
Et, triste, elle songeait au froid mortel des marbres,
Au tombeau qu'elle aurait... à l'horreur de mourir ;
Sur son propre malheur elle allait s'attendrir...
Quand l'heure résonna, — l'heure affreuse, fatale,
L'heure qu'il oubliait auprès d'une rivale !
Son courage revint avec le désespoir.

« La mort !... Ici, vivante, il ne doit pas me voir ! »
Dit-elle...

Et par ses soins les portes se fermèrent,
Et les charbons rougis... pour la mort s'allumèrent.

« Hâtons-nous, pensait-elle ; oh ! s'il allait venir !...
Que dis-je ?... Elle saura longtemps le retenir...
Mais demain, oh ! demain, je lui serai rendue !...
Et là, je serai froide et pour l'amour perdue !
Et, dans son désespoir, il se rappellera
Celle pour qui je meurs... et nous comparera...
Me préférant alors, dans sa haine indignée,
Il dira : « Qu'elle est belle !... et je l'ai dédaignée !
Et j'ai causé sa mort... O délire ! ô fureur ! »
ELLE !... Il ne pourra plus la nommer sans horreur ;
Il trouvera sa vie et ses ruses infâmes ;
Il la trouvera laide entre toutes les femmes !...
Avec amour, sur moi — ses regards tomberont.
Triste, il admirera la candeur de mon front ;
Sur ma tête glacée il versera des larmes ;
Du bien qu'il sacrifie il sentira les charmes...
Cent fois il redira mon nom !... Cris superflus !
Ce cœur, qu'il a brisé, ne lui répondra plus,
Mais, en voyant ses pleurs, mon ombre soulagée
S'envolera joyeuse... Ah ! je serai vengée ! »

Sur la couche... un moment, de honte elle frémit...
Mais chaste, elle entrevit la mort — et s'endormit...

Oh ! sur ce lit de deuil, Juliette nouvelle,
Peut-être espérais-tu te réveiller comme elle !

Pour mourir, elle a mis sa parure de bal,
La couronne de fleurs, le bouquet virginal ;

Cette parure était pleine de modestie;
Par des nœuds élégants sa robe assujettie,
Son voile, frais linceul sur ses grâces jeté,
De ses derniers moments disaient la pureté.
O vierge! dors en paix sous ta sainte guirlande!
Sur l'autel de la Mort on respecte l'offrande!...

———

Or, à cette heure, Alfred était en rendez-vous,
Dans un de ces moments que l'on nomme « bien doux!... »

Mais n'enviez pas trop le séduisant jeune homme :
Ces coquettes beautés que le monde renomme
Pour l'amour triomphant ont souvent peu d'attraits,
Et lui font regretter un minois rose et frais.
L'Amour n'est pas autant aveugle qu'on le pense :
C'est un enfant gâté qui veut sa récompense.
Souvent, vers le séjour si longtemps souhaité
Il court avec ivresse — et fuit désenchanté.
— N'allez pas dire encor que nos conseils sont rudes, —
Femmes qui n'aimez point, coquettes; — soyez prudes!

Alfred de chez la belle a disparu sans bruit,
Se demandant tout bas ce qui l'avait séduit.
Pressant les longs adieux et les regrets d'usage,
Furtif, il est sorti par un secret passage.
Depuis qu'on s'est aimé, jamais amant heureux,
Après un rendez-vous, ne fut moins amoureux.
A peine a-t-il quitté sa nouvelle maîtresse,
Qu'Alfred d'une autre femme évoque la tendresse.

Il songe à Napoline, et reconnaît ses torts,
Car avec la raison reviennent les remords.
Ce souvenir lui rend d'amoureuses idées :
Il compare soudain à ces grâces fardées,
A ces attraits d'emprunt, si laids sans ornements,
Cette beauté naïve et ces contours charmants,
Cet éclat qui faisait admirer Napoline.
Il se la figurait douce, aimante, câline,
Chaste et passionnée, humble et fière à la fois.
Il lui semblait déjà s'attendrir à sa voix.

« Chère enfant! disait-il, que fait-elle à cette heure?
Elle m'en veut, je gage! elle est triste, elle pleure...
Elle me hait!... Demain, j'irai la consoler :
Oh! j'empêcherai bien ses larmes de couler!
Je lui dirai : Ma vie est à vous, je vous aime;
Vous m'avez mal jugé... Je n'étais plus le même,
Je devenais un fat; mais vous m'avez sauvé :
Donnez-moi le bonheur que mon âme a rêvé,
Aimez-moi! —

　　　　　C'en est fait... oui, le monde m'ennuie!
Je trouve ses plaisirs tristes comme la pluie.
Je n'y peux plus tenir! ce métier d'élégant
Est sans profit, stupide, et puis très-fatigant.
Il faut toujours songer à plaire, et toujours feindre,
Aux usages des sots en tout lieu se contraindre,
Se friser tous les soirs, se parer jusqu'aux doigts,
Porter des bas à jour et des souliers étroits;
Tout cela pour aller courtiser une belle
Qui ne vous entend pas, qui ne parle que d'elle!
Ah! je suis revenu de ce brillant plaisir,

Et je ne comprends pas quel en fut mon désir.
Oh! que j'aime bien mieux discuter à mon aise,
Assis, au coin du feu, sur ma petite chaise.
Avec sa femme, au moins, on peut causer de tout,
Et l'on n'a jamais peur d'être de mauvais goût...

Mais je fus donc atteint d'un accès de folie?
Comment ai-je trouvé la duchesse jolie?
Comment?... C'est un secret, je ne m'en souviens plus.
Et cette autre héritière... avec tous ses écus!
Comment ai-je songé sans démence à lui plaire?...
Oubliant la corvée à cause du salaire,
Quoi! pour ses millions je voulais l'épouser?...
Béni soit le succès qui vient me dégriser. —
Pour ces deux femmes-là... je quittais une amie,
Napoline! si belle! — O misère! infamie!
Je ne mérite pas que tu rêves de moi.
Mais nous serons heureux, et je reviens à toi!
Oui, je veux dès demain hâter ce mariage...
On va rire de nous, de notre humble ménage,
Car nous ne serons pas riches... Eh bien, tant mieux:
Nous aurons des amis et pas un ennuyeux!...
Ah! comme elle sera jolie en mariée!...
Et lorsqu'à ma tendresse on l'aura confiée,
Comme je serai fier! — Que d'amour! que de soins!...
Voyons... de mon côté quels seront les témoins?
Demain, de tout cela nous causerons ensemble...
Oh! que je suis heureux!... Mais d'où vient que je tremble?»

Alfred, en cet instant, venait d'entrer chez lui.
Déjà, dans l'escalier, un demi-jour a lui.

« Une femme est ici... Monsieur le sait, sans doute ? »
Dit le vieux domestique. — Alfred s'arrête, écoute.

« Comment est cette femme, et que t'a-t-elle dit ?

— Rien... Elle dort, je crois, monsieur, sur votre lit...
J'ai senti dans la chambre une odeur de fumée,
Mais je n'osais entrer ; la porte était fermée.
Alors j'ai regardé par la serrure...

         — Eh bien ?

— J'ai vu que l'on dormait, et que ce n'était rien.

— Une femme... chez moi !...

        —Monsieur doit la connaître.
Elle est jeune et très-belle...

        — Ah ! c'est Emma peut-être.

— Non, monsieur...

       —Indiscret ! vous connaissez Emma ?

— Un soir, j'étais présent quand monsieur la nomma.

— Ce n'est pas elle ?

       — Non, monsieur, je vous l'assure.
La dame en question est venue en voiture ;

Et, si j'en crois l'argent qu'elle m'a prodigué,
Dans le monde elle occupe un rang très-distingué. »

Alfred se prend à rire... Il monte, ouvre la porte...
Il entre...

   Cette femme est Napoline...

         Morte !...

Alors Alfred tomba dans un tel désespoir...
Il est si malheureux !... que j'ai pu le revoir !
Et chaque jour il pleure en parlant de cet ange...
Heureuse mort, du moins, que celle qui nous venge !

CHAPITRE QUATRIÈME.

EXPLICATIONS.

LE COEUR, LE MONDE ET L'ARGENT.

Voilà, grâces au ciel, mon poëme achevé !
Mais, faut-il dire enfin ce qu'il vous a prouvé ? —
Oui, — dût-on accuser mes vers de vieillerie, —
J'en conviens, cette histoire est une allégorie.

Napoline mourante est le Génie — éteint,
Énervé par le monde, en ses élans contraint ;

Sous un châle de l'Inde ayant ployé ses ailes,
Sous un chapeau d'Herbaut cachant les étincelles
Qui trahissent l'orgueil de son front lumineux ;
C'est un ange — étouffant, sous des fleurs et des nœuds,
Les sublimes rayons de la sainte auréole ;
C'est Corinne — tombée au pied du Capitole,
Tombée avant la gloire et morte avant l'amour ;
Morte pour avoir vu le monde en son vrai jour ;
C'est une noble vie — en un temps d'égoïsme,
Une grande pensée — avortée en sophisme ;
C'est, en un mot, l'enfant d'un héros, d'un vainqueur,
Élevée en naissant par un fat joli-cœur.

Voilà pour Napoline.

      Oh ! quant à la Duchesse ;
N'allez pas voir en elle une illustre princesse,
Ni madame de R..., ni madame de T....
Ce que j'ai peint en elle est la Société,
Telle que je l'ai vue et telle qu'on la trouve ;
Belle quand elle fuit, — laide quand on l'éprouve ;
Squelette bien vêtu, mannequin coloré,
Frêle idole de bois dans un temple doré ;
Beauté de convenance, affreuse sans toilette ;
Femme qui gagnerait à n'être que coquette ;
Souper de comédie, au dessert de carton ;
Fruits de Florence en marbre, — et roses de Batton ;
Nature d'opéra, vertu de mélodrame ;
Ne donnant rien aux arts, rien à l'esprit, à l'âme,
Abreuvant de dégoûts ses plus chers favoris...
Voilà comme j'ai vu le monde de Paris !

L'Héritière — n'est pas un portrait équivoque :
En elle, j'ai montré le vrai dieu de l'époque,
L'Argent ! — qui rend l'esprit et le courage nuls,
Qui change le génie et l'amour en calculs ;
L'Argent ! la providence ou plutôt la ressource
De l'univers ! dieu saint... dont le temple est la Bourse.
Dans ce temple superbe ouvert à son pouvoir,
Le prêtre est un banquier, l'autel est un comptoir,
Et le parquet bruyant est le saint tabernacle
Dont un agent de change est le sublime oracle.
A la voix argentine on nous voit courir tous.
L'Argent fait nos talents, dénature nos goûts ;
Tel eût représenté Socrate, Achille, Horace,
D'un infirme au pouvoir dessine la grimace ;
Tel eût fait pour l'autel des psaumes en latin,
Flétrit son bon curé du nom de calotin ;
Tel eût été flatteur du tyran sous l'Empire,
Se fait flatteur du peuple et bâcle une satire.
De l'argent du libraire ils sont tous envieux ;
Et puis, la médisance — est ce qu'on vend le mieux !

Lui seul fait tous les frais de notre politique ;
L'Europe est un bazar, Paris une boutique.
A l'Argent notre orgueil lui-même est immolé ;
Ce que coûte l'honneur est bientôt calculé.
C'est le budget et non l'honneur que l'on consulte.
Quarante millions !... pour venger une insulte,
Ah ! vraiment, c'est trop cher ! — Et l'on courbe le front ;
Pour garder son argent on garde son affront,
Et l'on supporte en paix l'arrogance ennemie...
Par lâcheté ?... Non pas, — mais par économie.

Enfin, dans ce jeune homme au cœur noble, bien né,
A de bas sentiments par son siècle entraîné,
Dans Alfred — j'ai montré ce qu'on est dans le monde,
Quand on veut que la mode ou l'argent vous seconde.
Hélas! dès qu'on y rêve un brillant avenir,
Il faut se faire avare et vain pour parvenir;
Car il faut de l'argent, beaucoup d'argent, pour être
Quelque chose à Paris, — et se faire connaître;
Et, comme Alfred, chacun sacrifie à l'Argent
Les rêves de son cœur, d'un cœur même exigeant.
Comme lui, pour briller, à de vaines chimères
On immole ses goûts, ses vertus les plus chères : —
Puis, lorsqu'on est blasé sur tant de vanité,
Lorsque de ces plaisirs on voit la nudité,
Quand on sait que ce jeu ne satisfait personne,
Que le monde jamais ne rend ce qu'on lui donne...
Sur le passé l'on jette un douloureux regard...
Aux premiers vœux du cœur on revient, — mais trop tard!

Oh! si chacun faisait ce que j'ai fait moi-même,
Si l'on osait donner sa vie à ce qu'on aime,
On n'éprouverait point de regrets... de remord!
Car c'est un crime aussi que de tromper le sort :
Qu'une femme sans cœur vive pour la parure,
Elle a raison — et suit l'instinct de sa nature;
Qu'un franc ambitieux, aspirant au pouvoir,
Se fasse intéressé, — fort bien, c'est son devoir;
Mais qu'on se fasse ingrat avec une âme tendre,
C'est une impiété que je ne puis défendre.

En tout il faut agir avec égalité;
Au monde il faut donner ses talents, sa gaîté,

Mais son âme... jamais. — Ah! je lui rends justice :
Il ne demande pas ce cruel sacrifice;
Et même, s'il vous voit sacrifier vos goûts
A ses lois, — le premier il se moque de vous.
J'aime le monde, moi! — mais ma philosophie
Au dieu des vanités jamais ne sacrifie.
Et si ce monde, un jour, m'a prêté son appui,
C'est que — sans le blesser — je n'ai rien fait pour lui.
J'ai bravé la Fortune... elle m'a visitée;
Je l'accueille gaîment, sans l'avoir invitée;
Mais j'aime... et de mon cœur seul je subis la loi.

Vous que le monde ennuie et trompe, — imitez-moi.

Paris, 1833.

LETTRE DE NAPOLINE.[1]

Paris, 15 mars 1831.

Il y a deux jours que tu es partie, Delphine, deux jours seulement... et pendant ce peu d'instants, toute mon âme s'est changée, tout l'espoir de mon avenir a disparu! Il y a deux jours, hélas! j'étais si joyeuse et si aimante! Aucun grand événement ne s'est passé, et cependant je vais mourir... et mon cœur est désenchanté, et je n'aime plus!

C'est une chose triste pour moi de quitter la vie sans te dire adieu, à toi qui m'as toujours aimée, avec qui j'ai passé les seuls moments heureux de mon enfance. Je te regrette, et cependant ta vue me ferait mal : elle me rappellerait ma joie perdue; car tu es encore toute parée de mon espérance, et ta présence seule me rendrait ces émotions délicieuses, ces idées enivrantes qu'il a fallu noyer dans mon cœur.

Ah! qu'elle était belle cette espérance quand tu m'as quittée, et que le souvenir en est amer et déchirant!... Non, je ne veux pas te revoir. D'ailleurs, tu m'aimes, toi! tu m'empêcherais de mourir; et la vie m'est devenue si odieuse, que ton amitié ne suffirait plus pour m'aider à la supporter.

Ce qui m'étonne, c'est que l'on souffre ce que je souffre et que l'on vive encore! c'est que le cœur puisse se briser ainsi à toutes les heures et battre encore! c'est qu'il faille une résolution, un suicide, pour mettre un terme à un tourment qui devrait tuer!...

Oh! si tu pouvais savoir ce que j'éprouve, tu me pardonnerais de mourir! Si tu savais... quel découragement dans tout mon être!

---

[1] Cette lettre a été écrite par mademoiselle de R... la veille de sa mort.

quel vide affreux dans ma pensée! quel désert dans mon avenir!...
quelle lassitude! quel dégoût!... J'éprouve moralement ce qu'on
éprouve en mer par un temps d'orage. Le vaisseau va sombrer!...
qu'importe?... on n'a pas d'émotion pour la tempête. — Une voile
amie vient vous sauver!... qu'importe?... on n'a pas un regard
pour l'horizon.

Peut-être, si j'avais le courage d'attendre, l'horizon s'éclairci-rait-il pour moi! mais je ne le vois point; je n'aperçois rien au delà de ma douleur, je ne vois que ce qui m'entoure, mensonge, vanité, misères et désespoir!...

Tu te rappelles combien j'étais joyeuse en allant à ce bal; combien la nouvelle de cette fortune subite m'avait donné de bonheur! Elle aplanissait tous les obstacles. Alfred n'osait parler de moi à sa mère, parce que j'étais pauvre et qu'elle m'aurait refusée. Tout à coup je devenais riche, et, loin de s'opposer à ce mariage, madame de Narcet elle-même l'aurait conseillé. Je ne prévoyais pas que rien pût désormais me séparer d'Alfred, et tu as vu comme l'idée de lui apporter la fortune qui lui manquait me rendait fière et joyeuse.

Agitée des pensées les plus riantes, j'arrivai à ce bal. — O mon Dieu! quelle soirée!... C'est un cauchemar horrible dont l'image sans cesse me poursuit. Quel changement!... Lui que j'avais toujours vu si bon, si affectueux, si noble!... tout à coup froid, sec, léger, moqueur, fat, ridicule et méchant!... Et moi, qui venais à lui heureuse et dévouée! — Je m'étais parée pour lui plaire... il ne m'a pas regardée. Je venais lui offrir ma vie... il m'a reniée!

Ah! peut-être il n'aurait eu de regards que pour moi s'il avait su que j'étais riche.... Je n'avais qu'un mot à lui faire dire, et peut-être l'aurais-je vu aussi soigneux, aussi empressé auprès de moi qu'il l'était auprès de cette stupide héritière qu'il m'a préférée.... Je le croyais, hélas! Cette conviction fut le plus amer de mes sentiments.

Et pourtant je me trompais; — non, ce n'est pas une femme comme moi qui doit séduire un cœur que la vanité entraîne. Veux-tu savoir, Delphine, ce qu'il faut être pour se faire aimer, séduire les hommes et les dominer? — Il faut être sotte, vaine, fausse et flatteuse. Les hommes ne tiennent pas à ce qu'on les aime avec dévouement; ils veulent qu'on les adore en aveugle:

pour leur plaire, il faut feindre de les regarder comme infaillibles, se moquer d'eux et faire semblant de les admirer; leur dire qu'ils ont raison lorsqu'ils se trompent, vanter leur générosité quand ils sont avares, leur courage quand ils ont peur, leur fermeté quand ils hésitent; il faut paraître dupe et cacher qu'on les juge; se faire niaise et minaudière pour les rassurer, affecter de mesquines vanités, de folles prétentions, enfin toutes ces petitesses de femme dont ils aiment à rire, afin de les maintenir dans cette foi précieuse en leur supériorité qui leur permet d'aimer une femme comme un jouet qui les amuse, ou comme une esclave qui les adore.

Une femme qui a laissé entrevoir qu'elle pense est dès lors traitée en ennemie. — Un vieux monsieur, dont j'ai oublié le nom, disait : « Méfiez-vous d'un domestique qui sait lire; il finit toujours par lire vos lettres. » Eh bien, les hommes traitent avec la même méfiance les femmes qui savent réfléchir : « Elles finissent toujours par nous juger, » se disent-ils.

Oui, il faut être fausse, car les hommes détestent la droiture dans le caractère d'une femme : trop de franchise les déconcerte; leur vie est si tortueuse, si pleine de mensonge! ils sont près d'elle comme une femme malhonnête devant une jeune fille, ils sont gênés, embarrassés; ils ont peur de leurs paroles, car ils ne peuvent rien dire sans la choquer. Les femmes supérieures, je ne dis pas d'esprit, — les femmes d'esprit sont souvent plus faibles que les autres; — les femmes supérieures de caractère, à l'âme élevée, à l'esprit net et pur, ressemblent à ces fleurs dont le parfum est si enivrant, que les cerveaux faibles ne peuvent le supporter; ainsi, pour plaire aux hommes, il faut des esprits terre à terre, des fleurs menteuses et insignifiantes, aux couleurs vives, à l'odeur fade : des hortensias et des tulipes, — des femmes enfin qui aient tout juste ce qu'il faut d'intelligence pour les tromper.

Corinne, sans doute, fut bien malheureuse, mais elle ne fut qu'à demi humiliée; d'abord, le souvenir de sa gloire était une compensation à sa douleur; et puis, cette jeune fille qu'on lui préférait était une rivale digne d'elle! Si Corinne avait pour elle sa renommée, Lucile avait sa candeur, sa jeunesse; et pour l'amour, qui vit de feu sacré, l'innocence vaut bien le génie.... Mais se voir préférer une femme laide!... mais être jeune, belle, pure, et se voir sacrifier à une femme laide!... c'est une monstruosité que la vanité seule pouvait produire! — Une rivale qui n'a rien pour excuser l'amour, ni jeunesse, ni candeur, ni passion... une femme froide et laide!... comment pardonner un tel affront, que rien ne justifie? Encore, si elle s'était dévouée à lui, si elle l'aimait! Mais non; elle a grimacé pour lui plaire quelques jours dans un salon, devant quelques fats qui l'ont remarqué, et cela a suffi pour exalter une tête vaniteuse; cela a suffi pour causer ma mort!

On peut combattre un amour sincère dans un cœur aimant : s'il me quittait pour une femme belle et aimable, je souffrirais, je pleurerais, mais je pourrais l'aimer encore, et même aussi me flatter de le ramener; mais un homme qui ne s'attache à une femme que parce qu'elle est capricieuse et duchesse, qui ne voit dans l'amour qu'une réputation d'élégance, et qui sacrifie à cela un sentiment vrai, n'est qu'un homme médiocre qu'on ne peut regretter, à qui je ne pourrai jamais plaire.... S'il m'a aimée un jour, c'est par mégarde, car je n'étais pas ce qu'il cherchait.

Cette duchesse de *** est une personne si vulgaire! Je suis sûre qu'elle sera très-flattée de m'avoir fait mourir de chagrin.... Oui, Corinne fut moins à plaindre que moi.... Elle a, du moins, su accomplir sa destinée; le feu de son âme a éclaté en génie; il ne s'est point concentré dans son cœur pour le dévorer. D'ailleurs, ses sentiments exaltés étaient moins étouffés dans cette société d'Anglaises froides et sans idées que les miens ne le sont dans le monde. Corinne, en Angleterre, était méconnue, ennuyée, mais elle restait elle-même; son âme et son génie avaient encore pour eux la solitude; elle pouvait rêver et prier. Les compagnons de son ennui a laissaient penser à son aise; ils n'avaient pas la prétention de la comprendre; ils ne lui parlaient pas de ses idées pour les combattre; ils ne lui demandaient pas le secret de ses illusions pour les désenchanter. Les ennuyeux endorment le génie et ne le dénaturent point; mais le monde!... le monde!... il nous rend comme lui-même; — il nous poursuit sans cesse de son ironie, il nous atteint au cœur; son incrédulité nous enveloppe, sa frivolité nous dessèche; il jette son regard froid sur notre enthousiasme, et il l'éteint; il pompe nos illusions une à une, et il les disperse; il nous dépouille, — et quand il nous voit misérables comme lui, faits à son image, désenchantés, flétris, sans cœur, sans vertus, sans croyance, sans passions, et glacés comme lui, alors il nous lance parmi ses élus, et nous dit avec orgueil : « Vous êtes des nôtres, allez! » Il fallut renoncer aux joies du monde pour entrer dans la solitude d'un cloître... de même il faut dire adieu aux joies du cœur pour entrer dignement dans le monde!... Et ceux pour qui ce sacrifice est impossible, dont l'esprit est désabusé, mais qu'une âme ardente tourmente encore; ceux que le monde a désenchantés, mais qu'il n'a point flétris; ceux-là font comme moi, ils meurent pour rester encore dignes au moins de la mission d'héroïsme qu'ils n'ont pas eu le courage d'accomplir.

Car ne pense pas que je meure par amour!... Tu le croiras peut-être dans ta naïveté! Oh! que je voudrais me tuer par amour!... Mon dernier soupir serait encore une illusion! Hélas! non, ce n'est point parce qu'il me trahit que je me tue, c'est parce que, moi, je n'aime plus..., c'est parce que je sens la lèpre d'égoïsme qui me gagne à mon tour; c'est parce que je ne veux pas vivre morte comme tous ces êtres que je méprise; c'est parce que je ne veux pas traîner, comme les autres femmes, une existence misérable; m'établir naïvement entre deux mensonges, prendre un mari pour le tromper, un amant pour le partager; élever mes enfants dans une religion dont je doute, et leur prêcher faussement des devoirs que je trahis; c'est parce que je ne puis être hypocrite à toute heure, parce que je ne puis m'aveugler sur moi-même, et condamner les autres femmes, sans m'apercevoir qu'elles ne font guère plus mal que moi; c'est enfin parce que je garde encore le préjugé de l'honnêteté, et que je veux mourir avant de le perdre. — J'ai placé l'héroïsme dans une vie sans tache, parce que je ne pouvais le mettre dans les grandes actions. Ah! si je pouvais encore me dévouer pour une noble cause; si j'avais foi dans mon pays; si je pouvais, comme toi, m'écrier avec enthousiasme : « France! France! patrie!... » je voudrais vivre pour elle, pour assister à son avenir.... Mais je ne crois même plus à ce sentiment qui m'aurait fait vivre; je l'ai vue si ingrate, cette patrie, et je la trouve maintenant si bourgeoise, si matérielle! Quand je pense que tous ces soldats que l'Empereur a sortis du néant ont renié son fils!... j'éprouve un découragement, un dégoût qui me fait douter de notre grandeur. Il y a quelques mois pourtant, je l'avoue, un peu d'espoir était rentré dans mon cœur. Ces barricades, ces coups de fusil, ce tumulte, ce peuple si courageux et si bon, cet éclair d'enthousiasme véritable, dont le faux patriotisme a su profiter, avaient ranimé ma nature aventureuse. — J'avais entendu crier dans les rues : *Vive Napoléon II!* — A ce nom, tout mon cœur s'était rallumé; je voulais me mêler au peuple, arborer le drapeau, délivrer l'aigle emprisonnée, proclamer mon frère; car, en dépit des lois du monde, je suis sa sœur. — Ma tête était exaltée.... J'allais révéler ma naissance; le feu concentré que j'éteins depuis ma jeunesse allait enfin éclater, j'allais soulager mon âme et déployer un seul jour en ma vie mon véritable caractère; j'allais agir....

M. de Beaucastel entra tout à coup dans ma chambre : « Entendez-vous? lui dis-je. — Le canon, reprit-il en riant; eh! qui ne l'entend pas? — Quoi! répondis-je avec impatience, vous n'entendez pas crier le peuple : *Vive Napoléon!* » Et je sautais de joie comme un enfant, en répétant : *Vive Napoléon!*

« Vous êtes folle, s'écria mon oncle; cette joie est du plus mauvais goût; vous compromettez votre mère par cette inconvenance. Dans votre position, vous devriez vous taire : vous êtes folle! » répéta-t-il; et il s'éloigna en levant les épaules avec mépris.

Ces paroles me glacèrent. — Là, je reconnus encore cette fatale influence qui avait dénaturé mon cœur, cette voix du monde qui en arrêtait tous les nobles élans et me criait sans cesse : « Ne fais pas cela; prends garde, tu seras ridicule. »

Ainsi, mon enthousiasme, pendant ces jours de combats, se borna à recueillir deux blessés qui étaient tombés devant la porte; et encore mon oncle me gronda-t-il beaucoup pour cet acte de pitié, qu'il appela une légèreté impardonnable. En effet, c'était une *inconséquence,* car l'un de ces blessés était officier dans la garde royale; l'autre était un ouvrier imprimeur, et mon oncle se trouvait ainsi compromis dans les deux partis. — C'est une chose bien singulière que le courage des gens du monde : jamais arrêtés par la crainte de risquer leur vie, et toujours retenus par de petites considérations; poltrons par leurs idées, et braves de leurs personnes; ne craignant point de s'exposer, tremblant toujours de se compromettre.... Mais que m'importe d'avoir remarqué cela maintenant?... Alfred est ainsi, faible et courageux... le monde a séché son cœur. Peut-être reviendra-t-il un jour à la vie réelle, la vie d'affection... mais je ne serai plus là pour lui répondre, car je n'ai pas le courage de l'attendre.... Et puis, comment me pardonnerait-il de l'avoir jugé? Il s'est montré si misérable à mes yeux, qu'il doit se dire que je ne puis plus l'aimer.... Hélas! il a raison....

Adieu donc, puisque tout est fini pour moi! Adieu, toi, mon amie; toi, la seule qui ne m'aies point trompée; toi qui m'as aimée, qui m'as comprise; toi pour qui je voudrais vivre, à qui je demande pardon de mourir! — Pleure-moi, si tu m'aimes, mais ne me plains pas; mon bonheur est impossible. Va! si quelque chose doit te consoler, c'est de penser que les seuls doux moments de ma jeunesse, je les ai dus à ton amitié; et, je l'avoue, ce que je regrette dans la vie, c'est notre gaieté, notre gaieté *quand même*, c'est ce bon rire de jeune fille qui se fait jour à travers les larmes, à travers les mille inquiétudes de l'avenir; cette chaste insouciance d'un cœur innocent, qui a tout au plus un ou deux rêves un peu hardis à se reprocher.

Oh! si l'amitié pouvait suffire à ma pensée, je resterais sur la terre pour rire avec toi; je crois que mon désespoir lui-même finirait par nous amuser. Il y a des moments de crise vraiment risibles dans une passion aussi extravagante que la mienne. Je pense souvent à toi; tout à coup je m'admire avec indignation : je me rappelle ton enthousiasme pour ce que tu appelles *ma beauté*. Quand je regarde ces longs cheveux que tu trouves si admirables, quand moi-même je remarque l'éclat de mon teint et la pureté de mes traits, je m'indigne de n'être pas aimée!... Tu vas te moquer de moi, mais il faut que je te raconte la dernière folie qui m'ait fait sourire. Ce matin, en rentrant chez mon oncle, j'aperçus dans la rue deux jeunes gens qui me regardaient; l'un dit en me montrant : « Regarde donc, quelle belle femme! » Tu crois que cet éloge m'a flattée?... point du tout, il me révolta; je me sentis rougir de colère : Malheur à moi! pensai-je avec amertume; — être admirée dans la rue par les passants, et n'être pas même regardée dans un bal par lui... que j'aime! Ces pauvres jeunes gens! ils ne se doutaient guère que cette femme dont ils admiraient l'élégance, la fraîcheur, le lendemain serait immobile et glacée.... Ils croyaient parler à une vanité de coquette; ils n'imaginaient point que leur franche flatterie ne troublait que des pensées de mort....

Cette rencontre m'a fait faire de singulières réflexions. Un compliment qui flatte cause une émotion pénible quand on va mourir. Peu s'en faut que cette circonstance insignifiante n'ait changé toutes mes résolutions.... Un moment, je trouvai qu'il était fort ridicule à moi de me tuer; qu'avec tant d'avantages c'était un crime impardonnable. Je me pris à rire de mon désespoir; je pensai que la vie n'était pas toute dans l'amour; qu'il y avait des émotions secondaires qui pouvaient se grouper dans le cœur et le remplir; je me dis qu'avec ma fortune je pouvais faire un très-bon mariage, et vivre dans le monde avec agrément; qu'en choisissant un honnête homme qui me guiderait de ses conseils, qui calmerait mon imagination un peu trop exaltée, qui me dirigerait dans la vie, je pourrais arriver à un bonheur négatif qui ne serait pas sans douceur. Je me composais une sorte de paradis de neige assez agréable; mais, à mesure que ma pensée s'abandonnait à ces paisibles rêveries, je sentais l'ennui me gagner : ce bonheur-là m'apparaissait insipide... j'aime encore mieux mon désespoir.

Une éducation distinguée a cela de barbare, qu'elle rend le bonheur impossible. On nous a fait un besoin, une condition nécessaire des qualités les plus inutiles. Nous ne pouvons aimer un honnête homme s'il n'est aussi distingué; nous voulons un cœur passionné et des manières élégantes; nous voulons de la franchise et du bon goût, c'est-à-dire que nous voulons la naïveté de la nature et la grâce de la *corruption;* l'impossible, rien que cela. Aussi notre destin est-il toujours le même : toujours il nous faudra choisir entre un honnête homme qui nous ennuie et qui nous aime, et un élégant qui nous séduit et qui nous trompe : voilà notre destinée... et voilà ce qui fait que je meurs; c'est que j'ai deviné cela trop tôt.

La vie et le monde prennent un aspect étrange aux regards d'une personne décidée à mourir. J'ai fait plusieurs visites ce matin, et mes observations m'ont extrêmement amusée. — Je suis allée dire adieu tacitement à Joséphine, qui a toujours été bonne et gracieuse pour moi; je l'ai trouvée aujourd'hui de fort mauvaise humeur, parce qu'elle n'ira pas demain au concert chez madame de L..., qui ne l'a point priée. « Vous avez reçu votre billet d'invitation? me dit-elle. — Oui. — Et vous irez? — Non. — Pourquoi? — Je ne pourrai pas y aller. — Par quelle raison? — Parce que... » je serai morte!... Je ne pouvais répondre cela. Aussi Joséphine ne comprit-elle rien à ma bizarrerie.

En sortant de chez elle, je suis allée voir madame H...; elle était aussi fort contrariée, parce que sa femme de chambre la quittait. De là, force déclamations sur l'ingratitude des hommes en général, et des femmes de chambre. — Et tous ces cœurs froids osaient hardiment être malheureux pour si peu de chose devant moi, qui venais leur dire un adieu de mort.... Mais toi, si j'étais allée te voir, tu ne m'aurais parlé que de moi, de mes chagrins, de mes projets; je me serais troublée, je n'aurais pu paraître indifférente, et tu m'aurais arraché mon secret; car, il est vrai, toi seule as de l'empire sur mon âme; mais, sois de bonne foi, si tu n'avais que mon amitié sur la terre, suffirait-elle à ton bonheur? hélas! non. A notre âge, il faut des sentiments passionnés, la maternité, l'amour; il faut des douleurs animées.... L'amitié n'a pas assez d'orages; elle ne peut suffire que pour les enfants et les vieillards.

Encore adieu; je t'embrasse, Delphine, et te somme de tenir ta promesse : « Si tu as jamais la moindre aventure romanesque, me disais-tu, je la mets en vers; prends-y garde. » — Chante donc ma mort, puisque c'est la seule aventure dont j'aie été capable. En écrivant ce poëme, tu penseras à moi; c'est un souvenir, du moins, sur lequel je puis compter. Allons, poëte, à l'ouvrage!... Il y aura de morales réflexions à faire sur cette âme désenchantée qui s'exhale sans espérance, après avoir vécu sans religion. Il y a une terrible satire à composer contre l'éducation mondaine, éducation sans principes et cependant si pleine de préjugés. Courage, Delphine! je te laisse une belle tâche en partant.... Mais pardon de cette plaisanterie cruelle; je t'afflige! pardon....

Je te dirai comme ton vieux ami M. G... : « Excusez mon griffonnage.... » — C'est le dernier.... Je t'embrasse.

Adieu! mille fois adieu!... Demain, à cette heure... où serai-je?...

NAPOLINE DE R....

Mademoiselle de R... a laissé un testament qui institue le comte Alfred de Narcet son héritier.

POÉSIES.

POÉSIES.

LA NOCE D'ELVIRE.

ÉLÉGIE.

« Jeune fille, où vas-tu si tard?
D'où vient qu'à travers la vallée
Tu portes tes pas au hasard?
Pourquoi les égarer dans cette sombre allée?
Les bergers dès longtemps ont rentré les troupeaux;
L'horloge va sonner l'heure de la prière,
Et déjà, pour goûter les douceurs du repos,
Le laboureur a rejoint sa chaumière;
Et pourquoi fuis-tu le hameau?

— Mais n'entends-tu donc pas le son du chalumeau?
Ils sont heureux là-bas, et voici la chapelle
Où ce matin Elvire a reçu ses serments.
J'étais là... je l'ai vue... O douloureux moments!
Comme il la regardait!... Hélas! elle est si belle!...
Je l'étais autrefois, du moins il le disait;
Mon regard, mon langage, en moi tout lui plaisait.
Pour une autre aujourd'hui l'infidèle soupire;
Ce n'est plus moi qui fais battre son cœur,

Il ne voit, n'entend plus qu'Elvire;
Pourrais-je sans mourir contempler leur bonheur!
Laisse une infortunée à sa douleur en proie;
Va trouver les vieillards rassemblés sous l'ormeau :
Mais d'un aussi beau jour ne trouble pas la joie,
Ne dis pas que je pleure aux filles du hameau.
  Tu les verras courir sur la montagne,
   Et, se livrant à mille jeux,
   Célébrer par leurs chants joyeux
   L'hymen de leur jeune compagne.
Parmi les doux objets qui frapperont tes yeux
Tu la reconnaîtras à sa blanche parure,
  A son bouquet, sa blonde chevelure,
  Aux ornements que ma main a tissus,
  A la croix d'or, à la riche ceinture
   Que de l'ingrat elle a reçus.
Comme un beau lis tu la verras paraître;
Et les boutons tremblants des fleurs de l'oranger,
Qui retiennent les plis de son voile léger,
  Te la feront encor mieux reconnaître...
  Pour la parer en ce jour solennel,
Moi-même sur son front j'attachai sa guirlande;
Des époux j'ai suivi les pas jusqu'à l'autel;
J'ai mêlé mon tribut à leur pieuse offrande :
C'est alors qu'il m'a vue... O trop flatteuse erreur!
Un seul instant j'ai cru revivre dans son cœur :
  Il a pâli... Mais un regard d'Elvire
Sur sa bouche a bientôt rappelé le sourire.
Ce moment pour jamais a fixé mon destin.
Adieu; sur mes malheurs, bon vieillard, prends courage :
   Dans peu les cloches du village
   De mes maux t'apprendront la fin. »

Elle dit, et l'écho fidèle
Répéta ses tristes accents.
Un mois après, vers la chapelle
Dirigeant ses pas languissants,
Le vieillard aperçut une tombe nouvelle.
« Grand Dieu! s'écria-t-il, ta bonté paternelle
A pris pitié d'un sort si rigoureux! »

Elle n'est plus... Pourtant, à la même heure,
L'écho de la sainte demeure
Répète encor des accents douloureux;
Mais la voix a changé... C'est Elvire qui pleure!

Villiers-sur-Orge, 1820.

CHANT OSSIANIQUE
SUR LA MORT DE NAPOLÉON.

A MADAME LA COMTESSE BERTRAND.

> Ce fleuve, qui entraîne tout, n'entraîne pas sitôt une telle mémoire : elle est consacrée à l'immortalité.
> MADAME DE SÉVIGNÉ.
> *Lettre sur la mort de Turenne.*

O divin Ossian, chantre des demi-dieux,
 Toi dont les vers mélodieux
  Autrefois charmaient son oreille,
Pour chanter ce héros, que la mort te réveille.
Ce guerrier, ce colosse éclatant de splendeur,
 Il est tombé... sans ébranler la terre!
 Sans l'écraser du poids de sa grandeur!
Comme un cèdre oublié sur le roc solitaire.

 Fils de Fingal, saisis ta harpe d'or,
Rassemble autour de toi les vainqueurs d'Inistor
 Que tous enfin, portés par les orages,
  Ouvrent le palais des nuages
  Au guerrier qui repose encor.

Devant ce roi déchu, héros, courbez vos têtes :
Qu'il retrouve son sceptre et commande aux tempêtes ;
Que sa voix dans les Cieux appelle ses amis
Et ses nobles soldats dans la poudre endormis.

Et vous, filles d'Odin, livrez-vous à la joie ;
Déployez dans les airs vos voiles onduleux,
Et venez enlever sur un char nébuleux
  Le nouveau dieu que la mort vous envoie.
Et toi, son compagnon, réduit à le pleurer,
Sur la terre d'exil il te faut demeurer :
   Si quelque envieux de sa gloire
   Voulait insulter sa mémoire,
Et lui ravir son rang dans la postérité,
   Qu'au moins son ami reste encore
  Pour surveiller l'éblouissante aurore
   De sa belle immortalité.

Mais nos vœux sont remplis !... Déjà le ciel se couvre,
La foudre a réveillé l'écho de la forêt ;
  La nue ardente à mes regards s'entr'ouvre,
   Et sa grande ombre m'apparaît !

Vers son trône d'azur je le vois qui s'élance !
Dieux ! quels cris des tombeaux ont troublé le silence ?
Pourquoi de toutes parts des cercueils entr'ouverts ?
Quels feux étincelants ont chassé les ténèbres ?
Pourquoi ces morts, quittant leurs vêtements funèbres,
D'armes et de lauriers se sont-ils recouverts ?
Dans leur prison de marbre ils ne sont plus esclaves :
La mort du général a délivré les braves ;

Sa main vient de briser les chaînes du trépas ;
Dans les chemins du Ciel, comme dans les combats,
Son aigle guide encor ses compagnons de gloire ;
Tous se sont retrouvés ; et le roi des concerts
Par des chants belliqueux célèbre dans les airs
Du soldat rédempteur la dernière victoire.

1821.

LE BONHEUR D'ÊTRE BELLE.

A MADAME RÉCAMIER.

> « Pourquoi me dire que j'étais charmante,
> » si je ne devais pas être aimée? »
> MADAME DE STAEL, *Corinne*.

Quel bonheur d'être belle, alors qu'on est aimée !
Autrefois de mes yeux je n'étais pas charmée ;
Je les croyais sans feu, sans douceur, sans regard ;
Je me trouvais jolie un moment, par hasard.
Maintenant, ma beauté me paraît admirable.
Je m'aime de lui plaire, et je me crois aimable...
Il le dit si souvent ! Je l'aime, et quand je vois
Ses yeux avec plaisir se reposer sur moi,
Au sentiment d'orgueil je ne suis point rebelle,
Je bénis mes parents de m'avoir fait si belle ;
Et je rends grâce à Dieu, dont l'insigne bonté
Me fit le cœur aimant pour sentir ma beauté !
Mais... pourquoi dans mon cœur ces subites alarmes ?...
Si notre amour, tous deux, nous trompait sur mes charmes ;
Si j'étais laide, enfin? Non... il s'y connaît mieux !
D'ailleurs, pour m'admirer je ne veux que ses yeux !
Ainsi de mon bonheur jouissons sans mélange ;
Oui, je veux lui paraître aussi belle qu'un ange.

Apprêtons mes bijoux, ma guirlande de fleurs,
Mes gazes, mes rubans, et, parmi ces couleurs,
Choisissons avec art celle dont la nuance
Doit avec plus de goût, avec plus d'élégance,
Rehausser de mon front l'éclatante blancheur,
Sans pourtant de mon teint balancer la fraîcheur.
Mais je ne trouve plus la fleur qu'il m'a donnée :
La voici : hâtons-nous, l'heure est déjà sonnée,
Bientôt il va venir! bientôt il va me voir!
Comme, en me regardant, il sera beau ce soir!
Le voilà! je l'entends, c'est sa voix amoureuse!
Quel bonheur d'être belle! Oh! que je suis heureuse!

Villiers-sur-Orge, 1822.

LE LOUP ET LE LOUVETEAU.

FABLE.[1]

Un soir, il m'en souvient, j'errais sous la feuillée,
J'écoutais d'un troupeau le bêlement lointain,
    Et de l'orage du matin
  L'herbe fleurie était encor mouillée.
  Dans la forêt j'entendis tout à coup
  Une lugubre voix : c'était celle d'un loup.
  A son élève il parlait de la sorte ;
    Car ce vieux loup était sage, prudent,
      Et même un peu pédant :
« Mon fils, lui disait-il, avant tout il importe
D'examiner ici les rapports différents
Qui peuvent exister entre la nourriture,
Les coutumes, les mœurs et la magistrature
Des moutons dévorés et des loups dévorants.
Déjà nous connaissons, grâce à l'arithmétique,
    Le nombre des agneaux,
    Des brebis, des chevreaux

---

[1] Cette fable fait partie du recueil de fables russes publié par M. le comte Orloff.   (*Note de l'Éditeur.*)

Que nous avons croqués par ordre alphabétique :
    Maintenant il nous faut songer
    A démêler avec adresse
    La politique du berger.
    Ainsi donc, partez, le temps presse ;
    Vous savez mes desseins secrets :
Allez, et secondez nos communs intérêts. »

Alors le jeune loup obéit à son maître,
Il part. L'instant d'après je le vis reparaître :
« Venez ! s'écriait-il, venez, ils dorment tous !
Jamais vous ne verrez une plus belle proie :
C'est un festin royal que le Ciel nous envoie.
— Bon, dit l'autre, et les chiens, ami, qu'en pensez-vous ?
— Les chiens ? ils sont chétifs et de peu d'apparence ;
Ils ne m'ont point senti, je leur crois mauvais nez.
Le parc n'est pas très-haut, nous sauterons, venez !
    Et le pasteur ? — Oh ! quelle différence !
    Chacun prétend qu'au milieu des dangers
Il conduit ses moutons en maréchal de France :
    C'est le Turenne des bergers.
Oh ! s'il en est ainsi, changeons de batterie,
Et pour un coup plus sûr réservons nos moyens ;
Croyez qu'un bon berger a toujours de bons chiens.
Je sais sur la montagne une autre bergerie
    Dont les chiens, gros et gras,
    Font beaucoup d'embarras ;
Mais je crains peu leur humeur difficile.
    Sans doute ils n'ont point de talent,
    Car ici leur maître indolent
    Passe pour être un imbécile.

De connaître les grands si vous êtes jaloux,
Mettez, mon jeune ami, cela sur vos registres :
Dans le gouvernement des hommes et des loups,
Un sot roi n'a jamais que de mauvais ministres. »

TRADUCTION LITTÉRALE DE LA FABLE RUSSE.

LE LOUP ET LE LOUVETEAU.

Un loup s'occupait de l'éducation de son fils; il lui enseignait soigneusement sa profession. Un jour, il l'envoya dans la campagne à la découverte, lui enjoignant de bien observer les troupeaux, et de revenir lui rendre compte s'il en rencontrait un qui pût lui offrir une proie facile. L'élève bientôt revint trouver son maître.

« Viens, lui dit-il, sans perdre de temps; là, sous la montagne, paissent des brebis l'une plus grasse que l'autre. Nous n'avons qu'à choisir; le troupeau est innombrable.

— Attends un peu, répondit le loup; il est prudent, avant de nous mettre en campagne, de connaître quel est le pasteur.

— On le dit vigilant et soigneux, reprit le jeune loup; cependant j'ai fait le tour du troupeau, j'ai observé les chiens : ils m'ont paru maigres, doux et peu actifs....

— Ce rapport ne me rassure pas trop, interrompit le vieux loup. Si effectivement le berger est vigilant, il n'emploiera pas des chiens médiocres. Ainsi renonçons à ce troupeau. Je vais te mener à un autre, auprès duquel nous serons plus sûrs de notre proie : il est entouré d'un grand nombre de chiens; mais le berger est un imbécile, et un sot berger n'emploiera jamais que de sots chiens. »

Tel maître, tels valets.

LA TOUR DU PRODIGE.

A MON NEVEU GUSTAVE O'DONNELL.

J'ai fait pour toi ces vers, et je te les dédie.
Ton oreille en aimait déjà la mélodie ;
A te les répéter combien je me plaisais !
Que je les trouvais doux lorsque tu les disais !
Hélas ! dans tes beaux yeux la vie est effacée,
Ton innocente main en jouant s'est glacée ;
J'ai vu venir la mort sur ton front gracieux,
Et ton dernier regard m'a révélé les Cieux !
Oui, tu prieras pour nous, et ton âme naissante
Des pleurs de tes parents sera reconnaissante ;
Le Ciel t'écoutera ; demande-lui pour eux
Des regrets moins amers, un sort moins rigoureux.
Pour calmer bien des maux je sens qu'on m'a choisie :
Viens m'aider ; sois pour moi l'ange de poésie
Qui donne le secret de calmer les douleurs ;
Viens m'apprendre à sourire en essuyant mes pleurs ;
Fais entendre ta voix, ta voix qui m'est si chère,
Et je l'imiterai pour consoler ta mère,
Jusqu'au jour où le Dieu qui veille au souvenir
A ceux qui nous aimaient voudra nous réunir.

LA TOUR DU PRODIGE.

CONTE.

> Autour du feu, mesme au soir, que parlons
> De voyagiers esgarés loing des routes
> Au fond des bois, dans le creulx des vallons,
> Ou s'abritant soubz les obscures voultes
> De vieulx chastels ouvertz aux aquilons,
> S'oyonz un cry tout à coup dans la plaine,
> Ung bruict confuz tant soict au loing cela,
> Soudain le sang tout se fige en ma veyne;
> Retienz mon souffle, et ne reprendz haleine
> Que pour me dire : « O ciel! s'il estoit là! »
>
> Clotilde de Surville.
> *Le Chant d'amour en hiver.*

Écoutez, mes enfants, cette effrayante histoire;
Comme d'un saint avis gardez-en la mémoire;
Un jour vous la direz à vos petits-neveux,
Quand la neige des ans blanchira vos cheveux.
C'était le soir; le vent soufflait sur les bruyères;
Les marais exhalaient des vapeurs meurtrières,
Et l'écho du vallon mêlait avec effroi
Les cris de la chouette aux sons lourds du beffroi.
Insensible aux autans qui grondaient sur sa tête,
Un voyageur, un seul, affrontait la tempête;
Paisible il gravissait le sentier du coteau,
Livrant aux aquilons l'azur de son manteau.

En vain les loups cruels, errant dans les ténèbres,
Font retentir les bois de hurlements funèbres;
En vain les vieux bergers, l'autre soir, ont prédit
Qu'un malheur l'attendait près du sentier maudit;
Il n'a point écouté la parole des sages;
Pour un cœur sans amour qu'importent les présages?
Au conseil des vieillards il ne s'est point rendu;
Il a pris en riant le sentier défendu;
Et les vieillards ont dit : « Que le Ciel le dirige
Et détourne ses pas de la Tour du Prodige! »

Il a déjà franchi le torrent écumeux,
Et cette plaine aride où d'un combat fameux
Quelques tertres épars attestent la mémoire;
Son pied foule en passant ces monuments de gloire.
Soudain, au fond du bois par les vents agité,
Il a vu d'un flambeau la tremblante clarté.
Vers ce fanal d'espoir, toujours plus intrépide,
Il dirige l'essor de sa course rapide.
Il marchait à grands pas; mais plus il avançait
Et plus à l'horizon la clarté s'effaçait;
Il gravit le rocher, et la blanche lumière
Dans le ciel nébuleux disparut tout entière.
Alors le voyageur, saisi d'étonnement,
Et maudissant la nuit, s'arrêta brusquement;
Car sur le roc désert, pour lui seul accessible,
Sa marche crut sentir un obstacle invincible;
Et lorsque pour le vaincre il se précipita,
Contre un anneau de fer son casque se heurta,
Puis son bras s'étendit sur d'épaisses murailles;
Ses pieds ne trouvaient plus ni cailloux, ni broussailles,

L'éclair avait cessé de frapper ses regards,
Et la foudre pourtant grondait de toutes parts.
Sous cette voûte humide il lui semblait encore
Que son pas devenait de plus en plus sonore,
Et qu'un étrange bruit, un sourd gémissement,
Du fond d'un souterrain s'élevait lentement.
En vain le malheureux, perdu dans ce lieu sombre,
Se guidant par ses bras qu'il étendait dans l'ombre,
Cherchait vers quelque issue à s'ouvrir un chemin;
Tout à coup, ô terreur! il sent une autre main
Dont les doigts décharnés s'emparent de la sienne :
« Suis-je dans l'antre obscur de quelque magicienne?
Dit le jeune imprudent, ou quelque vieux sorcier
Aux fêtes du sabbat veut-il m'associer?
Qu'il parle! à ses désirs il me verra docile;
Le combattre ou l'aider, tout me sera facile;
Et fût-il Satan même!... » A ces mots, il entend
D'une porte d'airain tomber le lourd battant.
« Qu'on m'enferme, dit-il, mais qu'on réponde! Où suis-je? »
Une voix répondit : « Dans la Tour du Prodige!... »

Mais lui, serrant la main qui vient de le saisir,
« Déjà, dit-il, le Ciel exauce mon désir!
Enfin, j'ai pénétré dans ce lieu redoutable;
Toi, qui veux m'effrayer par ta voix lamentable,
Renonce au vain projet de m'éloigner d'ici;
Ton cœur à la pitié se fût-il endurci,
Tu ne peux refuser au guerrier qui t'implore
La modeste faveur d'attendre ici l'aurore.
— Vous, s'écria la voix, vous, rester en ces lieux!
— Pourquoi non? — Ah! fuyez, mortel audacieux!...

— Moi fuir? — L'ignorez-vous? cette Tour est maudite;
Un sorcier... un géant... un fantôme l'habite!...
— Je viens le visiter. — O ciel! que dites-vous?
Du maître que j'attends redoutez le courroux.
Il commande au Destin; l'Enfer est sa patrie;
Des flots et de l'orage il guide la furie;
Partez! de le combattre abandonnez l'espoir :
La lance des guerriers est sur lui sans pouvoir.
Il défierait le Ciel!... de la Mort elle-même
Il brave sans danger la puissance suprême.
En vain un coup heureux vous livrerait ses jours,
Pour vous combattre encore il renaîtrait toujours!
— Tu dis qu'il va venir? — Hélas! avant une heure
Vous entendrez ses pas!... — S'il est vrai, je demeure;
A son festin du soir je veux être invité.
— Ah! c'en est fait de moi! votre témérité,
Si mon maître revient, va me coûter la vie :
Je ne suis qu'une esclave à ses lois asservie.
Ayez pitié de moi, de vous j'aurai pitié;
Je vais de mon souper vous offrir la moitié,
Mais du hameau prochain vous reprendrez la route. »
Elle dit, et déjà l'entraîne sous la voûte.

Une lampe qui veille au fond du noir réduit
Montre aux yeux du guerrier celle qui le conduit :
Les rides s'étendaient sur son pâle visage;
Une chaîne attachait deux clefs à son corsage :
« Hâtez-vous! » dit la vieille. Aussitôt le guerrier
Fait sécher son manteau, quitte son baudrier;
Au clou de la muraille où brillait une hache,
Il suspend avec soin son casque au blanc panache,

Et s'assied en riant de son repas frugal ;
L'escabeau chancelait sur le sol inégal.
En attisant le feu, la servante craintive
Prêtait au moindre bruit une oreille attentive ;
Posait sur une table à l'angle du foyer
Le lait, le pain de seigle et les fruits du noyer ;
D'un fer mal aiguisé sa main chassait la rouille ;
Puis, tournant dans ses doigts la tremblante quenouille,
Tandis que l'étranger achève son repas,
La vieille auprès de lui vient s'asseoir, et tout bas
Lui dit ces mots : « La Tour dans laquelle nous sommes
N'est point l'œuvre de Dieu, n'est point l'œuvre des hommes.
Pour tous c'est un mystère, et l'on n'a jamais su
Quel noble châtelain ces murs avaient reçu.
Ce lieu fut autrefois un séjour de délices ;
On n'y redoutait point de sombres précipices ;
La vigne au chèvrefeuille enlacée en berceau
Ombrageait les détours d'un paisible ruisseau.
Une nuit, tout à coup, dans les villes prochaines
On entendit des bruits et des voix souterraines ;
On vint au point du jour, et le pâtre surpris
D'une Tour inconnue aperçut les débris.
L'île s'était changée en un rocher sauvage ;
Un torrent furieux désolait le rivage ;
La vigne était fanée, et sur les vieux créneaux
La liane étendait ses verdâtres anneaux.
Le pâtre alla conter l'histoire fabuleuse ;
Et chacun voulut voir la Tour miraculeuse ;
Un moine en l'approchant fit le signe de croix :
On dit que du Démon c'est l'œuvre, et je le crois ;
Nul ne l'a vu bâtir ; c'est pour cela, vous dis-je,
Qu'elle porte le nom de la Tour du Prodige. »

« Ton maître tarde bien! dit l'hôte impatient.
— Ah! s'écria la vieille au maintien suppliant,
Pour de plus nobles faits gardez votre courage.
Voyez, le vent du soir a dissipé l'orage :
Il vous faut repartir. — Eh bien, soit, j'y consens;
Mais, dis-moi, quels étaient ces feux éblouissants
Qui frappèrent mes yeux sur la Tour? — Je l'ignore...
Peut-être est-ce... une étoile... ou quelque météore... »
En prononçant ces mots la femme se troublait,
Et de son front ridé la pâleur redoublait.
Le voyageur, touché de ses vives alarmes,
Sans changer de projet, se lève, prend ses armes,
Et, feignant d'obéir, s'éloigne de la Tour.
Bientôt il y revient par un secret détour:
Plus d'espoir! la servante a refermé la porte...
Il hésite un moment; mais son destin l'emporte,
Et, sans considérer la hauteur des remparts,
Rejetant son manteau sur les débris épars,
Il monte; sur le lierre étend ses mains adroites;
Il pose un pied hardi dans les fentes étroites;
Enivré du plaisir qu'un danger lui promet,
De l'infernale Tour il atteint le sommet.
Tout à coup il s'arrête, écoute et croit entendre
Sortir du haut donjon cette voix douce et tendre :
« Oh! depuis si longtemps je prie avec ferveur!
Quand luira-t-il ce jour où votre Ange sauveur,
Mon Dieu, viendra charmer ma triste rêverie,
Comme il fit autrefois des chagrins de Marie? »

A ces accents plaintifs l'intrépide étranger
Sur le fer du balcon s'élance plus léger.
Il s'attache aux barreaux de l'étroite fenêtre,
Et jouit à son tour de l'effroi qu'il fait naître :
La voix se tait. Alors d'un jour mystérieux
La lune a protégé ses désirs curieux ;
Il s'avance, et d'abord, pour mieux voir, il essuie
La pourpre des vitraux qu'avait ternis la pluie,
Il regarde... O bonheur! est-ce un enchantement?
Pour un preux chevalier quel fantôme charmant!
Que cette femme est belle, à genoux sur la pierre,
Tenant ses doigts d'albâtre unis pour la prière!
Qu'il aime ce front pur, cette bouche et ces yeux
Dans une sainte extase égarés dans les cieux ;
Est-ce un rêve du cœur? N'est-ce pas un prestige?
C'est là le vieux sorcier de la Tour du Prodige?...

Malgré ce doux aspect, le jeune homme tremblant
Veut quitter du balcon le débris chancelant ;
Car ses pas ont perdu leur guerrière assurance,
Et son cœur intrépide a frémi d'espérance.
Sous les festons du lierre il cherche à se cacher ;
De la belle inconnue il voudrait approcher,
Il craint de la voir fuir, il se trouble, il balance ;
Mais quels accents divins!... Elle parle... silence!
« Toi que Dieu m'a promis, que tous les jours j'attends,
Ange consolateur, est-ce toi que j'entends?
N'est-ce pas dans les airs ton âme qui soupire?
Ah! si les malheureux ont sur toi quelque empire,
Parle, et fais que du moins, pour la première fois,
A ma voix sans écho réponde une autre voix!

Ne me trompé-je pas? il me répond! Qu'entends-je?...
Oh! rien n'est aussi doux que les accents d'un ange.
Mais dis-moi, Gabriel, pourquoi viens-tu le soir?
Que tu dois être beau! que je voudrais te voir! »

D'abord il a souri de la sainte méprise ;
Mais bientôt, plein d'espoir et cachant sa surprise,
Il cherche à pénétrer à travers les barreaux ;
Puis, d'une agile main soulevant les vitraux :
« Fille de Dieu, dit-il, livrez-vous à la joie ;
Oui, je suis Gabriel, et le Seigneur m'envoie ;
Je viens réaliser vos rêves de bonheur ;
Je suis le plus aimant des anges du Seigneur.

— Ah! prends pitié de moi, répond la voix touchante ;
Gabriel, ce langage et m'attriste et m'enchante.
Ne me dis pas encor que tu vas me chérir ;
Oh! ne m'accable pas, le bonheur fait mourir :
Et mon âme sans force, aux pleurs accoutumée,
Succombe, dans sa joie, à l'espoir d'être aimée! »

En achevant ces mots, des pleurs délicieux
De la jeune captive ont obscurci les yeux.
Elle reste à genoux, heureuse et recueillie,
De mille sentiments à la fois assaillie ;
Et ce trouble nouveau pour elle a tant d'appas,
Que lui-même à présent ne l'en distraira pas.
Il cherche à la calmer, et l'émeut davantage ;
Comment faire cesser le trouble qu'on partage?
De sa coupable ruse oubliant le secours,
Vingt fois il se trahit dans ses tendres discours :
Il n'est plus ange, il pleure, il supplie, il commande,

Il fait de grands serments sans qu'on les lui demande,
Il parle de constance et de sincérité
A celle dont le cœur n'avait jamais douté !
Mais elle, s'alarmant de ce langage étrange,
S'étonne de rougir aux paroles d'un ange :
L'innocence frémit des serments superflus !
« Ah ! dit-elle en tremblant, je ne vous comprends plus ;
Mes discours insensés ont droit de vous surprendre :
Mon père a défendu qu'on me fît rien apprendre ;
Il dit que le savoir a causé ses douleurs ;
Je ne sais que prier et pleurer nos malheurs. »
Puis, sur son front pâli ramenant ses longs voiles,
Elle ajouta : « Mon père a lu dans les étoiles
Que, rempli de courroux, Dieu frapperait de mort
Celui qui par le cœur s'unirait à mon sort ;
Et c'est pour rassurer sa tendresse alarmée
Que loin de tous les yeux il me tient enfermée.
La neige, dans les airs répandant ses flocons,
A déjà quinze fois couvert ces vieux balcons
Depuis qu'en cette Tour on cacha mon enfance ;
Une femme étrangère y veille à ma défense ;
Elle seule me parle. Ah ! dans ces lieux d'horreur
Jamais le chevrier ne vient que par erreur.
Lorsque je vois passer un enfant du village,
Si je veux l'appeler à travers ce grillage,
Il s'enfuit aussitôt ; et je ne sais pourquoi
Dans ce village heureux on a si peur de moi ! »

— Que de ces temps amers le souvenir s'efface !
S'écria l'inconnu, retrouvant son audace ;
Jetez sur l'avenir des regards consolés.
Les secrets du bonheur vous seront révélés.

Demain, quand le soleil rougira la campagne,
Je vous apparaîtrai sur la haute montagne;
J'aurai l'air et les traits d'un jeune chevalier;
Vous me reconnaîtrez à l'or du bouclier
Dont vous verrez de loin jaillir les étincelles;
Sous l'azur d'un manteau je replierai mes ailes;
Et si d'autres guerriers accompagnent mes pas,
De leurs masques de fer ne vous effrayez pas.
Au séjour des heureux conduite par moi-même,
Demain vous apprendrez comment au Ciel on aime,
Demain!... — Qu'ai-je entendu? Grand Dieu! quel est ce bruit?
Voyez-vous ces éclairs qui sillonnent la nuit?
— Rassurez-vous, dit-il, ma vie est immortelle,
Ne craignez rien pour moi. — Je le sais, reprit-elle,
Vous ne pouvez mourir, et pourtant je frémis :
N'est-il pas dans les Cieux des anges ennemis?
Oh! je n'en puis douter, un danger vous menace,
Je le sens à mes pleurs, à l'effroi qui me glace.
Fuyez! — Moi, vous quitter? non, jamais! Près de vous
De l'orage de Dieu je brave le courroux! »

Comme il disait ces mots la foudre éclate et tombe;
La tremblante captive à son effroi succombe;
Le Ciel vient de frapper l'imprudent séducteur :
L'ange qu'elle adorait n'est plus qu'un imposteur;
Le prestige est détruit : la mort l'a détrompée !
De l'ange Gabriel la flamboyante épée
Éclairant à ses yeux le front du criminel,
Elle a vu s'accomplir l'oracle paternel.

Le lendemain, un page errant dans la vallée
N'aperçut qu'un manteau sur la pierre isolée.

On chercha vainement du jeune voyageur
Les restes consumés par l'orage vengeur ;
Et le torrent profond, qui sous le roc murmure,
Ne roula dans ses flots qu'une sanglante armure.

Dieu pardonne l'orgueil qu'il vient d'humilier.
On racheta son âme à force de prier :
Une femme, enfermée en un saint monastère,
Pour lui pria longtemps, rêveuse et solitaire ;
Et l'on a su depuis que dans le vieux couvent
Un ange pardonné la visitait souvent ;
Que le jour de sa mort, après la sainte messe,
Du jeune chevalier acquittant la promesse,
Cet ange était venu de la part du Seigneur
Réaliser enfin ses rêves de bonheur,
Et qu'ensemble, tous deux s'élevant vers les nues,
Ils avaient pris du Ciel les routes inconnues.
On ne peut de ce fait nier la vérité :
C'est notre ancien pasteur qui me l'a raconté.

La voilà, mes enfants, cette effrayante histoire ;
Comme d'un saint avis gardez-en la mémoire.
Un jour vous la direz à vos petits-neveux,
Quand la neige des ans blanchira vos cheveux ;
Et, remplis du respect qu'un tel miracle exige,
Ils salueront les murs de la Tour du Prodige.

A la Chaumière de Lormois, 1823.

OURIKA.

ÉLÉGIE.

A MADAME LA DUCHESSE DE DURAS.

> Seule, toujours seule! jamais aimée!...
> *Ourika*, nouvelle.

Vous dont le cœur s'épuise en regrets superflus,
Oh! ne vous plaignez pas, vous que l'on n'aime plus!
Du triomphe d'un jour votre douleur s'honore :
Et celle qu'on aima peut être aimée encore.

Moi, dont l'exil ne doit jamais finir,
Seule dans le passé, seule dans l'avenir,
　Traînant le poids de ma longue souffrance,
Pour m'aider à passer des jours sans espérance,
　　Je n'ai pas même un souvenir!

A mon pays dès le berceau ravie,
D'une mère jamais je n'ai chéri la loi;
　La pitié seule a pris soin de ma vie,
Et nul regard d'amour ne s'est tourné vers moi!

L'enfant qu'attire ma voix douce
Me fuit dès qu'il a vu la couleur de mon front ;
En vain mon cœur est pur, le monde me repousse,
    Et ma tendresse est un affront.

Une fois, à l'espoir mon cœur osa prétendre :
D'un bien commun à tous je rêvai la douceur ;
Mais celui que j'aimai ne voulut pas m'entendre,
Et, si parfois mes maux troublaient son âme tendre,
    L'ingrat, il m'appelait sa sœur !

Une autre aussi l'aima ; je l'entendis près d'elle,
Même en voyant mes pleurs, bénir son heureux sort :
Et celui dont la joie allait causer ma mort,
Hélas ! en me quittant ne fut point infidèle...

Je ne puis l'accuser... dans son aveuglement,
S'il a de ma douleur méconnu le langage,
C'est qu'il croyait les cœurs promis à l'esclavage
Indignes de souffrir d'un si noble tourment !

Malgré le trait mortel dont mon âme est atteinte,
Auprès de ma rivale on me laissait sans crainte.
Elle avait vu mes pleurs et les avait compris ;
Mais, ô sort déplorable ! ô comble de mépris !
Charles, je t'adorais... et ton heureuse épouse
Connaissait mon amour et n'était point jalouse !

Que de fois j'enviai la beauté de ses traits !
En l'admirant, mes yeux se remplissaient de larmes ;
Et triste, humiliée, alors je comparais
Le deuil de mon visage à l'éclat de ses charmes !

Pourquoi m'avoir ravie à nos sables brûlants ?
Pourquoi les insensés, dans leur pitié cruelle,
Ont-ils jusqu'en ces lieux conduit mes pas tremblants ?
Là-bas, sous nos palmiers, j'aurais paru si belle !

Je n'aurais pas connu de ce monde abhorré
Le dédain protecteur et l'ironie amère ;
Un enfant, sans effroi, m'appellerait sa mère,
Et sur ma tombe, au moins, quelqu'un aurait pleuré !

Mais que dis-je ?... O mon Dieu, le désespoir m'égare !
Devrais-je, quand aux Cieux la palme se prépare,
Lorsque tu me promets un bonheur immortel,
Regretter la patrie où tu n'as point d'autel ?

Ah ! du moins, qu'en mourant tout mon cœur t'appartienne !
La plainte, les regrets ne me sont plus permis :
Dans les champs paternels, à d'autres dieux soumis,
Je n'eusse été qu'heureuse... ici je meurs chrétienne !

Paris, 1824.

L'ANGE DE POÉSIE.

Volez, Ange de poésie,
Déployez vos ailes de feu ;
Au guerrier qui m'avait choisie
Allez porter un doux aveu.
Allez, et secondez vous-même
L'ardeur dont il est enflammé :
Ne lui dites pas que je l'aime,
Mais faites qu'il se sente aimé.

Près de lui, pour vous faire entendre,
Imitez ma timide voix ;
Apprenez-lui qu'une âme tendre
Préside à ses nobles exploits :
L'amour fait chérir la victoire,
Et l'amour le rendra vainqueur
S'il sait que le bruit de sa gloire
Retentit dans un autre cœur.

Portez-lui les sons de ma harpe,
Mes vœux et mon premier serment,
Et que l'azur de votre écharpe
Lui rappelle mon vêtement.

Chantez-lui les vers qu'il m'inspire;
Peignez mon trouble, mon effroi,
La tristesse de mon sourire,
Et tout ce qu'il aimait en moi.

Que son oreille soit charmée
Des accords qui nous ravissaient;
Que votre aile soit parfumée
Des roses qui m'embellissaient.
Caché sous un brillant nuage,
Allez protéger son sommeil;
Offrez-lui ma fidèle image,
Pour qu'il me nomme à son réveil!

1824.

LA DRUIDESSE.[1]

CHANT PROPHÉTIQUE.

A M. HORACE VERNET.

Silence !... elle paraît au pied du chêne antique ;
Le feu de ses regards a dévoré ses pleurs,
Et ses cheveux, mêlés à la verveine en fleurs,
Ombragent de son front la pâleur prophétique.

Elle dit : « O douleur ! peuple, prosternez-vous ;
Druides, balancez nos étendards funèbres ;
Teutatès m'a parlé dans le sein des ténèbres :
Le glaive de la mort est suspendu sur nous !

Déjà de nos autels je vois tomber la pierre ;
La faucille sacrée a frémi dans ma main ;
 Un Dieu combat notre culte inhumain,
Il défend de mêler le sang à la prière ;
 De la vengeance il a maudit le nom ;
Sur ses propres autels, victime volontaire,
  A ses lois il soumet la terre
  Par la puissance du pardon.

[1] Tableau de M. Horace Vernet.

Une reine [1] à ce Dieu servira d'interprète.
C'en est fait... contre nous son triomphe s'apprête.
Je l'entends; à vos fils, à son royal époux,
Elle parle du Ciel et commande à genoux.
Les femmes, imitant sa pieuse tendresse,
Aux horreurs des combats renoncent sans retour;
Et désormais, quittant l'armure qui les blesse,
 Leur puissance est dans leur faiblesse
 Et leur génie est dans l'amour.

O rocher d'Irminsul! ô tombe révérée!
Vous que ce peuple altier n'approchait qu'en tremblant,
L'ingrat vous abandonne, et sur l'autel sanglant
Il ne répandra plus la verveine adorée!
Ce peuple, à la clarté d'un céleste flambeau,
Des plus lointains déserts franchira la distance,
Et jusque sur la mort portant son inconstance,
 Ira prier sur un autre tombeau.

Et toi qui des vainqueurs suspendais la framée,
Chêne! seul confident de nos destins secrets,
Au magique pouvoir d'une fleur embaumée
Va céder en un jour ta vieille renommée!
 Roi détrôné de nos vastes forêts,
Tu mêleras ton deuil au deuil de nos cyprès;
C'est alors qu'on verra tomber les pleurs du saule;
Le gui ne ceindra plus le front de nos guerriers;
 Car les nobles fils de la Gaule
 Ne cueilleront que des lauriers.

---

[1] Clotilde, femme de Clovis.

O berceau des Gaulois ! Armorique sauvage,
Adieu ! d'un long oubli tu subiras l'affront,
    Jusqu'au jour où sur ton rivage
    Naîtra le barde [1] au sublime langage
      Dont les chants te ranimeront.
Ces chants dans le passé réveilleront l'histoire ;
    Ils te rendront à l'immortalité ;
      Ton malheur deviendra ta gloire
      Dès que sa voix l'aura chanté.

Mais d'un autre art encor la puissance infinie
    Te réserve un autre génie
    Pour retracer ta gloire et tes malheurs ;
Par ses brillants pinceaux moi-même rajeunie,
    Je revivrai sous ses riches couleurs ;
    Sa main rendra mon image immortelle.
Au culte de nos dieux seule restant fidèle,
Je garderai la harpe et la faucille d'or ;
Mes yeux d'un feu divin s'enflammeront encor,
Et les siècles futurs sauront que j'étais belle !

Non, d'un culte si grand tout ne périra pas :
    Votre divinité chérie,
    La Victoire suivra vos pas !
Gaulois, vous resterez la terreur des combats,
L'appui des opprimés, l'honneur de la patrie ! »

La vierge alors reprend sa sombre rêverie,
Du chêne d'Irminsul disperse les rameaux,

---

[1] L'auteur des *Martyrs*.

Et, plus fière, s'éloigne en répétant ces mots,
Ces mots sacrés : « Honneur, patrie! »

Ce cri cher aux Gaulois n'a pas été perdu ;
Les échos de la Seine en résonnent encore ;
Et la France aux accents de cette voix sonore
Par des siècles de gloire a déjà répondu.

Paris, 1825.

HYMNE

A SAINTE GENEVIÈVE. [1]

Patronne de la France, amour de nos aïeux,
Sur tes autels nouveaux daigne abaisser les yeux !
Ce n'est point le pasteur que la foule accompagne
Qui, des cieux enflammés réclamant quelques pleurs,
Promène ton image à travers la campagne
Pour obtenir de toi des épis et des fleurs ;
    Ce sont des rois, sainte bergère,
    Ce sont des rois qui viennent te prier :
Bénis-les, et devant ta houlette légère
    Leurs sceptres vont s'humilier.

Au nom de ses hauts faits le premier qui t'implore
Est Clovis, ce barbare au courage indompté ;
Des faux dieux il brisa l'autel ensanglanté,
Et du jour de la foi son règne fut l'aurore.
Longtemps, chez les chrétiens répandant la terreur,
Ses pas furent marqués par le sang et la flamme ;
Mais pour le désarmer, l'arracher à l'erreur,
Dieu mit tout son pouvoir dans les yeux d'une femme :

---

[1] Les tableaux admirables dont M. le baron Gros vient d'orner la coupole de l'église Sainte-Geneviève ont fourni le sujet de ces vers.

« Ah! lui disait Clotilde en tombant à genoux,
Reconnais de mon Dieu la puissance suprême ;
Lorsque tu triomphas, il combattait pour nous.
Viens épurer ton cœur aux sources du baptême ;
Viens ! le Seigneur t'appelle au séjour des élus ;
Dans ces lieux fortunés où la gloire est plus belle,
Où l'âme, pour aimer, doit renaître immortelle,
Où ceux qui se pleuraient ne se quitteront plus ! »
Ainsi l'on vit jadis cet ange de lumière
Au premier roi chrétien enseigner la prière ;
Ainsi Clovis, rêvant le céleste séjour,
A la religion arriva par l'amour.
Sur tes autels couverts de rameaux et de gerbes,
Ce roi victorieux, qu'un regard a soumis,
  De ses farouches ennemis
 Vient déposer les dépouilles superbes,
Il t'offre encor, pour prix de l'hospitalité,
Le vase précieux qui garde l'huile sainte,
  Et qu'autrefois dans la divine enceinte
   La colombe avait apporté.

Ce n'est point le pasteur que la foule accompagne
Qui, des cieux enflammés réclamant quelques pleurs,
Promène ton image à travers la campagne
Pour obtenir de toi des épis et des fleurs ;
 Ce sont des rois, sainte bergère,
 Ce sont des rois qui viennent te prier :
Bénis-les, et devant ta houlette légère
  Leurs sceptres vont s'humilier.

Le voilà devant toi, ce géant des armées !
De ces fiers paladins qui devancent ses pas,

De ces casques de fer, de ces longues framées,
De ces arcs menaçants qui lancent le trépas,
Reine de nos moissons, ne t'épouvante pas !
C'est le libérateur des fils de l'Allemagne,
L'empereur des Romains, le plus grand de nos rois;
Des peuples délivrés qu'il rangea sous ses lois
Ce héros a reçu le nom de Charlemagne;
Au-dessus des vainqueurs cherchant à s'élever,
Il conquit l'univers et sut le conserver;
Il l'offrit au Seigneur dans sa reconnaissance,
Et le Seigneur permit l'excès de sa puissance.
L'incrédule a prié devant son étendard;
Partout on vit planer son aigle vagabonde;
Dans sa main triomphante il renfermait le monde
  Et le gouvernait d'un regard.

Ce n'est point le pasteur que la foule accompagne
Qui, des cieux enflammés réclamant quelques pleurs,
Promène ton image à travers la campagne
Pour obtenir de toi des épis et des fleurs;
 Ce sont des rois, sainte bergère,
 Ce sont des rois qui viennent te prier :
Bénis-les, et devant ta houlette légère
  Leurs sceptres vont s'humilier.

Vierge, tu reconnais à sa blanche bannière
Ce royal pèlerin, cet auguste martyr,
Qu'au mépris des périls son peuple a vu partir
Pour délivrer de Dieu la tombe prisonnière.
Hélas! ce grand dessein lui coûta le bonheur
De revoir son pays et sa mère adorée,
Car la mort l'attendait sur l'aride contrée;

Et l'on dit que, jaloux d'un doux et triste honneur,
    Le vieux chêne de la patrie
Sous lequel ce bon roi prodiguait ses secours
S'étonnait, aux récits de la foule attendrie,
    Qu'un roi français allât finir ses jours
    Sous un palmier de la Syrie.
Mais le sort de l'État, mais l'intérêt des Cieux
Imposaient à Louis ce pieux sacrifice :
La révolte, élevant son front audacieux,
Du trône menaçait d'ébranler l'édifice ;
Pour régner il fallait ou combattre ou punir ;
Aux nobles factieux Louis parla de gloire,
Et tous, sous ses drapeaux venant se réunir,
De leurs ressentiments perdirent la mémoire
Et n'aspirèrent plus qu'à la même victoire.
Leurs vassaux gémissaient sous un joug détesté :
Louis, prenant pitié d'un si dur esclavage,
De ces cœurs abattus ranima la fierté
En leur offrant pour prix du saint pèlerinage
    Le martyre ou la liberté !

Ce n'est point le pasteur que la foule accompagne
Qui, des cieux enflammés réclamant quelques pleurs,
Promène ton image à travers la campagne
Pour obtenir de toi des épis et des fleurs ;
    Ce sont des rois, sainte bergère,
    Ce sont des rois qui viennent te prier :
Bénis-les, et devant ta houlette légère
    Leurs sceptres vont s'humilier.

Mais regarde à tes pieds cette illustre victime,
Celle qui consolait à travers ses douleurs ;

Pour la fille des rois qu'un saint zèle t'anime,
Réserve des bienfaits dignes de ses malheurs.

   Ange de paix, née au sein des alarmes,
Son regard sur le ciel est sans cesse attaché;
Vois, sous les diamants son front pâle est caché,
     Et ses yeux sont parés de larmes!
De cet auguste roi qui prie à ses côtés,
De ce noble proscrit elle n'est point la fille :
Dans nos jours de discorde et de calamités,
La faux de la Terreur moissonna sa famille.
En vain pour dérober son père au coup fatal
     Elle voulut donner sa vie;
Le Ciel n'exauça point sa généreuse envie,
Et le sang pur coula sur le trône natal.
Ce prince, qu'animait la foi consolatrice,
De la religion imitant les héros,
Pour le bonheur de tous s'offrit en sacrifice,
Et sa voix, qu'étouffaient les cris de ses bourreaux,
Les bénissait encor du haut de son supplice.
Elle seule resta de ses tristes enfants;
Car Dieu voulait qu'un jour on la vît sur la terre,
    Dans sa clémence héréditaire,
    Contre ses vengeurs triomphants
    S'armer du pardon de son père.
   Dans ton saint temple elle vient aujourd'hui
Pour un roi fondateur réclamer ton appui.
Prépare tous les dons que le Ciel lui destine,
Vierge, voilà ses droits à la faveur divine :
   Il respecta les pompeux monuments
     Grandis dans ses jours de souffrance;
Instruit par les revers, l'exil et ses tourments,
Des lois d'un peuple libre il a doté la France;

Et fier de commander à ces nobles guerriers
  Dont la gloire encor l'environne,
 Il adopta leurs vieux lauriers
 Pour en parer sa nouvelle couronne !

Patronne de la France, amour de nos aïeux,
Sur tes autels nouveaux daigne abaisser les yeux !
Ce n'est point le pasteur que la foule accompagne
Qui, des cieux enflammés réclamant quelques pleurs,
Promène ton image à travers la campagne
Pour obtenir de toi des épis et des fleurs ;
  Ce sont des rois, sainte bergère,
  Ce sont des rois qui viennent te prier :
Bénis-les, et devant ta houlette légère
  Leurs sceptres vont s'humilier.

Mais quel homme a passé sous les voûtes du temple ?
Les rois en s'inclinant ont suivi son exemple ;
D'où vient que cet asile est soumis à sa loi ?
Ce n'est point un guerrier, il ne fut jamais roi :
Cependant, pour franchir la barrière sacrée,
Les princes de la terre attendaient son entrée.
On ne voit ni le fer ni le sceptre en sa main ;
Armé de ses pinceaux, il ouvre leur chemin ;
Du trésor de son art enrichissant l'histoire,
Des héros qu'il ranime il partage la gloire ;
Et gravant à jamais leurs bienfaits immortels,
Avec eux il se place au pied des saints autels :
Car des rois en ces lieux la puissance est finie,
Et l'immortalité n'appartient qu'au génie.

Paris, 1825.

MADAME DE LA VALLIÈRE. [1]

ÉLÉGIE.

A M. DUCIS.

> En vérité, cet habit et cette retraite sont une grande dignité pour elle.
> MADAME DE SÉVIGNÉ. Lettre 590.

Sous les murs du couvent, dans l'étroit cimetière,
A l'heure où les ramiers commencent à gémir,
Où les filles de Dieu n'osent pas s'endormir
    De peur de manquer la prière,
Deux femmes, tristement assises sur la pierre,
Se disaient de leurs cœurs les douloureux secrets ;
    L'astre des nuits à travers les cyprès
    De la plus jeune éclaire les saints voiles,
Et sur l'autre attachant ses rayons indiscrets,
D'un long tissu doré fait briller les étoiles ;
Sous le bandeau sacré des sœurs du repentir,
La première a caché sa blonde chevelure ;
L'autre, que l'élégance a pris soin de vêtir,
Des fêtes de la cour a gardé la parure.

---

[1] Tableau de M. Ducis, représentant *Madame de la Vallière causant avec madame de Thémines dans le cimetière du couvent des Carmélites.* — Ce joli tableau fait partie de la galerie de S. A. R. monseigneur le duc d'Orléans.

Le vent qui rafraîchit la brûlante saison
   Fait frissonner ses vêtements de soie,
      Et sur le funèbre gazon
De son riche manteau la pourpre se déploie.

Ces femmes, que le monde et le ciel séparaient,
Confondaient les accents de leur voix douloureuse :
    Une seule était malheureuse,
    Et pourtant toutes deux pleuraient.
Ainsi d'un cœur aimant la pitié vive et tendre
Partage nos chagrins avant de les comprendre.

La plus triste accusait l'amour de ses malheurs,
Et des tombeaux voisins les ombres indignées
S'étonnaient qu'on osât exprimer des douleurs
    Qui de la mort n'étaient point nées,
    Près d'une tombe dont les fleurs
    N'étaient pas encore fanées.

«En vain de l'amitié vous m'offrez le secours,
En vain dans ma raison l'on me croit affermie;
Non, loin de ses regards je dois finir mes jours !
Disait la pénitente à son heureuse amie.
J'ai juré de le fuir, Dieu reçut mes serments :
Hélas! ce faible cœur, qu'un souvenir alarme,
S'il revoyait l'ingrat qui cause ses tourments,
A souffrir près de lui trouverait trop de charme!

Ah! ce cœur dans la tombe est descendu vivant,
Et les austérités de ce sombre couvent
   D'un regret criminel ne m'ont point préservée.
En vain de pleurs amers je me suis abreuvée;

Quand des sœurs du Carmel je vins suivre la loi,
J'espérais que son nom, si cher à la patrie,
Ne retentirait plus dans mon âme flétrie ;
Mais le bruit de sa gloire arrive jusqu'à moi :
Tout me rend au péril dont je m'étais sauvée ;
Ce lieu même où je viens l'oublier aujourd'hui
  M'ordonne de prier pour lui.
Par mille souvenirs je me vois éprouvée :
Le pauvre en le nommant réclame mon appui,
Et sur l'aumône enfin son image est gravée.

Oui, jusqu'au moindre objet, tout combat mes efforts :
  Cet emblème de sa puissance,
 Ce lis si pur, me rappelant mes torts,
Redemande à mon cœur sa première innocence,
  Et son parfum est un remords !

Mais comment de l'aimer pouvais-je me défendre,
Alors qu'un peuple entier partageait mon amour,
 Lorsque sans cesse il me fallait entendre
Le riche, l'indigent le louer tour à tour ;
Quand la Religion à l'Éloquence unie
Créait pour l'éclairer des chefs-d'œuvre nouveaux ;
Quand le chantre inspiré, le sage, le héros
Attendaient son regard pour prix de leur génie !

Toi, dont chacun bénit les nobles sentiments,
 Fallait-il donc que ton âme si belle,
Sans pitié, sans remords, trahît tous ses serments,
Et pour moi seule, hélas ! se montrât si cruelle ?
A l'amour qui brisa nos liens pour jamais,
A ce parjure affreux toi-même n'osais croire,

Et ma rivale encor doutant de sa victoire
Apprit par ma douleur à quel point tu l'aimais !

Va, ces tendres aveux, j'ai su les reconnaître :
C'étaient les mêmes soins, c'était la même voix,
C'était la même ardeur que je voyais renaître,
Et rien n'avait changé que l'objet de ton choix!
Profanant sous mes yeux nos plaisirs d'autrefois,
Et de mes souvenirs détruisant tous les charmes,
Cruel, tu n'avais plus un regard pour mes larmes !
Ainsi celui qu'on aime au prix de son devoir
Est le vengeur des torts dont il fut le complice ;
Il commence ici-bas notre éternel supplice,
Et Dieu, pour nous punir, lui remet son pouvoir.

Mais un espoir me reste en ma misère extrême :
Non, la postérité ne me confondra pas
Avec ces cœurs impurs qui, cédant sans combats,
N'adoraient dans Louis que son pouvoir suprême,
Puisqu'à force d'amour j'ai retrouvé l'honneur,
  Et que son épouse elle-même
  M'avait pardonné mon bonheur.

Ah ! sans ta cruauté je t'aimerais encore !
Toi seul de tant d'amour pouvais être vainqueur ;
A mes maux je devrai le pardon que j'implore,
Et tu m'ouvres le Ciel en déchirant mon cœur !

Et toi dont si souvent j'ai pleuré la naissance,
Mes remords sont mes droits à ta reconnaissance :
Oui, le jour où, promise à de moins tristes vœux,
Le bouquet nuptial ornera tes cheveux,

Ma fille, tu plaindras ma pénitence amère;
Et lorsque loin de moi les devoirs les plus doux
Enchaîneront ta vie à l'amour d'un époux,
Tu pourras sans rougir lui parler de ta mère! »

Alors on entendit résonner le beffroi :
La pénitente sœur, qu'un noble espoir seconde,
Plus calme regagna sa retraite profonde.
Et son amie alla dans le palais du roi
Retrouver en pleurant les délices du monde.

Paris, 1825.

LE MALHEUR D'ÊTRE LAIDE.

> Oh! j'étais belle alors!
> Victor Hugo. *La Fille d'Otaïti.*

En vain sur mon malheur Alfred veut me tromper,
Aux torts qu'il se reproche il ne peut échapper;
En vain il se promet de me rester fidèle :
Sa tristesse me dit que je ne suis plus belle.
Hélas! son inconstance est peinte en ses regrets.
Depuis qu'un mal affreux a dévasté mes traits,
Dans mes yeux, autrefois embellis par mes larmes,
La douleur elle-même a perdu tous ses charmes.
L'orgueil de mon amour est détruit pour jamais,
Et je crains les regards de celui que j'aimais!
Pourquoi ses tendres soins m'ont-ils rendu la vie?
Dans la tombe du moins la beauté m'eût suivie;
La mort ne m'aurait point enlevé son amour,
J'aurais charmé ses yeux jusqu'à mon dernier jour,
Et, rendant à ma cendre un douloureux hommage,
Son cœur serait resté fidèle à mon image!

Maintenant, il s'épuise en serments superflus
Pour exprimer encor l'amour qu'il ne sent plus.
Sans espoir de bonheur, sans trouble, sans ivresse,
C'est dans ses souvenirs qu'il cherche sa tendresse,
Et, triste lorsqu'il veut m'admirer aujourd'hui,

Ses yeux sur mon portrait se fixent malgré lui.
Pour être plus sincère, en sa pitié touchante,
Il dit que je suis bonne et que ma voix l'enchante.
Quand, des soins d'une amie implorant la douceur,
Je repose mon front sur le sein de ma sœur,
Il sourit tendrement, il nous regarde ensemble,
Et dit, pour me flatter, que ma sœur me ressemble.
Mais celle qui garda ses attraits séduisants,
Et celle qui, mourante à la fleur de ses ans,
A vu s'évanouir une beauté trop chère,
Ne se ressemblent plus qu'aux regards d'une mère.

En vain la mienne aussi cherche à me rassurer,
Et des mêmes atours veut encor me parer;
Sa ruse ne saurait tromper celui que j'aime,
Et pour lui seul, hélas! je ne suis plus la même!
Ah! puisque son bonheur n'est plus en mon pouvoir,
Qu'une autre l'accomplisse!... et je saurai le voir!
Qu'il lui porte ces fleurs, ces voiles d'hyménée,
Cette blanche couronne à mon front destinée,
Oui... de ma jeune sœur qu'il devienne l'époux,
Qu'elle rende la joie à ses regards si doux,
Et qu'Alfred, dégagé de sa foi généreuse,
Oublie en l'admirant que je suis malheureuse!

Paris, 1826.

LA FOLLE
DES CHAMPS-ÉLYSÉES.

A M. A. DE LAMARTINE.

> Telle est notre âme après ces longs ébranlements,
> Secouant la raison jusqu'en ses fondements ;
> Le malheur n'en fait plus qu'une immense ruine
> Où, comme un grand débris, le désespoir domine !
> ALPHONSE DE LAMARTINE. *Méditations.*

Déjà, dans les jardins de la cité joyeuse,
Le soleil, commençant sa marche radieuse,
Ramenait le printemps, ses brillantes couleurs,
Ses premiers chants d'amour et ses premières fleurs.
A ses nouveaux bienfaits chacun rendant hommage,
Allait de nos ormeaux épier le feuillage.
Feignant de se soustraire aux yeux qui les cherchaient,
Sous leur voile léger les femmes se cachaient.
Ici, fendant les airs dans leur course rapide,
Cent chars font admirer le talent qui les guide.
Là, le jeune imprudent, par l'obstacle irrité,
Soumet avec adresse un coursier indompté ;
Mais bientôt, parmi ceux que son péril attire,
Il a vu la beauté dont il chérit l'empire ;
Soudain, pour déjouer sa trompeuse froideur,
Du coursier hennissant il excite l'ardeur ;

Tremblante, elle s'arrête, et le danger redouble :
Elle ne peut cacher sa pâleur et son trouble...
O bonheur! il surprend un regard inquiet,
Un cri s'est échappé du cœur longtemps muet;
Enfin, tout secondant son imprudente ruse,
Il obtient par l'effroi l'aveu qu'on lui refuse.

Insensible à ces jeux, à l'ombre des lilas,
De l'enfant de ma sœur je surveillais les pas.
Toute au bel avenir que l'espoir imagine,
Ma gaîté se mêlait à sa joie enfantine;
Sans les avoir compris, j'écoutais ses discours,
Attentive au seul nom qu'il répétait toujours.
On eût dit que, touché des vœux d'une âme tendre,
Il me parlait d'Alfred pour m'aider à l'attendre.

Tandis que je rêvais à des plaisirs si doux,
Une femme immobile avait les yeux sur nous;
Dès longtemps ses regards m'observaient en silence.
Tout en elle annonçait une ancienne opulence :
Les lambeaux d'un long voile, autrefois précieux,
Dérobaient la pâleur de son front gracieux;
Son beau sein se cachait sous des gazes fanées;
De rubis, de saphirs, ses mains étaient ornées,
Et quelques fleurs paraient ses vêtements de deuil.
On lisait dans ses yeux la tristesse et l'orgueil...
Ah! pensai-je en voyant sa misère et ses charmes,
Pour flétrir tant d'attraits qu'il a fallu de larmes!

A ce pénible aspect, le cœur saisi d'effroi,
Je me lève... Aussitôt elle marche vers moi :

Je veux fuir; mais, cherchant à dissiper ma crainte,
Elle me dit ces mots d'une voix presque éteinte :

« Ne hâte point ta marche! ah! daigne me parler.
Je ne puis t'offenser, ne crains pas mon délire;
Laisse-moi voir tes traits, montre-moi ton sourire :
Il t'aime, et pour lui plaire il faut te ressembler!
Hélas! dans les accès de ma jalouse rage,
J'ai déchiré mon voile et mes brillants atours;
Mes mains ont tout brisé, hors ce précieux gage,
Cet anneau, souvenir du plus beau de mes jours!
Au sein de mes transports j'ai su le reconnaître,
La raison, à sa vue, en moi sembla renaître,
Et ma démence enfin n'a respecté que lui.
Mais je veux, comme toi, me parer aujourd'hui.
Oui! j'aurai ta démarche et tes grâces touchantes,
Je rirai... j'apprendrai les airs que tu lui chantes;
J'aurai la même écharpe, et mes cheveux épars,
Tressés comme les tiens, tromperont ses regards.
J'imiterai ta voix afin qu'il me réponde;
Je veux que malgré lui son amour nous confonde!
Ne me refuse pas, je t'implore!... » — A ces mots,
Pensant que la misère est le plus grand des maux,
L'enfant, qui me suivait, à cette infortunée
Vint pour donner l'aumône au pauvre destinée;
Car le joyeux enfant, qui veut sécher des pleurs,
Croit qu'un même secours sert à tous les malheurs.

Mais de cet humble don justement offensée :
« Tu ne me comprends pas, répondit l'insensée;
Lui, m'insultait aussi par la même pitié :
Pour calmer les tourments dont j'étais poursuivie,

Il prodigua son or... il parla d'amitié...
Quand un seul mot d'amour m'aurait rendu la vie !
Tous me persécutaient dans leur aveuglement.
Les cruels ! dans leurs soins plus barbares encore,
Ne pouvant expliquer le mal qui me dévore,
Ils ont pris ma douleur pour de l'égarement !...
Va, lorsque pour une autre il t'aura délaissée,
Garde-toi de montrer tes pleurs, ton désespoir ;
Ils viendront dans tes yeux épier ta pensée ;
Ah ! frémis de tomber vivante en leur pouvoir...
Ou bientôt, loin de lui, par son ordre enchaînée,
Il te faudra subir leurs secours inhumains :
Au fond d'un noir cachot tu te verras traînée,
Et des anneaux de fer déchireront tes mains.
Alors je t'apprendrai comment, dans le silence,
On peut de ses tyrans tromper la vigilance.
Mais le Ciel en courroux à ton cœur agité
Ne rendra pas le calme avec la liberté.
En vain ce cœur flétri gardera l'innocence,
Chacun dans tes regrets croira voir des remords ;
La prière sur toi n'aura plus de puissance ;
En proie aux noirs soupçons, aux furieux transports,
Tu deviendras cruelle en ta douleur amère ;
Tu verras sans pleurer les larmes de ta mère ;
Ingrate, quand tes soins devraient la secourir,
Tu lui répéteras toujours : Je veux mourir !...
Oui, mourir... » — A ces mots, interdite, égarée,
Par un objet lointain sa vue est attirée ;
De son sein palpitant part un cri douloureux...
Ah ! combien, révoltée à cet aspect affreux,
Je haïssais l'auteur de ce fatal délire !...
J'aurais voulu savoir son nom pour le maudire !

Mais en plaignant ces maux plus cruels que la mort,
Je me souvins d'Alfred et je bénis mon sort;
A ses soins, son amour, mon âme accoutumée,
Sentit plus vivement le bonheur d'être aimée.

En cet instant, l'enfant dont je guidais les pas
S'écria : « C'est Alfred! » et courut dans ses bras.
« Alfred!... » redit alors une voix déchirante;
Et soudain, à mes pieds, elle tomba mourante,
Celle dont malgré moi j'avais fait le malheur.
Le rire fit trembler ses lèvres sans couleur,
Et des larmes de sang rougirent sa paupière.
Son corps resta sans vie, étendu sur la pierre;
Les soins mêmes d'Alfred ne purent la sauver,
Et mes rêves d'amour venaient de s'achever!
J'avais lu mon destin sur ce pâle visage...
Alfred a confirmé cet horrible présage;
Et, bientôt, subissant la même trahison,
Pour souffrir plus encor j'ai gardé ma raison!...

Paris, 1826.

L'ÉCHO DES ALPES.

ODE.

AUX FRÈRES RELIGIEUX

DE L'HOSPICE DU MONT SAINT-BERNARD.

> Dieu seul est grand!
> MASSILLON.

J'ai redit les cris furieux
Du Barbare enivré de gloire;
Du peuple aimé de la victoire
J'ai répété les chants joyeux.
Maintenant, une humble prière
Succède à la trompe guerrière;
La gloire passe avec les jours.
Un chant trouble encor mon silence,
Mais ce chant vers les Cieux s'élance
Et ma voix le dira toujours.

Jadis, sur les rochers de l'aride montagne,
    Le sourd bêlement des troupeaux,
Le cri de l'aigle appelant sa compagne,
    Avaient seuls troublé mon repos.

Mais quand vint le jour des alarmes,
Quand l'Africain franchit ces rocs déserts,
Tout à coup, m'éveillant au cliquetis des armes,
De sons affreux j'épouvantai les airs.
C'était le chant de mort et le clairon sauvage
Des Carthaginois d'Annibal :
Il allait, loin du ciel natal,
Du Tibre impétueux désoler le rivage,
Et du monde aux Romains disputer le partage.
Que d'obstacles!... Tantôt par le bruit effrayés,
Ses coursiers belliqueux, dans ces périls novices,
Refusaient de gravir, au bord des précipices,
Les chemins tortueux par les soldats frayés;
Et tantôt l'éléphant, colossale merveille,
Détruisant d'un seul pas les travaux de la veille,
Glissait avec effroi sur le terrain fangeux,
Écrasait sous ses flancs son guide courageux,
Et des rocs ébranlés précipitant la cime,
Avalanche vivante, allait combler l'abîme.
Mais la hauteur des monts ni l'horreur des frimas
N'arrêtaient Annibal dans sa haine constante;
Et ce héros, grandi sous de brûlants climats,
Sur un rocher de glace avait dressé sa tente.
Son passage en tous lieux fut marqué par le sang;
Il vit Rome frémir à son nom menaçant.
Sa valeur était sage et sa ruse hardie;
Il mit de la grandeur jusqu'en sa perfidie.
Que de fois des Romains il décida le sort!
Que d'art il déploya dans la sanglante lutte!
Qu'il fut terrible dans sa chute!
Qu'il fut sublime dans sa mort!
Pourtant, que reste-t-il de ce héros de haine

Qui balança quinze ans la puissance romaine?...
Quelques débris épars et quelques anneaux d'or
    Que le pêcheur retrouve encor
    Sous les vagues du Trasimène !

    J'ai redit les cris furieux
    Du Barbare enivré de gloire ;
    Du peuple aimé de la victoire
    J'ai répété les chants joyeux.
    Maintenant, une humble prière
    Succède à la trompe guerrière ;
    La gloire passe avec les jours.
    Un chant trouble encor mon silence,
    Mais ce chant vers les Cieux s'élance
    Et ma voix le dira toujours.

Les Romains de César ont traversé ces glaces.
Le sommet du Jovis a supporté son camp ;
Et j'ai redit aussi les superbes menaces
De ce chef intrépide, au langage éloquent,
Au maintien orgueilleux, au regard plein de charmes,
Qui, de l'art du pouvoir connaissant les détours,
Chez les peuples lointains sut régner par ses armes
    Et dans Rome par ses discours.
Des forêts de la Gaule aux rives de l'Épire,
Du Tage à l'Hellespont et du Nil jusqu'au Rhin,
    Il marcha d'un pas souverain :
Tout le monde connu pliait sous son empire.
Ce n'était point assez : sa gloire l'avertit
Qu'il est une autre terre où son nom retentit,

Et qu'au milieu des flots, des peuples qu'il ignore
De leur obscurité s'environnent encore;
La fortune le guide, et, pour les conquérir,
Ce vainqueur inspiré vole les découvrir;
  Malgré leur vaine résistance,
De leurs îles bientôt il envahit les bords,
  Et c'est en ravageant ses ports
Que d'Albion au monde il apprend l'existence.
Ce héros, des Romains la terreur et l'amour,
Oppresseur de leurs droits et vengeur tour à tour,
Jules César, cinq fois, devant Rome étonnée,
Des lauriers du triomphe a vu sa tête ornée.
Régulateur du temps, changeant l'ordre des jours,
De l'année à ses lois il asservit le cours.
A ses vœux le sénat offrait de vains obstacles;
Il bravait le Destin, démentait les oracles.
De Vénus on faisait descendre ses aïeux,
On le plaçait vivant au rang des demi-dieux;
Et, par une faveur jusqu'alors sans exemple,
Il avait ses autels, ses prêtres et son temple.
Pourtant, que reste-t-il de ce tyran flatteur
Qui tomba sous le fer parricide et vengeur
Après avoir soumis le monde à son épée?
Une goutte de sang de sa veine échappée
  Qu'on montre encore au voyageur
  Sur le marbre où revit Pompée!

  J'ai redit les cris furieux
  Du Barbare enivré de gloire;
  Du peuple aimé de la victoire
  J'ai répété les chants joyeux.

Maintenant, une humble prière
Succède à la trompe guerrière;
La gloire passe avec les jours.
Un chant trouble encor mon silence,
Mais ce chant vers les Cieux s'élance
Et ma voix le dira toujours.

Quels accents belliqueux, quelle noble harmonie,
Naguère dans ces lieux sont venus me ravir,
Quand vers ce beau pays qu'elle allait asservir
La Victoire marchait sur les pas du Génie!
Quand vint ce bataillon de héros et d'enfants,
    Quand les Français de Bonaparte,
Joyeux imitateurs des fiers rivaux de Sparte,
Plantèrent sur ces monts leurs drapeaux triomphants!
Peuple amant des combats, brave jusqu'au délire,
    Généreux, prudent et léger,
Qui chante la misère et nargue le danger,
    Et qui meurt avec un sourire!
Que de fois j'entendis ces courageux soldats,
Dans ces vallons de neige où s'enfonçaient leurs pas,
    Transis de froid, d'une voix affaiblie,
Saluer en riant le beau ciel d'Italie!
Ce ciel les protégeait; Rome reçut leurs lois;
Leur chef audacieux s'assit au rang des rois.
Tous les échos des monts ont dit sa renommée,
Tous les fleuves ont vu sa vagabonde armée;
Sous ses pas triomphants tous les ponts ont frémi;
Tous les forts ont porté son tonnerre ennemi.
L'aquilon du Volga, l'ouragan de Syrie,
Le simoun dont le souffle aveugle les regards,

Le zéphyr parfumé de l'antique Ibérie,
Tous les vents ont enflé ses nombreux étendards.
Rêvant du monde entier le trône solitaire,
En soldat conquérant il parcourut la terre.
Du sort des nations il fut l'arbitre un jour.
Étonnés, devant lui les rois courbaient leurs têtes,
Et, sujets couronnés, venaient parer ses fêtes.
Des rivaux de sa gloire il composait sa cour.
On le vit, pour servir ses desseins téméraires,
Distribuer l'Europe à ses sœurs, à ses frères,
Et, du Destin trompeur démontrant les hasards,
Honorer de sa main la fille des Césars.
De ce monarque altier, de ce géant de gloire,
Le sceptre eut un moment vingt trônes pour appui;
A ses revers si prompts quel peuple eût osé croire?
Les fruits de tant d'exploits, où sont-ils aujourd'hui?
Après tant de grandeur que reste-t-il de lui?
  Une veuve, hélas! consolée,
  Une tombe sans mausolée
Qu'un ami courageux osa lui consacrer;
Monument oublié sous le feuillage sombre,
  Où nulle voix ne répond à son ombre,
  Où son fils ne va point pleurer!

Ainsi trois conquérants ont ébloui le monde
Qui retentit longtemps de leur chute profonde.
  Leur exemple servira-t-il
A ceux qui de la gloire affrontent les tempêtes
  Quel fut le fruit de leurs conquêtes?
  Le poison, le fer et l'exil!

O vous que sur ces monts une humble croix protége,
Vous, rois hospitaliers de ces déserts de neige,
Qui sur les flancs des rocs, dans le creux des torrents,
Du pauvre pèlerin cherchez les pas errants ;
Vous qu'au milieu des nuits guide une voix sonore,
Qui du fond de l'abîme arrachez les mourants,
Sans demander quel Dieu leur désespoir implore ;
Charitables héros, qui, braves sans courroux,
Obtenez la victoire en n'exposant que vous,
Marchez aux saints combats où la foi vous appelle ;
Apprenez à ces rois de triomphes jaloux
Que si des conquérants la couronne chancelle,
Au front de la vertu l'auréole est fidèle,
Et qu'au sein des fléaux qui règnent parmi nous
La gloire des bienfaits est la seule éternelle !

A l'hospice du mont Saint-Bernard, 1826.

LE RETOUR.

ÉPÎTRE A MA SOEUR

MADAME LA COMTESSE O'DONNELL.

> Puissé-je faire dire à la postérité
> Qu'en vantant mon pays je ne l'ai point flatté !
> CASIMIR DELAVIGNE. *Les Comédiens.*

Salut ! champs paternels, salut ! terre féconde,
Dont la brillante gloire étonne encor le monde !
    Salut ! nobles et vieux remparts,
  Temple du goût, pays cher aux beaux-arts,
Où l'esprit est léger, la science féconde ;
    Où, sous le voile ingénieux
  D'un trait comique et d'un refrain joyeux,
La sévère raison se cache avec adresse ;
Où le cœur, éclairé par un art gracieux,
Sans passer par l'ennui, parvient à la sagesse ;
Où l'amour est exempt d'une jalouse ardeur,
    Où le courage est sans rudesse
    Et la tendresse sans fadeur !
Salut ! castels, berceau de la chevalerie ;
Opulentes cités, dont les peuples divers
Honorent à la fois l'élégante industrie ;
Qui, portant vos trésors au bout de l'univers,
Régnez sur le caprice et la coquetterie !
Salut ! montagne d'or, pampres dont la saveur

Enivre tour à tour l'érudit de Toscane,
Les sages d'Albion, le Sarmate rêveur,
Et quelquefois aussi le musulman profane!
Salut! vieilles forêts, refuge du berger!
Vous qu'en vain je cherchais pendant les jours d'orage,
　　Couvrez encor de votre épais ombrage
　　Mon front bruni sous un ciel étranger.
Et vous, fleuves d'azur, réfléchissez ma joie!
Au moment du retour, que votre aspect est doux!
Qu'avec grâce à mes yeux la Saône se déploie!
Du Rhône impétueux que j'aime le courroux!
Que j'aime ces vallons où serpente l'Isère!
Pourtant je les ai vus, ces rivages si beaux
Où le Tibre immortel coule entre des tombeaux;
J'admirai de ses bords la superbe misère.
Mais les flots sablonneux de ce fleuve agité
De nos fleuves riants n'ont pas la pureté :
Ce torrent qu'à ses pieds l'Apennin voit descendre,
Et que Rome adora dans ses temps fabuleux,
　　Semble, dans son cours orgueilleux,
Des empires détruits rouler encor la cendre.

　　Heureuse France, ô pays adoré,
A des bords enchanteurs toi que j'ai préféré,
　　Belle patrie, amour de mon jeune âge,
　　Depuis l'instant de mes tristes adieux
　　Ton souvenir m'a suivie en tous lieux.
C'est lui qui présidait à mon pèlerinage;
Chaque objet à mes yeux venait le retracer :
Ton nom, gravé partout, triomphait de l'absence,
　　Et de mon cœur, fidèle à ta puissance,
　　　Rome enfin n'a pu t'effacer.

Eh! comment t'oublier sur cette noble terre,
De nos guerriers vainqueurs autrefois tributaire,
Quand tes fils, des Romains égalant les travaux,
Ont paré leurs États de monuments nouveaux ;
Quand, des Alpes brisant la couronne glacée,
Nos soldats, que suivait la Victoire empressée,
Frayant vers l'Italie une route à son char,
Ont aplani ces monts qu'avait gravis César ! [1]

Là sont inscrits les faits que la valeur enfante ;
Là tout parle de nous : modèle de vertu,
Sur les bords du Tessin Bayard a combattu ;
Ravenne, de Gaston vit la mort triomphante ;
Nos vieux exploits, Milan se les rappelle aussi,
Et ses remparts tombés nomment Montmorency.

Ces lieux ont vu depuis notre vaillante armée
Mériter des Romains l'antique renommée.
Sur ces monts, dans ces champs qu'ils rendirent fameux,
Naguère les Français ont triomphé comme eux ;
Et, nous citant déjà, la Muse de l'histoire
S'étonne, en comparant la superbe mémoire
   De ces Romains qu'elle aimait à chanter,
Qu'à tant de monuments, de souvenirs de gloire,
     Un autre peuple ose ajouter.

---

[1] Les jardins publics à Venise, l'arc du Simplon, la *Porta Ticinense*, le Cirque, et la façade du Dôme à Milan, sont dus aux travaux des Français. La route du Simplon, qui rappelle les plus beaux ouvrages des Romains, fut également entreprise et achevée par eux dans les premières années du dix-neuvième siècle.

Itinéraire d'Italie.

Ainsi, dans le passé nos héros se confondent,
D'Arcole et de Zama les échos se répondent;
Ainsi, devant le pont d'Horatius vainqueur,
Lorsque de ce haut fait on vantait la merveille,
Nul sentiment jaloux ne vint troubler mon cœur :
Sur le pont de Lodi j'avais passé la veille.
Un jour, au voyageur racontant nos succès,
De même on vantera l'Horatius français;
Et de ces ponts rivaux les arches fraternelles,
    Se rejoignant dans l'avenir,
    Resteront comme un souvenir
   De nos deux gloires éternelles.

Combien j'ai ressenti de joie et de fierté
    En voyant les restes antiques
    De ce théâtre aux cent portiques
Qu'aux ravages du temps nous avons disputé !
Ces marbres érigés aux vertus d'un grand homme,
Ces temples, les Français les ont rendus à Rome :
Ils ont su retrouver, par leurs constants efforts,
Ce Forum que Trajan consacra par ses fêtes.
Non contents de régner sur ces illustres bords,
Jusqu'au sein de la terre, où dormaient ces trésors,
    Ils ont poursuivi leurs conquêtes.

O France ! reconnais ton empire sur moi :
J'ai vu Naple... et mes vœux sont encor tous à toi !
Naples, divin séjour, jardin de l'Italie,
Où le palmier grandit sous un constant soleil,
Où l'orgueil se repose, où la gloire s'oublie;
Où, d'un volcan muet redoutant le réveil,
On voit par le danger la paresse ennoblie;

Où, joyeux sans sujet, enivré sans amour,
Agité sans désir et rêveur sans tristesse,
Des vagues mesurant la lenteur, la vitesse,
Une barque lointaine occupe tout un jour;
Où, sous les doux regards de l'objet qu'on adore,
Le bonheur le plus pur s'embellirait encore;
Où l'on souffrirait moins d'un regret douloureux,
Où dans l'exil enfin l'on pourrait être heureux!

Ce séduisant aspect, cette vague existence,
Pouvaient seuls un moment égarer ma constance.
Ah! je n'en puis douter, l'attrait de ces beaux lieux
Inspira le pouvoir, le charme insidieux,
Vainqueur de ce héros si fier dans les alarmes,
Qui sous le myrte en fleur laissait rouiller ses armes.
  Le Tasse l'avait éprouvé
Ce pouvoir qui, régnant sur un cœur captivé,
Rend l'amour indomptable et la valeur timide,
  Et c'est Naples qu'il a rêvé
  Dans les enchantements d'Armide.

  C'est non loin de ces bords chéris,
  Sous les orangers de Sorrente,
  Au sommet des rochers fleuris
 Où vient mourir la vague transparente,
Qu'il traça des plaisirs la peinture enivrante.
 J'ai voulu voir le limpide ruisseau
  Dont la Nymphe aujourd'hui le pleure.
 J'ai visité la riante demeure
Où, sous les verts lauriers, fut placé son berceau;
Et de tant de beautés la superbe harmonie,
Ce Vésuve, ces mers, ce ciel éblouissant

Que ses premiers regards bénirent en naissant,
　M'ont expliqué l'éclat de son génie.
Mon âme, en l'admirant, fut jalouse une fois
De la fière Italie où retentit sa voix ;
Mais, cessant d'envier ce fils qu'elle déplore,
Et qu'un funeste amour à la gloire immola,
J'invoquai les talents dont la France s'honore,
　Et mon orgueil se consola !
　Je me souvins que, dans le cachot sombre
Où j'allais à Ferrare implorer sa grande ombre,
　J'avais lu le nom si vanté
Du poëte français cher à la liberté,
Qui joint, noble héritier du chantre d'Athalie,
La lyre de Tyrtée au masque de Thalie. [1]
Puis, tournant mes regards vers ces îles d'azur
Qu'en ses chants célébra l'heureux amant d'Elvire,
Mon cœur se rappela son sublime délire,
Sa piété si tendre et son amour si pur.
Par les derniers adieux de celle qui l'inspire
　Là tout semble encore animé ;
　Et de la nuit le souffle parfumé,
Le doux frémissement des voiles du navire,
L'écho de leurs accents comme autrefois charmé,
　Tout ce qui chante, aime et soupire,
　Redit encore : « Ils ont aimé ! » [2]

---

[1] Le nom de M. Casimir Delavigne est inscrit sur le mur de la prison du Tasse, à Ferrare, auprès de celui de lord Byron.

[2] Tout le monde connaît la méditation poétique de M. de Lamartine qui finit par ces vers :

　　« Que le vent qui gémit, le roseau qui soupire,
　　» Que les parfums légers de ton air embaumé,
　　» Que tout ce qu'on entend, l'on voit, ou l'on respire,
　　　» Tout dise : Ils ont aimé ! »

Oui, même dans les arts où l'Italie est reine,
    Nous obtenons ses suffrages flatteurs;
Du savant troubadour des rives de la Seine
    Elle applaudit les accords enchanteurs.[1]
    S'il fut un temps où les rivaux d'Apelle
    Venaient chercher des couronnes chez elle,
    C'est parmi nous qu'on les brigue aujourd'hui :
Notre école est des arts le modèle et l'appui.
Et ce peintre fameux que Rome avait vu naître,[2]
Quittant le Capitole et les cieux paternels,
    Parmi nos talents immortels
    Est venu se choisir un maître.
Les Français, l'arrachant du céleste séjour,
Adoptèrent Psyché dans leur reconnaissance;
Et voulurent près d'eux enchaîner sans retour
Ce mortel qui, des dieux égalant la puissance,
    Sut l'animer comme l'Amour.

Je venais d'admirer ces longs cheveux d'ébène,
Ce regard à la fois sévère et séduisant
    De ces beautés, dont le front imposant
    Révèle encor la majesté romaine :
Humble pour mon pays, que pouvais-je opposer
    A cette gloire héréditaire?
    Notre élégance et notre grâce à plaire :
Avec ces faibles dons comment rivaliser?
Mais aux bords de l'Arno quel bruit se fait entendre?
Quel char vient de passer sous ces ombrages frais?

---

[1] L'opéra de *la Dame blanche*, de M. Boïeldieu, traduit en italien, a été représenté l'hiver dernier à Naples avec le plus grand succès.

[2] M. Gérard, né à Rome, est élève de David.

D'une jeune étrangère on vante les attraits,[1]
L'air noble et gracieux, le regard doux et tendre;
Pour la voir, les sentiers déjà sont envahis.
On admire son teint, sa blonde chevelure;
   Et le bon goût qui règne en sa parure
     A dit le nom de son pays.
Cet hommage éclatant vengerait de l'envie.
Un murmure flatteur alors la précéda;
Et bientôt, m'approchant de la foule ravie,
     Je reconnus la belle Ida.
A ce brillant succès à peine elle osait croire;
    Moi seule en goûtai le plaisir;
Et, toute à la fierté qui venait me saisir,
  « Ah! m'écriai-je, encore une victoire! »
Ainsi, mille sujets de nous glorifier
Dans la noble Italie ont su flatter mon âme,
Depuis le souvenir de notre honneur guerrier
    Jusqu'à la beauté d'une femme.

    Mon pèlerinage est fini.
Je rapporte, ma sœur, de Rome antique et sainte,
L'albâtre d'un tombeau par les siècles jauni,
   Des chapelets d'agate et d'hyacinthe,
Quelques vases d'argile, et du laurier béni.
  Si pour l'amour l'absence est dangereuse,
L'amitié sait la vaincre et n'en fait point serment;
   Et des plaisirs d'un voyage charmant
  C'est près de toi que je viens être heureuse.
Ces applaudissements qui vous sont parvenus
    Ne flattaient que mon espérance;

---

[1] Madame la duchesse de Guiche était à Florence au mois de juin 1827.

Pour jouir des succès loin de vous obtenus,
Je les imaginais dans notre belle France :
Tel celui qui, cherchant des arbustes nouveaux,
Dans le doux nom des fleurs met toute sa science,
Sous de lointains climats, brûlant d'impatience,
Rêve dans son pays le prix de ses travaux :
Car il ne jouira des trésors qu'il étale,
Du rameau précieux qu'il vient de conquérir
Sur les rochers déserts de l'île orientale,
Que le jour où, grandi sur la terre natale,
    Ses regards le verront fleurir.

Je reviens dissiper le vain bruit qui t'alarme ;
De ces beaux lieux, ma sœur, j'ai senti tout le charme ;
Mais loin de mon pays, sous les plus doux climats,
Un superbe lien ne m'enchaînera pas.
Non : l'accent étranger le plus tendre lui-même
Attristerait pour moi jusqu'au mot : Je vous aime...
    Un sort brillant, par l'exil acheté,
Comblerait mes désirs !... Ma sœur n'a pu le croire.
D'un plus noble destin mon orgueil est tenté :
    Un cœur qu'a fait battre la gloire
    Reste sourd à la vanité.
Ce bonheur dont l'espoir berça ma rêverie,
Nos rivages français pouvaient seuls me l'offrir.
J'ai besoin, pour chanter, du ciel de la patrie :
C'est là qu'il faut aimer, c'est là qu'il faut mourir.
Hélas ! si le malheur finit mes jours loin d'elle,
Qu'on ne m'accuse pas d'une mort infidèle :
Jure de ramener dans notre humble vallon
Et ma harpe muette et ma cendre exilée.
Ah ! sous les peupliers de notre sombre allée,

Une croix, des fleurs et mon nom
Charmeraient plus mon ombre consolée
Qu'un magnifique mausolée
Sous les marbres du Panthéon.

1827.

NATALIE.

A MADEMOISELLE NATALIE POTOCKA.

> A notre premiere rencontre, qui feut par
> hazard en une grande feste et compaignie de
> ville, nous nous trouvasmes si prins, si cogneux,
> si obligez entre nous, que rien dès lors ne nous
> feut si proche que l'un à l'autre.
> MONTAIGNE. Chap. *de l'Amitié.*

Elle m'est apparue au milieu d'une fête,
Comme l'être idéal que cherche le poëte,
Comme cet ange ami dont on connaît la voix,
Et qu'un songe pieux me fit voir autrefois.
A son regard céleste, à sa grâce ingénue,
A sa douce langueur mes yeux l'ont reconnue.
Dès lors je pressentis combien j'allais l'aimer.
Pour elle un vague effroi vint aussi m'alarmer.
« Ah! pourquoi, m'écriai-je en ma pitié profonde,
Descend-elle des Cieux pour habiter ce monde?
Des maux que sa jeunesse espère en vain braver
Si du moins ma raison pouvait la préserver!
Si ma tendre amitié, mes soins, ma confiance,
Pouvaient à sa candeur servir d'expérience! »
Ces vœux que je formais, je les vois s'accomplir;
Je vois mes tristes jours par elle s'embellir,

Pour ne pas l'affliger des chagrins qu'elle ignore,
Au bonheur, aux serments, je feins de croire encore.
Mélange séduisant d'enfance et de raison,
Ne sachant que les noms d'amour, de trahison,
Son âme, empreinte encor d'une essence divine,
Ne veut pas croire au mal que son esprit devine.
Je saurai, prolongeant cette trop douce erreur,
Des dangers prévenus lui sauver la terreur.
Oui ! le noble intérêt que son destin m'inspire
Doit sur son jeune cœur m'assurer quelque empire.
Cette lyre et ces vers qu'elle daigne envier,
J'éprouve un nouveau charme à les lui dédier.
De tout ce qui l'émeut mon âme est attendrie.
Elle seule est l'objet de ma coquetterie :
Lorsque, sur son beau front languissamment penché,
Par la brise du soir un ruban détaché
Dérange en la voilant sa blonde chevelure,
Quelque chose me gêne et manque à ma parure.
Loin d'envier son sort, sa touchante beauté,
De ses moindres succès mon orgueil est flatté ;
Je les vois, les prédis, je les partage même,
Et je me sens rougir si l'on me dit qu'on l'aime.
Enfin mon cœur renaît pour mieux guider le sien,
Son brillant avenir a remplacé le mien ;
Et trouvant dans ses vœux une source nouvelle,
Mes rêves de bonheur recommencent pour elle.

Rome, 1827.

IL M'AIMAIT!

> On rencontre l'ami avec qui l'on voudrait passer ses jours au moment où le sort va le fixer loin de nous; on découvre le cœur que l'on cherchait, la veille du jour où ce cœur va cesser de battre.
> SAINT AUGUSTIN.

Il m'aimait!... et mon cœur ne l'a point deviné!
Et l'espoir à mes pas ne l'a point enchaîné!
Je n'ai point reconnu l'amour à son silence,
Aux feux dont un regard trahit la violence,
A ces oublis, ces torts, à cet esprit distrait
Qui même au sein du monde est tout à son secret;
A ces jaloux dépits qu'un rien calme ou rallume;
A ces mots si flatteurs, dits avec amertume;
A cet effroi charmant qu'il savait m'inspirer!
Enfin sur son amour tout devait m'éclairer,
Et son trouble et le mien, et sa gaîté factice,
Ses soupçons offensants dont j'aimais l'injustice,
Sa haine pour les soins que d'autres me rendaient,
Et sa protection pour ceux qui m'obsédaient.

Que de fois j'ai souffert de cette jalousie!
Lorsque d'un peu d'orgueil je me sentais saisie
Au bruit harmonieux de ces flatteurs discours
Qu'on sait n'être pas vrais et qui plaisent toujours;

Lorsqu'au bal j'arrivais élégamment parée,
Il semblait malheureux de me voir admirée,
Et du moindre succès qui pouvait m'éblouir
Son absence aussitôt m'empêchait de jouir.
Mais c'est dans le malheur que l'amour se révèle :
Et si je m'affligeais d'une triste nouvelle,
Si le sort m'accablait en frappant mes amis,
Je comptais sur des soins qu'il n'avait point promis.
L'infortune, le deuil, les regrets, la souffrance,
De le revoir soudain me donnaient l'assurance,
Et je me reprochais d'attendre sans effroi
Le malheur qui devait le ramener vers moi.

Puis quand il revenait, par sa vue embellie,
Quand sa voix triomphait de ma mélancolie,
Quand chacun partageait ma subite gaîté,
Lui, s'indignait tout bas de ma légèreté.
Dans le monde on exclut la jeunesse de l'âme :
On veut que la langueur soit l'amour d'une femme ;
On la juge insensible alors qu'elle sourit :
On ne croit pas qu'elle aime en gardant de l'esprit ;
Aussi, de ma gaîté soupçonnant l'apparence,
Il prenait mon bonheur pour de l'indifférence.
Sans oser l'avouer, je l'aimais cependant,
Et j'avais tant souffert la veille en l'attendant !
Ah ! je n'en puis douter au regret qui m'oppresse :
Celui dont la douleur accuse ma tendresse,
Celui qui pour me fuir a quitté ce beau lieu
Ne serait point parti s'il m'avait dit adieu !

Mais plein de mon image, et s'affligeant de même,
Ne peut-il à son tour deviner que je l'aime ?

Éclairé comme moi par un doux souvenir,
Inspiré par l'espoir, ne peut-il revenir?
Ne puis-je désormais lui consacrer ma vie?...
Non... de le consoler la douceur m'est ravie;
Non... en cédant trop tard à son charme vainqueur,
J'ai mérité qu'une autre entende mieux son cœur;
J'ai mérité qu'il cherche à m'oublier près d'elle.
Peut-être en ce moment, sans plaisir, infidèle,
D'un lien sans bonheur il va subir la loi,
Et tout en me pleurant il est perdu pour moi!

Ainsi, las d'espérer, fatigués de s'attendre,
Deux êtres par l'amour destinés à s'entendre,
Trouvant enfin l'objet qui peut seul les charmer,
Se quittent pour toujours quand ils allaient s'aimer!
La gloire et le bonheur, sourds à nos voix plaintives,
N'accordent à nos vœux que des faveurs tardives.
Ainsi le vieux poëte à regret voit fleurir
Un laurier qu'à l'amour il ne peut plus offrir.
Après l'orage ainsi s'effeuille l'anémone,
Quand le soleil venait relever sa couronne.
Le matelot périt aux lueurs du fanal
Qui s'allume pour lui sur le rocher natal.
Le guerrier, qui pleurait une gloire flétrie,
Tombe dans le combat qui sauve sa patrie...
Ainsi se perd la vie en des jours douloureux,
Et l'on se sent mourir au moment d'être heureux!

Paris, 1828.

MA RÉPONSE.

> Une femme insensible est celle qui n'a pas encore vu celui qu'elle doit aimer.
> La Bruyère. Chap. *des Femmes.*

On accuse mon cœur de ne pouvoir aimer,
D'être sourd aux accents qui devraient le charmer :
« Le poëte, dit-on, dans sa brûlante ivresse,
» Peut rester insensible en peignant la tendresse ;
» Son art ingénieux, de lui-même vainqueur,
» Parle à force d'esprit le langage du cœur ;
» Aux plus beaux sentiments son délire l'élève...
» Mais en chantant l'amour, c'est la gloire qu'il rêve ;
» Son désespoir, ses cris, loin d'être superflus,
» Assurent à ses vers un triomphe de plus,
» Et, pour se consoler, il attend que le monde
» Applaudisse aux accents de sa douleur féconde. »

O toi dont l'harmonie accompagne mes chants,
Qui fais parler mon âme en tes accords touchants,
Toi qu'hélas ! tant de fois j'arrosai de mes larmes,
Toi qui connais mes vœux, mes rêves pleins de charmes,
Mes regrets éternels, mes tourments, mon effroi,
Toi qui sais mon secret, ma harpe, défends-moi !
Dis comment le poëte, en proie à la souffrance,
Peut célébrer l'amour, la joie et l'espérance ;

Comment par l'avenir son génie attristé
S'abandonne à l'erreur pour fuir la vérité ;
Dis comment, créateur des plus riants mensonges,
Son cœur désespéré s'exile dans ses songes.
Si les hymnes de gloire ont pour lui des attraits,
Pour des maux ignorés il a des chants secrets !
Mais les hommes, voyant son désespoir sublime,
Lorsqu'il faudrait la plaindre admirent la victime,
Et ne comprennent pas, l'entendant soupirer,
Qu'un chagrin soit mortel dès qu'il peut inspirer.
Ainsi, quand le chasseur lui ravit sa compagne,
L'aigle sort désolé du creux de la montagne,
Et, reprenant soudain son vol audacieux,
Va cacher sa douleur dans le désert des cieux ;
Dans l'espace avec lui ses chants plaintifs s'élèvent,
Ici-bas commencés, dans les airs ils s'achèvent ;
Les mortels le suivant au séjour étoilé,
N'entendant plus ses cris, le disent consolé,
Et ne soupçonnent pas que l'oiseau des tempêtes
Puisse gémir encore en planant sur leurs têtes !

Vous blâmez ma froideur et ma légèreté ;
Mais, en ces lieux, l'usage impose la gaîté.
On se rit des chagrins étalés avec pompe ;
Les yeux indifférents exigent qu'on les trompe.
Il faut, se dérobant à leur vaine pitié,
Réserver sa tristesse aux soins de l'amitié.
Eh ! qui pourrait me plaire en ce monde frivole,
Où, soumis à l'orgueil, chaque jour on immole
A de vils intérêts les plus doux sentiments,
Où le soin de briller remplit tous les moments ;
Où la jeunesse, hélas ! riche d'expérience,

A fait de l'amour même une froide science?
Dans ce siècle pédant, charmer n'est plus un don,
Tout est calcul : les soins, le dépit, l'abandon,
Les regards, les soupirs, la douce rêverie,
Ne sont que les moyens de cette théorie.
On s'étudie à feindre un injuste courroux,
Avant l'instant prescrit on n'ose être jaloux,
Et le plus exercé dans cet art difficile
Est en nous séduisant moins aimable qu'habile.

Livrerai-je mon cœur à ce bel indolent?
Suivre ou donner la mode est son premier talent.
D'opales, de rubis, sa parure étincelle;
Et c'est en s'admirant qu'il me dit : « Qu'elle est belle! »
Dois-je lui préférer ce jeune ambassadeur,
Qui prend la gravité pour de la profondeur,
Qui met toute sa gloire à contraindre son âme,
Et sa diplomatie à tromper une femme?
Séduite par l'espoir de succès éclatants,
Faut-il choisir enfin ce tribun de vingt ans,
Rhéteur ambitieux, sévère par système,
Qui maudit sa jeunesse auprès de ce qu'il aime;
Qui déjà, s'apprêtant à défendre nos lois,
Sur les moindres sujets veut exercer sa voix,
Et, rêvant au conseil sa future importance,
Fait en parlant d'amour des essais d'éloquence?

Non, ces heureux du jour ne sauraient m'attendrir;
A mon amour il faut des larmes à tarir.
Qu'elle chante les Cieux, la gloire ou la tendresse,
Ce n'est point au bonheur que ma harpe s'adresse;
Un sourire m'enchante, un mot me fait rêver,

Mais l'attrait du malheur peut seul me captiver.
Qu'importent les secours, les accents du poëte,
A celui dont la vie est un long jour de fête,
Dont le cœur n'eut jamais de blessure à guérir,
Qui ne fut point trompé, qui n'a pas vu mourir?
Ah! s'il est un mortel désabusé du monde
Qui cherche en ses regrets un cœur qui lui réponde,
Nommez-le.... Fallût-il en un désert affreux
M'exiler avec lui... Nommez ce malheureux
Qui, sans espoir, succombe à sa douleur extrême,
Que l'amour peut sauver... et vous verrez si j'aime!...

Paris, 1828.

L'UNE OU L'AUTRE.

> Pour le malheur d'un autre on manque de courage.
> Jules de Rességuier.

Si tu l'aimes encor, pourquoi troubler ma vie ?
Pourquoi jeter l'effroi dans son âme ravie ?
Pourquoi ton faible cœur, trop prompt à s'enflammer,
Vient-il m'offrir des vœux qu'elle doit réclamer ?
Pourquoi, me punissant du crime de te plaire,
Exciter contre moi sa jalouse colère ?
Faut-il, déjà tremblante et cruelle à mon tour,
A son juste dépit mesurer ton amour ?
Pour croire à tes aveux, pour calmer mes alarmes,
Dois-je sur mon bonheur interroger ses larmes ?
Ou, sans crainte livrant mes destins à ta foi,
Pour soumettre ma vie à ta charmante loi,
Pour être heureuse enfin, me faudra-t-il attendre
Que son cœur, devenu moins crédule et moins tendre,
De ses premiers serments cherche à se délier ?
Hélas ! je sens déjà qu'on ne peut t'oublier ;
Et si mon sort dépend de son indifférence,
Ma faiblesse me dit qu'il n'est plus d'espérance !

Avant de la trahir n'as-tu point combattu ?
L'amour a ses devoirs ainsi que la vertu.
Douter de tes remords serait te faire injure ;
Combien tu dois souffrir de ce double parjure !

Quels ennuis sont les tiens quand, près de me revoir,
Retenu par sa joie ou par son désespoir,
Aux plus cruels tourments ton absence me livre !
Dans ces brillants salons où le plaisir enivre,
Dis-moi, l'art de tromper te semble-t-il si doux,
Lorsque, de ma rivale oubliant le courroux,
Et ravi du bonheur qu'en mes yeux tu fais naître,
Près de nous tout en pleurs tu la vois apparaître ?
Que de fois, t'arrachant à ce nouveau lien,
Tu blessas mon amour pour ménager le sien !
Et puis tu revenais à l'heure désirée
Me demander pardon de l'avoir rassurée !
Ah ! cruel, si ton cœur ne peut m'appartenir,
Épargne les regrets à mon triste avenir.
D'un vain rayon d'espoir n'éblouis point mon âme ;
Cache-moi ce sourire et ce regard de flamme
Dont le pouvoir m'enchaîne et m'attire vers toi ;
Du danger de t'aimer, par pitié, sauve-moi !
Ne me dis plus ces mots, ces mots pleins de tendresse,
Prononcés en tremblant, jetés avec adresse,
Et dont le charme, hélas ! se fait encor sentir
Même quand le parjure a pu les démentir.
Fuis ! de ta trahison ne me rends pas complice ;
Cet amour partagé deviendrait mon supplice.
Toi-même, m'appelant la cause de tes torts,
Dans ma félicité ne verrais qu'un remords.
En vain, tout à mes vœux, pour moi brisant ta chaîne,
De celle qui t'aima, tu braverais la haine,
Malgré tes soins si doux, ton bonheur, tes serments,
Malgré l'art de cacher tes coupables tourments,
Je lirais dans tes yeux ta pensée infidèle...
C'en est fait ! j'ai choisi... Regrette-moi près d'elle !

Paris, 1828.

A MADAME

LA MARQUISE DE ★★★.

En vain vous m'honorez d'un peu de jalousie ;
Un si flatteur soupçon, hélas! ne m'est pas dû ;
J'en conviens, dans l'orgueil dont mon âme est saisie,
Aux plus hardis succès j'ai souvent prétendu.
L'obstacle, les dangers enflammaient mon audace :
J'aurais vu sans effroi le tumulte des camps ;
Sans effort j'ai gravi des montagnes de glace,
Et mes pas ont foulé la cendre des volcans.

J'ai vanté la clémence aux princes de la terre ;
La crainte d'un dépit ne m'arrêta jamais.
Plus courageuse encor, par un conseil austère,
J'osai déplaire un jour à celui que j'aimais !

 Ma voix, de parjure incapable,
Sut au pouvoir dire la vérité,
  Et dépeindre un amour coupable
  En conservant sa pureté.

Aux vertus des méchants j'ai refusé de croire ;
A ceux qui la causaient j'ai caché ma douleur :
  De ceux que frappait le malheur
  Ma lyre osa chanter la gloire !

Par de pieux transports mon génie entraîné
Imita du Seigneur la divine parole :
On me reçut poëte au pied du Capitole,
    Où le Tasse fut couronné !...

Et cependant il est des rocs inaccessibles
    Où mes pas se sont arrêtés,
    Et des triomphes impossibles
    Que mon orgueil n'a point tentés.

Ainsi, malgré l'élan de cet orgueil extrême,
Jamais je n'ai voulu, défiant l'aigle même,
M'élancer avec lui dans l'espace des cieux,
Ni marcher sur les flots d'un pas audacieux !...
    Ni séduire un cœur — qui vous aime !...

Paris, 1828.

LE PÊCHEUR DE SORRENTE.

A MADAME LA DUCHESSE DE NARBONNE.

Sorrente, doux rivage,
Espoir des matelots,
Les parfums de ta plage
Nous guident sur les flots.

Consultez les étoiles,
Vous qu'attend le danger;
Moi, je guide mes voiles
Où fleurit l'oranger.

Ici mon toit de chaume
A pour moi plus d'attraits
Que le superbe dôme
Du plus riche palais.

Pour la fleur du courage
Va combattre, guerrier;
Ma cabane s'ombrage
D'un paisible laurier.

Que Nisida m'enchante !
Qu'elle est blanche, sa main !
Que sa voix est touchante
Quand elle dit : « Demain ! »

Chacun cherche à lui plaire ;
Moi seul suis écouté :
Tous craignent sa colère ;
Je ris de sa fierté.

Les filles de Sorrente
Imitent ses atours,
Son corsage amarante
Aux lacets de velours.

Les bandeaux d'une reine
Sont bien moins enviés
Que les nattes d'ébène
Qui tombent à ses pieds.

L'éclat d'une couronne
Tenterait moins mes vœux
Qu'un bouton d'anémone
Caché dans ses cheveux.

Tous ces mets qu'on arrange
Pour la table des rois
Valent-ils une orange
Que partagent ses doigts ?

Rien ne me fait envie ;
Tout réjouit mon cœur,
Et j'ai fait de la vie
Un long jour de bonheur.

Jamais je ne prolonge
Les heures du sommeil ;
Il n'est point d'heureux songe
Qui vaille mon réveil.

Je prie, et Dieu m'envoie
Ce que j'ai désiré,
Et c'est encor de joie
Qu'un seul jour j'ai pleuré.

Ah ! si Dieu, que j'adore,
Au Ciel m'a destiné,
J'y veux choisir encore
Tout ce qu'il m'a donné.

Paris, 1828.

LE PÊCHEUR D'ISLANDE.

Islande, noir rivage,
Dans l'Océan perdu,
Par l'effroi de ta plage
Ton peuple est défendu ;
Nul vainqueur sur tes cimes
N'osa dresser son camp ;
Tes ports sont des abimes,
Ton phare est un volcan !

Mon cœur, dans ces campagnes,
Ne craint pas d'ennemis ;
Les hôtes des montagnes
A mes lois sont soumis.
Mon dard atteint sous l'onde
Le tyran de nos mers ;
Un caillou de ma fronde
Abat le roi des airs.

J'aime les précipices
Où j'affronte la mort,
Quand l'heure des délices
M'attend sur l'autre bord :

Et je plains l'homme esclave
Qui ne peut chaque jour,
Par les dangers qu'il brave,
Prouver tout son amour.

Elvina sut me plaire ;
J'avais mille rivaux,
Et j'armai ma colère
Pour des combats nouveaux :
Mais, cachant en lui-même
Un regret insolent,
Chacun sait que je l'aime...
Et l'admire en tremblant.

Quand mon bras la protége,
Que j'aime les frimas!
Que j'aime sur la neige
L'empreinte de ses pas!
Les tapis de fougère
M'offriraient moins d'attrait :
Là, sa marche légère
Sans trace passerait.

De vos fécondes gerbes
Je ne suis point jaloux ;
De vos pampres superbes,
Français, enivrez-vous :
Vos chants, votre folie,
Votre amère gaîté,
De ma mélancolie
N'ont pas la volupté!

Qu'un vin brûlant vous livre
A l'oubli du passé,
Mieux que vous je m'enivre
Du lait qu'elle a versé ;
Et ma coupe rustique
Se change en vase d'or
Quand sa lèvre pudique
En a touché le bord.

De vos bois solitaires
Les ombrages trompeurs
Valent-ils les mystères
De nos blanches vapeurs ?
Là, ma joie inconnue
Se cache à tous les yeux ;
Habitant de la nue,
Je me crois dans les Cieux !

Paris, 1828.

LE RÊVE
D'UNE JEUNE FILLE.

« Avez-vous quelques nouveaux vers à me dire?
— Non; je ne travaille pas depuis quelque temps.
— Cela est impardonnable.
— Eh bien, donnez-moi un sujet; je le commencerai, si vous me promettez de le finir.
— Soit : *le Rêve d'une jeune fille.* »

CONVERSATION.

L'alouette, au matin répondant la première,
S'élève du sillon pour héler la lumière ;
C'est l'heure où, sur nos yeux, la langueur du sommeil,
Prête à s'évanouir, lutte avec le réveil ;
Où les songes légers que l'aube fait éclore
Se lèvent de nos cœurs, riants comme l'aurore ;
Où déjà, transparents, nos rêves ne sont plus
Qu'un fantôme animé de nos désirs confus !

J'avais laissé bien loin les écueils de la vie ;
Je touchais à la rive, et voyais sans envie
Mille fraîches beautés éclore en leur saison,
A ce soleil, pour moi si bas à l'horizon !
L'espoir qui les guidait, en les trompant sans cesse,
N'était plus dans mon cœur qu'un parfum sans ivresse.

Le mien d'un monde à l'autre avait déjà monté ;
Immuable, il planait dans l'immortalité !
Mais un astre plus pâle, et dont l'éclat que j'aime
Prête, comme la lune, un jour à la nuit même,
Le souvenir, dorant les sentiers du lointain,
Rappelait mes regards du côté du matin,
Et, ranimant pour moi de chères existences,
De tombeaux en tombeaux en marquait les distances,
Mes regrets adoucis s'y posaient sans frémir.
Ils dorment... auprès d'eux j'irai bientôt dormir.
Ces regrets qu'en marchant nous laissons en arrière,
Ces vides que la mort fait dans notre carrière,
Ces blessures du temps sont moins tristes le soir.
On est plus près de l'heure où l'on doit tout revoir,
Et chaque amour éteint, chaque amitié ravie,
Semble un gage de plus qu'on jette à l'autre vie !

Mon front avec candeur portait ses cheveux blancs :
Je ne rougissais pas de ces traces des ans.
Les vieux jours ont leur neige aussi qui les décore ;
Le couchant d'un ciel pur n'en vaut-il pas l'aurore ?
Chaque ride à mon front ajoutait un respect ;
La majesté du temps parlait dans mon aspect ;
Les enfants à mon col aimaient à se suspendre,
Montaient sur mes genoux, et pleuraient d'en descendre.

ALPHONSE DE LAMARTINE.

Car j'avais abdiqué le droit de les punir,
Et mes tremblantes mains ne savaient que bénir.
La jalouse beauté me voyait sans alarmes ;
L'amour me confiait son espoir et ses larmes.

J'étais heureuse et vieille en mon vague sommeil ;
Bonheur pur... qu'a détruit un rayon du soleil !
Enlevée aux douceurs d'une paix mensongère,
Soudain je vois des fleurs, une écharpe légère,
Et des rubans d'azur, et des parures d'or
Que le soleil rendait plus brillantes encor ;
Puis ma robe de bal aux rideaux suspendue !...
Et voilà ma jeunesse à ses ennuis rendue !
Que de soins fatigants pour être belle un soir !
Briller est-il un but ? plaire est-il un devoir ?
Que je hais de ces soins l'importance futile !
La parure si longue... et peut-être inutile !
Que je hais ces beaux ans follement enviés,
Et tous ces vains plaisirs si souvent expiés !
Cet âge de l'espoir, ce printemps qu'on regrette,
Ne promet que tristesse à mon âme inquiète.
Jeune, — je sais déjà qu'en nos sombres destins
Les beaux jours sont douteux, — les orages certains,
Que d'inutiles vœux nos âmes sont bercées,
Qu'on nomme illusions nos plus douces pensées,
Qu'il naît d'amers chagrins sous d'innocents plaisirs,
Qu'il faut se défier de ses plus purs désirs !...
Semblable au voyageur qui s'arrête... et qui doute,
Tremblante, à chaque pas, je demande ma route...
Il pressent comme moi les ennuis du chemin,
Les fatigues du jour, celles du lendemain.
Avant de commencer son dur pèlerinage,
Il sait quels ennemis l'attendent au passage ;
Il prévoit les dangers qui vont le menacer,
Les fleuves à franchir, les monts à traverser ; —
Il sait qu'il est des champs sans ruisseaux et sans ombre,
Qu'il pourra s'égarer dans quelque forêt sombre,

Qu'à l'heure du péril nul n'entendra sa voix,
Que son bâton noueux se brisera vingt fois,
Et qu'il faudra souvent, dans ce voyage aride,
Quitter ses compagnons, — et soupçonner son guide!...

Comme lui je m'afflige ; et l'aspect du danger,
Même avant le départ, vient me décourager ;
Ma jeunesse, déjà de crainte poursuivie,
Calcule tristement la longueur de ma vie.
Un si vaste avenir m'inspire de l'effroi ;
Tout ce que j'aime, hélas! doit mourir avant moi!
Peut-être qu'au foyer, me laissant solitaire,
Je verrai mes amis dispersés sur la terre :
L'un fuira loin de moi, par le sort emporté ;
L'autre en mon désespoir mettra sa vanité.
Mes compagnes, suivant des routes dangereuses,
Peut-être m'oublieront — en devenant heureuses!...
Peut-être que l'erreur m'entraînant sans retour,
Je deviendrai frivole et parjure à mon tour!...
Ah! fuyons-le, ce monde où la candeur s'altère,
Où le piége est sans nom, le mal involontaire.
Dans ce séjour d'orgueil que trouverais-je, hélas!
De perfides succès qui ne me flattent pas ;
Pour un moment d'amour, des haines éternelles ;
Des femmes au cœur tendre, et, par dépit, cruelles,
Implacables vengeurs des triomphes d'un jour,
Dont la rivalité — survit même à l'amour!

Oh! oui, je donnerais ces trésors de mon âge,
Ce vaisseau pavoisé pour un si long voyage,
Sur une vaste mer voguant avec effort,
Pour un humble navire à l'abri dans le port...

Cette idole nouvelle, aux sublimes oracles,
Pour ma vieille patronne aux incertains miracles.
Je changerais ce voile et ces tissus de fleurs
Pour le manteau d'aïeule aux sévères couleurs,
Et cette tête blonde à mes parents si chère,
Pour leurs vieux cheveux blancs qu'on baise et qu'on révère.
Je donnerais enfin l'espoir et ses trésors
Pour un beau souvenir — dans un cœur sans remords!

Paris, 1828.

LE DÉPART.

A M. ALPHONSE DE LAMARTINE.

Quel est donc le secret de mes vagues alarmes ?
Est-ce un nouveau malheur qu'il me faut pressentir ?
D'où vient qu'hier mes yeux ont versé tant de larmes
    En le voyant partir ?

La nuit vint... et j'errais encor sur son passage.
Regardant l'horizon où l'éclair avait lui,
Sur la route, de loin, je vis tomber l'orage,
    Et je tremblai pour lui.

J'aimais à contempler cette lueur ardente
Qu'il voyait comme moi dans le ciel obscurci,
A sentir sur mon front cette pluie abondante
    Qui l'inondait aussi.

J'allai, cherchant un être ému de ma souffrance,
Interroger les yeux de son départ témoins...
Mais lui !... n'était pour eux, dans leur indifférence,
    Qu'un voyageur de moins.

Nos amis m'attendaient au seuil de ma demeure;
Je lus dans leurs regards un reproche jaloux.
« L'ingrate! disaient-ils; elle souffre, elle pleure,
    Et ce n'est pas pour nous! »

Cependant pour tromper son âme généreuse,
J'ai caché ma douleur sous l'adieu le plus froid...
Pourquoi de son départ être si malheureuse?...
    Je n'en ai pas le droit.

Quel est ce sentiment, ce charme de s'entendre,
Qui, montrant le bonheur, le détruit sans retour...
Qui dépasse en ardeur l'amitié la plus tendre...
    Et qui n'est pas l'amour?

C'est l'attrait de deux cœurs, exilés de leur sphère,
Qui se sont d'un regard reconnus en passant,
Et que, dans les discours d'une langue étrangère,
    Trahit le même accent.

Tels, voguant loin des bords d'une terre chérie,
Deux navires perdus entre le ciel et l'eau,
Reconnaissent leurs vœux, leurs destins, leur patrie,
    Aux couleurs d'un drapeau.

Noble et sainte union, en délices fertile!...
Pour nos cœurs fraternels rêvant le même bien,
Le champ de la pensée est un commun asile,
    Et la gloire un lien.

On parle à son ami des chagrins de la terre ;
On confie à l'amour le secret d'un instant ;
Mais, au poëte aimé, l'on redit sans mystère
    Ce que Dieu seul entend !

Paris, 1828.

CORINNE AIMÉE.

Il m'aime!... ô jour de gloire, ô triomphe, ô délire!
Tout mon cœur se réveille, et je reprends ma lyre;
Je suis poëte encore, — et veux que l'univers
Devine mon bonheur à l'éclat de mes vers;
Je veux pour le chanter, m'enivrant d'harmonie,
Au feu de son amour allumer mon génie;
Oui, je veux, dans la lice atteignant mes rivaux,
Justifier son choix par des succès nouveaux,
Et, digne de le suivre en sa noble carrière,
Suspendre à ses lauriers ma couronne de lierre.

Par d'amères douleurs si longtemps éprouvé,
Mon cœur trouve en un jour tout ce qu'il a rêvé;
Lui seul pouvait me plaindre et comprendre mon âme,
Lui seul pouvait aimer la gloire d'une femme!
Le riche, dans le temple assis avec orgueil,
Permet à l'indigent de prier sur le seuil;
Le monarque adoré que le pouvoir enchante
Se montre-t-il jaloux de la voix qui le chante?
Non; — et celui qui règne au milieu des combats,
Qui, d'un mot, peut changer le destin des États;
Celui qui s'illustra par des succès sans nombre,
D'un regard protecteur verra grandir à l'ombre
Un modeste laurier encor baigné de pleurs,
Dont une faible main ne choisit que les fleurs.

Des vers à sa compagne il permettra l'ivresse,
Car l'inspiration redouble sa tendresse.
C'est à lui qu'elle parle en son enchantement;
Chacun de ses accords est un noble serment.
Dans ces yeux inspirés que le vulgaire admire,
Il ne voit qu'un regard qui le cherche et l'attire;
Cette main, sur le luth habile à moduler,
Est la main qu'en la sienne il a senti trembler;
Cette voix, que les vers rendent grave et sonore,
Pour lui n'est qu'un soupir, un accent qui l'implore.
Dans sa fragile gloire il ne voit qu'un danger,
Et quand chacun l'envie, — il court la protéger!

Ah! ce sont d'autres cœurs que la gloire sépare!

Mais, dans ces vœux d'orgueil d'où vient que je m'égare?
Pourquoi les désirer, ces triomphes d'un jour?
Est-il donc un succès plus beau que son amour?
L'orgueil de l'enchaîner suffit à ma mémoire;
Son bonheur désormais sera toute ma gloire;
Sous un reflet — mon front sera plus radieux :
Le lac de nos vallons éblouit plus les yeux,
Quand le disque du jour dans ses flots vient se peindre,
Que le phare des mers, qu'un souffle peut éteindre; —
L'écho, qui de la lyre ose imiter les chants,
A de plus nobles sons — que la flûte des champs;
La brise qui se joue au front des lis superbes
A de plus doux parfums que le bluet des gerbes...
Et moi, pour mieux briller, je m'efface aujourd'hui.
Gloire, succès, bonheur, je tiendrai tout de lui;
Et mon ambition, pour seule renommée,
Est que l'on dise un jour : « Corinne en fut aimée! »

Le présent, l'avenir, pour moi tout est changé ;
Du poids de ses regrets mon cœur est soulagé.
Il n'est plus, ce tourment dont j'étais poursuivie :
Un horizon d'espoir environne ma vie !...
D'un constant souvenir j'aime à subir la loi ;
C'est un secret brûlant que je porte avec moi.
Ce bonheur, dont je suis doucement oppressée,
Comme un parfum des cieux enivre ma pensée.
Tout m'enchante à présent, le silence et le bruit,
L'éclat d'un jour serein, les ombres de la nuit ;
Je brave la retraite et sa langueur profonde,
Et l'uniformité des vains plaisirs du monde.
Pour celle qu'un doux rêve accompagne en tous lieux,
Il n'est plus d'importuns, il n'est plus d'ennuyeux.
Un long récit me plait ; — sans effroi je l'endure,
Et je rêve à ce bruit comme au plus doux murmure.
Je subis des pédants les fatigants débats ;
Je ris de leurs bons mots, — que je n'écoute pas :
C'est l'innocent moyen que mon adresse emploie.
Ah ! le rire souvent sert à cacher la joie !

Et cependant, promise au plus bel avenir,
Mon front est pâle encor d'un triste souvenir ;
Les traces de mes pleurs ne sont point effacées ;
Mon cœur palpite encor de ses craintes passées...
On sourit avec peine après de longs malheurs,
Et tout dit que ma joie est née au sein des pleurs.
Tel l'indocile enfant que pardonne une mère
Oublie en sa gaîté sa douleur éphémère ;
Il joue, — et cependant son visage enfantin
Est pâle encor le soir des troubles du matin ;
Son maintien, moins hardi, reste empreint de tristesse ;

Ses chants ont moins d'éclat, ses pas moins de vitesse;
Et des pleurs essuyés ses yeux encor brûlants,
Son rire entrecoupé par des soupirs tremblants,
Sa vue émue encor des lointaines alarmes,
Tout, dans ses jeux, trahit un jour entier de larmes.

Oh! combien j'ai souffert avant ces doux moments!
Que de nuits sans sommeil, d'affreux pressentiments!
Mais aujourd'hui mon cœur chérit ses craintes vaines,
En le voyant sourire au récit de mes peines.
L'obstacle est un rempart; alors qu'on le franchit,
De tous les maux passés le bonheur s'enrichit.
Ainsi, le vieux soldat rentré dans sa patrie
Contemple avec amour sa blessure guérie,
La montre à ses enfants comme un noble trésor,
D'un reste de douleur aime à souffrir encor!
Des jours de grands combats il raconte l'histoire,
Et chaque cicatrice a son nom de victoire;
De ses fils avec joie il excite les pleurs,
Et lorsqu'un ciel changeant ramène ses douleurs,
« Oh! dit-il en riant d'un facile courage,
Ma balle d'Austerlitz nous annonce l'orage. »

Ainsi, mon cœur joyeux aime à se rappeler
Les chagrins dont un mot a su me consoler;
Et, dans ce souvenir, trouvant de tristes charmes,
Ose croire au bonheur — payé par tant de larmes!

Paris, 1828.

DÉCOURAGEMENT.

Adieu, — ne blâmez point mon exil volontaire ;
Le monde et ses flatteurs ne m'offrent plus d'attrait.
Qu'importe un vain éclat ? — Pour l'âme solitaire,
  Chaque plaisir est un regret.

Un triomphe isolé ressemble au météore
Dont l'éclat fugitif brille un moment — et fuit.
Dans le vide d'un cœur la gloire est trop sonore...
  Sans écho, sa voix n'est qu'un bruit.

Misérable destin ! — Quoi ! vivre sans son âme,
Méconnaître l'amour, et toujours le rêver ;
Parler, sans s'émouvoir, un langage de flamme ;
  Peindre un bonheur, sans l'éprouver !

Dans l'ivresse des vers, lorsque ma voix flexible
Modulait des accords que le monde admirait,
Mon cœur indépendant restait seul insensible
  Aux chants d'amour qu'il m'inspirait.

Ainsi, lorsque les mers balancent son image,
Font trembler ses rayons sur les flots furieux,
L'astre pâle des nuits, insensible à l'orage,
  Reste immobile dans les cieux!...

J'ai vu tous ces heureux que le plaisir entraîne,
Dont le regard est tendre — et le souris moqueur :
L'un d'eux m'offrit l'attrait d'une brillante chaîne,
  Mais il n'entendait pas mon cœur.

L'espoir de m'inspirer avait pour lui des charmes ;
L'éclat de ma douleur flattait sa vanité,
Et, pour son cœur léger, tout le prix de mes larmes
  Était dans leur célébrité.

Ce n'était point ainsi, pour charmer ma souffrance,
Que parlait à mon cœur le fantôme adoré ;
Ce n'était point celui qu'en mes jours d'espérance
  Un songe heureux m'avait montré !

Image sans modèle ! idéal de ma vie !...
De loin je t'appelais, et je volais vers toi ;
Dès mes plus jeunes ans en vain je t'ai suivie !...
  Tu fuyais toujours devant moi.

Les grâces de l'enfance animaient mon visage,
Mais ses jeux ne savaient déjà plus me charmer ;
Et, triste, devinant le bonheur d'un autre âge,
  Je voulais vieillir pour aimer.

Et je n'ai point connu cette joie enivrante
Qu'à mes vœux innocents promettait l'avenir;
Dans le passé désert, en vain mon âme errante
    N'a qu'un rêve... pour souvenir!

Est-il dans nos forêts d'assez sombres demeures
Pour voiler à mes yeux les clartés d'un long jour?
Quel assez lourd beffroi peut mesurer les heures
    D'une jeunesse... sans amour?...

Nul objet ne distrait mon regard qui sommeille;
Nul ordre ne m'arrête... ou ne me fait agir;
Nul pas ne me conduit, — nul accent ne m'éveille;
    Pas un nom ne me fait rougir!

Lorsque, de son tombeau levant la froide pierre,
Une ombre vient errer dans l'absence du jour,
Elle gémit; son âme attend une prière
    Pour monter au divin séjour;

Moi, comme elle implorant une voix généreuse,
J'erre dans la tristesse et dans l'isolement;
Et comme elle, ici-bas, j'attends pour être heureuse
    La prière d'un cœur aimant!

    Paris, 1828.

A MADEMOISELLE DE ***.

Est-il bien vrai?... c'est à vous que je dois
Ce grand honneur dont je suis alarmée;
Est-ce vous qui m'avez nommée
Au plus important des emplois?
La Mode est souveraine, et veut qu'on la révère;
Mais je n'approche point de son brillant séjour,
Et m'admettre sans droits à sa frivole cour,
N'est-ce pas me donner une leçon sévère?
Quoi! voudrait-on punir ma naissante fierté
De ses prétentions à l'immortalité,
Et me dire : « Vos vers du temps sauront l'injure,
Votre couronne aura le sort d'une parure :
Ce beau règne de muse est tout près de finir;
Les succès de faveur n'ont qu'un jour d'avenir;
Et cette gloire enfin, que vous rêviez si belle,
Est fille de la Mode et passera comme elle? »

Non, je dois refuser; il ne m'appartient pas
De proclamer vos lois, de régler vos débats;
Moi, l'écho de la Mode et de sa fantaisie,
Condamner un bouquet, proscrire une couleur!...
Moi qui ne sais juger de l'éclat d'une fleur
Que par la main qui l'a choisie!

Ah! si je l'acceptais, cet élégant fauteuil,
De plus d'un orateur j'offenserais l'orgueil ;
J'oserais préférer la grâce à l'opulence,
Les dons de la nature aux prestiges de l'art,
  Et ma sonnette, sans égard,
 A la sottise imposerait silence.
Je perdrais en un jour ma popularité ;
L'esprit, là comme ailleurs, serait ma seule idole,
  Et, dans ma partialité,
  Vous auriez toujours la parole.

Paris, 1829.

JE N'AIME PLUS.

ÉLÉGIE.

O vanité du cœur! faiblesse misérable!
N'est-il donc ici-bas nul sentiment durable?...
Ne pouvant s'honorer par un constant malheur,
L'homme voit tout finir, tout, jusqu'à sa douleur!
Et le souffle du Temps, en sa rapide course,
Des pleurs les plus amers peut dessécher la source!...

Eh quoi! tant de tourments, tant de vœux superflus!
Moi qui l'ai tant pleuré!... moi!... je ne l'aime plus!.
Le cruel pouvait seul détruire son ouvrage;
Faut-il que le mépris ait lassé mon courage!...
Un mot a dissipé le charme de mes jours;
Pour lui je ne vis plus... et j'avais dit : Toujours!...

Ah! pensais-je, il faudra que les mondes périssent
Avant que dans mes yeux les larmes se tarissent;
Les échos seront sourds, les vents silencieux,
Les vagues cesseront de réfléchir les cieux,
La mer ne sera plus qu'un long désert de glace,
Avant que dans mon cœur son image s'efface!...

Hélas! il est donc vrai, ce cœur désenchanté
Ne voudrait plus d'un bien qu'il a tant souhaité!
A quel nouvel amour, à quel vœu puis-je croire,
Quand celui que j'aimais a fui de ma mémoire?...
Si, par de vains regrets, mon esprit captivé
Se le rappelle encor tel que je l'ai rêvé,
— D'un faible souvenir passagère puissance, —
Ce prestige est bientôt détruit par sa présence!
En vain il veut encor m'émouvoir aujourd'hui;
A mes yeux dessillés il n'a plus rien de lui.
De l'amour dans mon cœur rien n'a gardé l'empreinte;
Je le revois sans trouble et lui parle sans crainte;
Je ne sais même plus, hélas! comme autrefois,
Dans la foule, de loin, reconnaître sa voix.
Ses prières, ses vœux n'ont plus rien qui m'engage;
Mes regards ont des siens oublié le langage...
Tel qu'un jeune guerrier, promis au plus beau sort,
Dans l'ardeur des combats tombe frappé de mort,
Éteint pour la douleur, éteint pour l'espérance,
Mon cœur fut tout à coup frappé d'indifférence!...

Oh! voilez à mes yeux cet horizon désert,
Ou rendez-moi, mon Dieu, tout ce que j'ai souffert!
Dans mon âme du moins, de tourments poursuivie,
La douleur et l'amour faisaient sentir la vie!...
J'éprouvais tant d'orgueil de mes regrets constants!
Mes yeux étaient si fiers d'avoir pleuré longtemps!
Je disais : « Ah! du moins, si, dans son jeu barbare,
Sur la terre des pleurs le destin nous sépare,
La même tombe, un jour, saura nous réunir! »
Et mon désespoir même était plein d'avenir...
Confiante en mes vœux, la mort me semblait belle!

Maintenant, à l'espoir ma piété rebelle,
Hélas! ne trouve plus un désir à former;
Je perds plus que la vie en cessant de l'aimer.
Du repos éternel redoutant le mystère,
Je vois avec horreur un trépas solitaire;
Mon inconstance enfin, me remplissant d'effroi,
Sur l'immortalité vient d'ébranler ma foi;
Et, brisant les liens d'un souvenir si tendre,
Me fait douter des Cieux où j'espérais l'attendre!...

Paris, 1829.

REPENTIR.

Dans ma froide raison rempli de confiance,
J'avais dit : « Nul amour ne saura m'enflammer; »
Et dès lors j'excellai dans l'aride science
    De plaire — sans aimer.

Près des femmes mon cœur sut feindre la tendresse;
Je devins, composant ma voix et mon regard,
Jaloux avec fureur, timide avec adresse,
    Et simple à force d'art.

Mais l'amour peut glacer la voix qui le blasphème.
Contre un doute mortel aujourd'hui je combats :
J'ai profané l'amour!... et la seule que j'aime,
    Hélas! ne me croit pas!

Tout lui paraît un jeu, mes soupirs, mon silence :
Je prie, — elle se tait; je me plains, — elle rit.
Ma colère, à ses yeux, n'est que de l'éloquence;
    Mon amour — de l'esprit!

O trop juste supplice! ô trahison punie!...
Mon cœur désespéré demande chaque jour
Un mot à la douleur, un accent au génie,
    Pour attester l'amour.

Mais, hélas! le bonheur s'apprend par l'espérance ;
L'œil reconnaît de loin un objet souhaité ;
Elle ne peut trouver qu'en son indifférence
    Tant d'incrédulité !

Ah! si son jeune cœur du mien rêvait l'empire,
Elle en croirait mes vœux, mon regard, mon accent.
L'amour cherche l'amour, et, dans ce qu'il inspire,
    Reconnaît ce qu'il sent.

Paris, 1830.

MATHILDE.[1]

C'était dans les beaux jours de l'ère des combats,
C'était à cette époque où la gloire était reine;
Quand, sur les monts glacés, sous les brûlants climats,
    Planait notre aigle souveraine.

Cent beautés des héros accueillaient le retour.
La gloire... c'était l'or, la vertu, la noblesse;
Les femmes ne voyaient, fières de leur amour,
    Qu'un succès dans une faiblesse.

De cette cour brillante en franchissant le seuil,
La plus sage suivait un dangereux modèle :
Tendre, elle devenait coquette par orgueil,
    Et, par élégance, infidèle.

Né d'un de ces amours, liens sans avenir,
Un enfant, en secret, s'éleva pour les armes,
Chéri de ses parents, qu'il devait trop punir
    De sa naissance — par ses larmes.

---

[1] Une nouvelle intitulée *Émile*, publiée il y a plusieurs années, a fourni le sujet de cette élégie.

De soins mystérieux on savait l'entourer ;
Mais, triste et solitaire au sein de l'opulence,
S'il demandait quel nom il devait implorer,
    On gardait un fatal silence.

Parfois, dans sa retraite, un guerrier triomphant
Venait guider d'un mot sa tendresse trompée,
Et se plaisait à voir aux mains du faible enfant
    Son panache et sa lourde épée.

Mais ces soins ont duré le temps de nos succès :
Le vieux manteau de cour vint remplacer l'armure ;
L'héritier de nos rois revit le sol français,
    Et l'orgueil changea de parure.

La cour d'un chaste hymen imposait le lien ;
Et le guerrier choisit une épouse chérie :
En ce temps la vertu devenait un maintien ;
    La prière, une flatterie.

Son épouse était jeune et belle, et ses aïeux
Remontaient au berceau de notre vieille histoire ;
Alors on repoussa bien loin de tous les yeux
    L'obscur enfant des jours de gloire.

Dans le hameau du pauvre à vivre condamné,
N'accusant que le sort de sa dure misère,
Et se voyant, hélas ! si jeune abandonné,
    Il pleurait la mort de son père ;

Tandis qu'aux pieds des rois le courtisan guerrier
Invoque l'Éternel, vainement le supplie
D'accorder à ses vœux un fils, un héritier
    Semblable à celui qu'il oublie !

Mais il grandit ; — enfin il connut son vrai nom ;
Il sut reconquérir un droit qu'on lui dénie.
Ah ! dans les nobles cœurs aigris par l'abandon,
    Le désespoir est du génie !

Je le vis. — Des plus fiers l'estime l'honorait ;
Les femmes, devenant son appui tutélaire,
De la tendre pitié que son sort inspirait
    Se faisaient un droit de lui plaire.

Que j'aimai ce front calme... et ce cœur agité,
Et, par tant de malheurs, sa jeunesse ennoblie,
Ce mélange de grâce et de sévérité,
    D'esprit et de mélancolie !

Au monde avec courage il dérobait ses pleurs ;
Moi, je les devinai sous sa fierté frivole ;
Je dis : « L'amour coupable a causé ses malheurs :
    Oh ! qu'un amour pur le console !... »

Et mon cœur fut à lui !... — Par mes soins assidus,
D'un père il retrouva la tendresse ravie :
Maintenant je les vois l'un à l'autre rendus...
    Il est de beaux jours dans la vie !

Son père!... il rêve en lui l'espoir de ses vieux jours.
En se voyant chéri, le remords l'abandonne,
Et, dans sa joie, il croit avoir aimé toujours
    L'enfant délaissé qui pardonne.

Villiers-sur-Orge, 1831.

A QUI PENSE-T-IL?

Ange aux yeux de flammes,
Tu sais nos secrets;
Tu lis dans nos âmes,
Dis-moi ses regrets.
Sur l'onde en furie
Cherchant le péril,
Loin de la patrie,
A qui pense-t-il?

Quand ses blanches voiles
Flottent dans les airs,
Quand l'or des étoiles
Brille sur les mers,
Quand seul il admire
L'onde sans péril,
Si son cœur soupire,
A qui rêve-t-il?

Alors qu'il succombe
Au plus triste ennui,
Et qu'une colombe
Vole devant lui,

Dans ce doux présage,
Sauveur du péril,
Voit-il un message?...
Et qui nomme-t-il?

Quand l'orage gronde
Au sein de la nuit,
Qu'on entend sous l'onde
Un funeste bruit;
Si, dans la tempête,
Un affreux péril
Plane sur sa tête...
Pour qui tremble-t-il?

Mais de son empire
Est-il étonné?
Tout ce qu'il inspire
L'a-t-il deviné?
Un jour s'il arrive
Au port sans péril,
De loin sur la rive
Qui cherchera-t-il?

Paris, 1832.

TU NE SAURAIS M'OUBLIER.

En vain au plaisir qui l'entraîne
Tu livres ton cœur agité,
Celui qui cause tant de peine
N'a point de sincère gaîté.
En vain, soumis à d'autres charmes,
Ton bonheur veut m'humilier,
Dans tes yeux j'ai surpris des larmes :
Ah! tu ne saurais m'oublier!

Cette voix qui savait te plaire,
Ce regard qui te séduisait,
Et cette jalouse colère
Qu'un mot de ta bouche apaisait;
Ce nom que le fer de tes armes
Grava sur le vert peuplier,
Ces chants qui font couler tes larmes,
Tu ne saurais les oublier.

Jamais dans une âme plus pure
Tu n'allumeras tant d'amour!
Jamais la crainte du parjure
N'alarmera moins ton retour.

Ils avaient pour toi trop de charmes,
Les serments que tu veux nier;
Je t'ai vu trop fier de mes larmes,
Tu ne saurais les oublier.

Paris, 1832.

LE PETIT FRÈRE.

De ma sainte patrie
J'accours vous rassurer.
Sur ma tombe fleurie,
Mes sœurs, pourquoi pleurer?
Dans son affreux mystère,
La mort a des douceurs;
Je vous vois sur la terre :
Ne pleurez point, mes sœurs.

Dans les Cieux je suis ange,
Et je veille sur vous;
Ma joie est sans mélange,
Car je fus humble et doux.
Des saintes immortelles
Je suis le protégé;
Dieu m'a donné des ailes,
Mais ne m'a point changé.

Ma souffrance est passée,
Et mes pleurs sont taris;
Ma main n'est plus glacée,
Je joue et je souris;

Mon regard est le même,
Et j'ai la même voix;
Mon cœur d'ange vous aime,
Mes sœurs, comme autrefois.

J'ai la même figure
Qui charmait tant vos yeux;
La même chevelure
Orne mon front joyeux;
Mais ces boucles coupées
Au jour de mon trépas,
De vos larmes trempées,
Ne repousseront pas!

Le Ciel est ma demeure,
J'habite un palais d'or;
Nous puisons à toute heure
Dans l'éternel trésor;
Un fil impérissable
A tissu nos habits;
Nous jouons sur un sable
D'opale et de rubis.

Là-haut dans des corbeilles
Les fleurs croissent sans art;
Les méchantes abeilles
Là-haut n'ont point de dard;
Les roses qu'on effeuille
Peuvent encor fleurir,
Et les fruits que l'on cueille
Ne font jamais mourir.

Les anges de mon âge
Connaissent le sommeil :
Je dors sur un nuage,
Dans un berceau vermeil ;
J'ai pour rideau le voile
De la Vierge d'amour ;
Ma lampe est une étoile
Qui brille jusqu'au jour.

Le soir, quand la nuit tombe,
Parmi vous je descends ;
Vous pleurez sur ma tombe :
Vos larmes, je les sens.
Caché parmi les pierres
De ce funèbre lieu,
J'écoute vos prières,
Et je les porte à Dieu.

Oh ! cessez votre plainte,
Ma mère, croyez-moi ;
Vous serez une sainte
Si vous gardez la foi.
C'est un mal salutaire
Que perdre un nouveau-né ;
Aux larmes d'une mère
Tout sera pardonné !

Paris, 1833.

DÉSENCHANTEMENT.

Dès l'aube on admira mon étoile sereine ;
Le chemin, devant moi, s'étendait aplani ;
Mes parents me flattaient comme une jeune reine,
    Car j'étais un enfant béni.

Mon front était si fier de sa couronne blonde,
Anneaux d'or et d'argent, tant de fois caressés !
Et j'avais tant d'espoir quand j'entrai dans le monde,
    Orgueilleuse et les yeux baissés !

Toutes les vanités vinrent charmer mon âme ;
L'hommage le plus beau soudain me fut rendu.
Oh ! les brillants succès de poëte et de femme,
    Succès permis et défendu !

La gloire de mon char ne s'est point retirée ;
L'écho s'émeut encore aux accents de ma voix :
Il suit toujours mon nom, et ma tête est parée
    De blonds cheveux comme autrefois.

Pourtant, il est des jours où mon orgueil envie
Le nom le plus obscur, la plus pâle beauté ;
Des jours d'affreux chagrins, où pèse sur ma vie
    Une poignante humilité ;

Et je me désespère, et je me crois maudite,
Et je ne comprends plus ce qu'on aimait en moi...
La pensée est si pauvre, et l'âme est si petite
　　Sans désir, sans rêve et sans foi !

C'est que l'orgueil s'éteint quand les pleurs l'humilient ;
C'est qu'il n'est plus d'éclat, ni d'auréole au front ;
C'est que tous les lauriers, tous les succès s'oublient
　　Quand le cœur a reçu l'affront !

Heureux ceux que le monde a poursuivis d'outrages,
Si des regards amis veillent sur leur tourment !
Un malheur partagé donne tous les courages :
　　Ils se consolent en aimant.

Mais moi... l'amour m'appelle, en vain sa voix me charme ;
En vain, par la prière, il veut me retenir...
Ma douleur le repousse, elle est froide, elle s'arme
　　D'un implacable souvenir.

L'amitié !... je la crains, je l'épie et la juge ;
Pour suivre ses conseils j'attends au lendemain ;
Comme un héros trahi, qui soupçonne transfuge
　　L'allié qui lui tend la main.

Et j'envie en leur sort ces êtres que l'on pleure,
Qui, tombés de leur tige, ont fleuri sans mûrir,
Dont le cœur, plein d'amour jusqu'à la dernière heure,
　　Ne s'arrêta que pour mourir.

Qu'importe le destin qui pour moi se prépare,
Quand le sol poétique a manqué sous mes pas?

Hélas! le feu sacré, dont le Ciel est avare,
　　Ici ne se rallume pas.

On peut rendre la joie à l'âme qu'on afflige,
Au pauvre la fortune, au mourant la santé,
Jamais on ne rendra le sublime prestige
　　Au poëte désenchanté.

Paris, 1834.

DÉSESPOIR.[1]

Déjà mon cœur me quitte et la mort me réclame,
Et je ne la crains pas : pourquoi me secourir?
Vers le Ciel qui l'attend laisse voler mon âme...
    O ma sœur, laisse-moi mourir!

Dès longtemps, tu le sais, ma vie est douloureuse;
Souvent sur mes chagrins je te vis t'attendrir;
Va, ne me retiens pas pour toi, sois généreuse.
    O ma sœur, laisse-moi mourir!

Il est temps d'arrêter mes inutiles heures,
L'horizon dépouillé n'a plus rien à m'offrir;
Je n'ai plus rien de moi... vivante, tu me pleures;
    O ma sœur, laisse-moi mourir!

Je ne veux point survivre à mes belles années,
Fraîches fleurs du printemps que l'été va flétrir,
Parures du matin avant le soir fanées.
    O ma sœur, laisse-moi mourir!

---

[1] En 1834, madame Émile de Girardin eut la petite vérole, maladie qui heureusement ne laissa après elle aucune trace; ces vers sont adressés à sa sœur, madame la comtesse O'Donnell, qui lui avait prodigué les soins les plus tendres. *(Note de l'Éditeur.)*

Je ne veux point survivre à la saison de plaire,
Et voir mes blonds cheveux de neige se couvrir.
Sans enfants à bénir, la vieillesse est amère.
    O ma sœur, laisse-moi mourir!

Je ne veux pas survivre à mes chants de poëte,
Gloire que ton orgueil me faisait tant chérir.
Mes yeux sont dessillés, et ma lyre est muette.
    O ma sœur, laisse-moi mourir!

Je ne veux pas survivre à mes nobles pensées,
Trésors de loyauté qu'il est beau d'acquérir.
Le poison peut entrer dans les âmes blessées...
    O ma sœur, laisse-moi mourir!

Il est plus glorieux de tomber généreuse,
D'embrasser en partant ceux qui nous font souffrir,
De finir sans remords, comme une femme heureuse.
    O ma sœur, laisse-moi mourir!

Ta pieuse douleur ne sera pas sans charmes;
De mes ailes, la nuit, je viendrai te couvrir;
Je veillerai sur toi, j'adoucirai tes larmes!
    O ma sœur, laisse-moi mourir!

Demain, à votre amour quand je serai ravie,
Tu trouveras ces vers, mon dernier souvenir,
Et ma mère, en lisant les chagrins de ma vie,
    Me pardonnera de mourir!

    Paris, 1834.

AUX JEUNES FILLES.

Que vous dirai-je, moi, mes douces jeunes filles,
A vous qu'on voit régner au sein de vos familles,
Fières de vos beaux ans, riches de tant d'espoir?...
Hélas! ce que je sais est si triste à savoir!
Car le dégoût s'acquiert avec l'expérience,
Le désenchantement est toute ma science.
Quand je vous vois je pleure, et mon cœur envieux
Sent, par tous ses regrets, comme il est déjà vieux.
Pas une illusion ne vit dans ma pensée;
D'un inutile espoir mon âme s'est lassée.
Pourquoi me livrerais-je à des désirs nouveaux?
Je ne crois plus en moi, pas même à mes travaux;
Et je ris de pitié lorsque je me rappelle
Ces grands projets formés dans une foi si belle,
Ces inutiles soins pris avec tant d'ardeur;
Et Racine et Boileau que j'apprenais par cœur;
Et ces vers allemands au son grave et sonore,
Que je ne comprends plus et que je sais encore;
Ces airs italiens répétés tant de fois!
Puis, quand j'ai su chanter je n'avais plus de voix.
Quelques jours de chagrin... elle me fut ravie
Quand le talent venait... Hélas! telle est la vie!
Attendre en vain, longtemps, un bien qui vient trop tard,
Concerter mille plans que dérange un hasard;

S'épuiser aux efforts qu'un art rebelle exige;
Acquérir à grands frais des talents qu'on néglige;
Bâtir une maison pour ne point l'habiter;
Demander un conseil et ne point l'écouter;
Jeune, haïr le mal, prononcer l'anathème
Sur des erreurs qu'un jour on commettra soi-même;
Se défier de ceux à qui l'on tend la main,
Rechercher aujourd'hui ce qu'on fuira demain,
Telle est la vie, hélas! une vie assez douce
Encore! sans malheurs, sans terrible secousse,
Sans crimes, sans dangers, sans orages affreux;
Voilà les tristes jours qu'on nomme jours heureux!

Et vous voulez quitter pour ce temps de misère
Vos plaisirs de seize ans sous l'aile d'une mère,
Vos rêves sans objet, vos désirs sans combats,
Vos rires et vos jeux... Oh! ne les quittez pas!
Ne venez pas encor dans la cité des femmes;
Prolongez vos beaux jours, gardez jeunes vos âmes;
Aimez les papillons, les oiseaux et les fleurs;
Ces amours-là n'ont point de tragiques douleurs;
Riez, dansez, chantez, dites mille folies;
Occupez-vous surtout de paraître jolies.
Plaire est plus qu'un besoin, c'est un devoir urgent;
Et l'on plaît sans beauté, je dis plus, sans argent.
L'éclat ne dépend pas d'une riche toilette;
Avec économie on peut être coquette :
Apprenez à former les bouquets et les nœuds,
Apprenez à tresser vous-mêmes vos cheveux,
A tailler avec goût vos légères mantilles;
Mais ne composez point vos mines si gentilles,
Ne faites point la dame aux grands airs triomphants;

Ne vous vieillissez point; restez, restez enfants.
Quoi! se vieillir! à peine aux berceaux échappées,
Pour être un jour plus tôt jalouses et trompées,
Pour voir un jour plus tôt s'effacer sans retour
Vos rêves parfumés d'ignorance et d'amour!
Ah! je les ai connus ces rêves de l'aurore,
Ces fleurs de l'avenir qu'on ne voit point éclore.
Comme vous je livrais au souffle du printemps
Un front pur et serein, et des cheveux flottants;
Comme vous, me fiant à ses folles promesses,
De l'été qui venait j'attendais les richesses;
Comme vous j'ai souri, comme vous j'ai chanté...
Et puis j'ai vu venir l'orage avec l'été;
Et les vents furieux ont chassé le nuage
Où de mon idéal se dessinait l'image;
Et l'épi renversé s'est couché sans mûrir.
Mes compagnes d'un jour ont grandi pour mourir;
Et j'ai vu ma demeure à l'étranger vendue,
Et mon cœur s'est éteint, et ma foi s'est perdue.
J'ai vu ceux que j'aimais flatter nos ennemis;
Enfin, je n'ai trouvé dans le bonheur promis
Qu'amertume et dégoût, que tristesse profonde;
Et je les donnerais, tous ces succès du monde,
Ces faveurs qu'on envie et qu'il faut acheter,
Pour les naïfs plaisirs que vous voulez quitter.

Paris, 1835.

L'ORAGE.

« Oh ! dites-moi pourquoi, ma mère,
Je souffre depuis ce matin ?
Pourquoi je ne suis plus légère ?
Pourquoi j'ai dormi dans mon bain ?

Pourquoi mon aiguille résiste
Sous mes doigts faibles et brûlants ?
Et pourquoi je me sens si triste ?
Pourquoi mes pas sont si tremblants ?

— C'est l'orage, ma pauvre fille,
Qui t'inspire ce vague effroi,
Qui rouille en tes doigts ton aiguille,
Qui te rend triste auprès de moi.

Ne vois-tu pas ce gros nuage
Qui marche et s'avance vers nous ?
Allons, laisse là ton ouvrage,
Et viens dormir sur mes genoux. »

Elle obéit... elle sommeille ;
L'orage ébranle la maison ;
Mais quand sa mère la réveille,
Le soleil brille à l'horizon.

Alors sa tête se relève ;
Elle écarte ses longs cheveux ;
Sa tristesse n'est plus qu'un rêve,
Et l'enfant a repris ses jeux.

Folle, elle va mouiller dans l'herbe
Sa robe et son petit soulier,
Pour voir de près l'arbre superbe
Que la tempête a fait plier ;

Ou ramasse les coquillages
Que l'eau du torrent balaya :
Tout l'amuse... jusqu'aux ravages
De l'orage qui l'effraya !

Son âme n'est plus oppressée,
Rien ne résiste à ses désirs,
Et de sa souffrance passée
Il ne reste que des plaisirs.

O joyeuse enfance ! heureux âge
Qu'un regard protége toujours !
Brillante saison où l'orage
Est le seul chagrin des beaux jours !

Je veux ainsi couler ma vie !
Au sort je me résignerai :
Par la tempête poursuivie,
Comme l'enfant je dormirai.

Poésie, ô sainte chimère !
Viens aussi garder mon sommeil :
Éveille-moi, comme sa mère,
Aux premiers rayons du soleil !

Paris, 1835.

SAINTE CÉCILE.

LÉGENDE.

C'était une dame romaine,
Une dame d'un très-haut rang,
Qui jadis pour la foi chrétienne
    Donna son sang.

De Dieu célébrant les louanges,
Nuit et jour elle aimait chanter,
Et du Ciel descendaient les anges
    Pour l'écouter.

Elle disait l'hymne suprême
Quand on vint la faire mourir;
Le bourreau s'étonna lui-même
    De s'attendrir.

Sur sa tête il suspend le glaive
De ses mains prêt à s'échapper,
Il attend que l'hymne s'achève
    Pour la frapper.

Et la tête mal abattue,
Sans tomber, s'incline en tremblant,
Tel qu'on le voit dans sa statue
    De marbre blanc.

Dans les douleurs elle succombe,
Ses plaintes sont des chants encor.
Avec elle on mit dans sa tombe
    Sa robe d'or.

Plus tard, on trouva sa dépouille ;
A l'église elle est dans le chœur,
Et devant elle on s'agenouille,
    Priant du cœur.

Au voyageur on montre, à Rome,
Les saints débris de sa maison,
Dans la riche église qu'on nomme
    De son doux nom ;

Et tous les ans dans cette enceinte,
Quand vient la saison des hivers,
On va célébrer cette sainte
    Par des concerts.

Tous les arts lui rendent hommage ;
On lui donne des traits touchants ;
Raphaël a peint son image
    D'après ses chants.

Une auréole est sa couronne,
Un luth est sous ses doigts sacrés :
Sainte Cécile est la patronne
    Des inspirés.

Vierge, symbole d'harmonie,
Elle dicte les vers pieux,
Et sa voix répond au génie
    Du haut des Cieux.

L'ÉTRANGER.

Il a passé comme un nuage,
Comme un flot rapide en son cours;
Mais mon cœur garde son image
   Toujours.

Mais son regard, plein de tendresse,
A rencontré mes yeux ravis,
Et depuis ce moment d'ivresse
   Je vis!

Et ma pensée aventureuse
D'un rêve se laisse charmer;
Je l'aime... et je me sens heureuse
   D'aimer.

Mais parfois aussi je me livre,
Hélas! au plus cruel ennui,
Quand je songe qu'il me faut vivre
   Sans lui!

Quoi ! cette âme que j'ai rêvée,
Que longtemps j'ai cherchée en vain,
Cette sœur... je l'avais trouvée
    Enfin !

Je l'avais trouvée !... ô martyre !
Affreux tourment que j'offre à Dieu !
Je la trouve... et c'est pour lui dire :
    Adieu !

Pourtant, si le Ciel nous protége...
Il était si pur, notre amour !
Peut-être encor le reverrai-je
    Un jour.

Oh ! qu'un moment je le revoie,
Qu'un moment j'ose le chérir...
Oui, dussé-je de tant de joie
    Mourir !

LA FÊTE DE NOËL.

C'est le jour où Marie
Enfanta le Sauveur;
C'est le jour où je prie
Avec plus de ferveur;
D'un lourd chagrin mon âme
Ce jour-là se défend.
O Vierge, je suis femme
Et je n'ai point d'enfant!

O mère chaste et belle
Du Dieu terrible et grand,
Dans ta sainte chapelle
Je m'incline en pleurant :
De regrets poursuivie,
Près du divin berceau
J'attache un œil d'envie
Sur ton enfant si beau!

Bénis ces larmes pures
Et je t'apporte en vœux
Tout l'or de mes parures,
Tout l'or de mes cheveux;

Mes plus belles couronnes,
Vierge, seront pour toi,
Si jamais tu me donnes
Un fils, un ange à moi.

Alors dans ma demeure
Le plaisir renaîtrait,
Et la femme qui pleure,
Pour l'enfant chanterait.
De ma gaîté ravie
Célébrant le retour,
Je vivrais... et ma vie
Serait toute d'amour.

Illusion perdue,
Beau rêve défloré,
Tu me serais rendue
Par l'enfant adoré.
Noble orgueil, sainte gloire
De l'amour innocent,
A vous je pourrais croire
Encore, en l'embrassant.

Loin des piéges du monde
Je fuirais avec lui,
Et cette tête blonde
Deviendrait mon appui.
Sans amour sur la terre,
Le cœur est désarmé ;
Oh ! c'est un guide austère
Qu'un enfant bien-aimé.

Je verrais sans tristesse,
Implacable en son cours,
Le Temps avec vitesse
Emporter mes beaux jours;
De mes grâces fanées
Je ne défendrais rien...
Que seraient mes années?
Son âge et non le mien.

Enfin, je pourrai même
Voir s'éloigner de moi
L'ingrat époux que j'aime
Et lui garder ma foi.
Pas une plainte amère!
Ma douleur se taira...
Je dirai : Je suis mère,
Courage, il reviendra.

LA NUIT.

Voici l'heure où tombe le voile
Qui, le jour, cache mes ennuis :
Mon cœur à la première étoile
S'ouvre comme une fleur des nuits.

O nuit solitaire et profonde,
Tu sais s'il faut ajouter foi
A ces jugements que le monde
Prononce aveuglément sur moi !

Tu sais le secret de ma vie,
De ma courageuse gaîté ;
Tu sais que ma philosophie
N'est qu'un désespoir accepté.

Pour toi je redeviens moi-même ;
Plus de mensonges superflus ;
Pour toi je vis, je souffre, j'aime,
Et ma tristesse ne rit plus.

Plus de couronne rose et blanche !
Mon front pâle reprend son deuil,

Ma tête sans force se penche
Et laisse tomber son orgueil.

Mes larmes, longtemps contenues,
Coulent lentement sous mes doigts,
Comme des sources inconnues
Sous les branches mortes des bois.

Après un long jour de contrainte,
De folie et de vanité,
Il est doux de languir sans feinte
Et de souffrir en liberté.

Oh! oui, c'est une amère joie
Que de se jeter un moment,
Comme une volontaire proie,
Dans les serres de son tourment;

Que d'épuiser toutes ses larmes,
Avec le suprême sanglot;
D'arracher, vaincue et sans armes,
Au désespoir son dernier mot!

Alors la douleur assouvie
Vous laisse un repos vague et doux;
On n'appartient plus à la vie,
L'idéal s'empare de vous.

On nage, on plane dans l'espace,
Par l'esprit du soir emporté;
On n'est plus qu'une ombre qui passe,
Une âme dans l'immensité.

L'élan de ce vol solitaire
Vous délivre comme la mort ;
On n'a plus de nom sur la terre,
On peut tout rêver sans remord.

D'un monde trompeur rien ne reste,
Ni chaîne, ni loi, ni douleur ;
Et l'âme, papillon céleste,
Sans crime peut choisir sa fleur.

Sous le joug de son imposture
On ne se sent plus opprimé,
Et l'on revient à sa nature
Comme à son pays bien-aimé.

O nuit ! pour moi brillante et sombre,
Je trouve tout dans ta beauté ;
Tu réunis l'étoile et l'ombre,
Le mystère et la vérité.

Mais déjà la brise glacée
De l'aube annonce le retour :
Adieu, ma sincère pensée ;
Il faut mentir !... voici le jour.

LES ADIEUX.

> Charmante et paisible retraite,
> Que de votre douceur je connais bien le prix !
>
> Madame Deshoulières.
> *La Solitude.*

UNE VESTALE, UNE NOVICE.

LA VESTALE.

Eh bien, ma Valérie, il faut nous séparer ;
De la robe d'hymen l'amour va te parer,
Tu vas quitter le temple et tes jeunes compagnes ;
Sylvius a du Parthe asservi les campagnes :
Dans Rome délivrée il revient en vainqueur,
Il vient à Valérie offrir son jeune cœur...
Mais, dans un si beau jour, qui peut causer tes larmes,
Lorsqu'au sein de la gloire, esclave de tes charmes,
Sylvius à ton sort est fier de s'allier?

VALÉRIE.

A l'autel de Vesta je n'irai plus prier !
Mes mains n'oseront plus lui porter une offrande ;
Des novices déjà j'ai quitté la guirlande ;
Déjà loin de mon front le saint voile est jeté.

Mes accents n'auront plus assez de pureté
Pour chanter avec vous l'hymne de la déesse.
Je n'obéirai plus à la grande prêtresse.
Quand tes soins veilleront auprès du feu sacré,
Une autre t'offrira le cèdre préparé,
L'huile sainte, les fleurs, l'encens des sacrifices,
Ou des riches moissons les fécondes prémices ;
Et lorsque de mes jours s'éteindra le flambeau,
Si, loin de cet asile, on m'élève un tombeau,
Le lis, emblème pur des jours d'une vestale,
Ne protégera point ma cendre virginale !
C'en est fait ! je vous quitte... ô mes heureuses sœurs,
Que votre sort obscur m'offrirait de douceurs !
Rien de vos sentiments n'alarme l'innocence :
Le seul qu'on vous permette est la reconnaissance ;
Votre cœur en jouit sans remords, sans combats ;
Au nom que vous aimez vous ne rougissez pas !
Toi, de pressentiments tu n'es point poursuivie :
Tu connais en un jour tous les jours de ta vie ;
Ton âme est sans regret comme sans avenir,
Pour toi le présent même est un doux souvenir.
Mais moi, seule, fuyant la déesse chérie,
Exilée à jamais du temple, ma patrie,
Des piéges qu'on ignore en ce chaste séjour
Qui défendra mon cœur ?

LA VESTALE.

      Les dieux et ton amour ;
Ne crains pas de Vesta la vengeance suprême :
Il n'est point de danger près de celui qu'on aime !
Sans offenser le Ciel, sans infidélité,
Ton cœur va seulement changer de déité ;

Et tes dons vont passer dans la même journée
Du temple de Cybèle au temple d'Hyménée.
Demain, séchant tes pleurs, près de ton jeune époux,
Va, tu ne diras pas que mon sort est plus doux.
Je crois déjà te voir, à ses vœux moins rebelle,
Pour la première fois heureuse d'être belle,
Et nommant Sylvius le plus grand des guerriers,
De son front triomphant caresser les lauriers.
Déjà l'heure s'avance où, paré de sa gloire,
Il viendra...

VALÉRIE.

Je l'entends! Sous son char de victoire,
Du portique sacré le marbre a tressailli.
Ah! de ton amitié l'oracle est accompli :
Il vient, sa voix dissipe une crainte impuissante,
Je sens à mon bonheur que je suis innocente!

QU'ELLE EST BELLE!

ROMANCE.

A MADAME LA COMTESSE MARESCALCHI.

Que Mathilde est jolie !
Je la vis quelques jours,
Et pour elle j'oublie
Mes plus chères amours.
Sur un coursier rebelle
Je la vis s'élancer.
A cheval qu'elle est belle !
    Si belle,
Qu'on devient infidèle
En la voyant passer.

Au bal je l'ai revue,
Le front paré de fleurs.
Là, sa grâce ingénue
Attirait tous les cœurs ;
Là, comme une gazelle,
Je la vis s'élancer.

Au bal, Dieu, qu'elle est belle !
  Si belle,
Qu'on devient infidèle
En la voyant valser.

A l'autel de Marie
Je l'ai vue à genoux,
Et du Dieu qu'elle prie
Je me sentis jaloux.
Sur la pierre auprès d'elle
Je vins m'humilier;
A genoux qu'elle est belle !
  Si belle,
Qu'on devient infidèle
En la voyant prier.

Mais ce n'est rien encore :
Les suaves accents
De sa voix que j'adore
Ont enivré mes sens;
Sa voix brille, étincelle,
On n'y peut résister.
Que cette voix est belle !
  Si belle,
Qu'on devient infidèle
En l'écoutant chanter.

IL M'AIMAIT TANT!

ROMANCE.

Non, je ne l'aimais pas; mais de bonheur émue,
Ma sœur, je me sentais rougir en l'écoutant;
Je fuyais son regard, je tremblais à sa vue;
      Il m'aimait tant!

Je me parais pour lui, car je savais lui plaire;
Pour lui, j'ai mis ces fleurs et ce voile flottant;
Je ne parlais qu'à lui, je craignais sa colère :
      Il m'aimait tant!

Mais un soir il me dit : « Dans la sombre vallée
Viendrez-vous avec moi? » Je le promis... Pourtant,
En vain il m'attendit; je n'y suis pas allée...
      Il m'aimait tant!

Alors il a quitté ma joyeuse demeure.
Malheureux! il a dû me maudire en partant;
Je ne le verrai plus! je suis triste, je pleure :
      Il m'aimait tant!

LA JEUNE MENDIANTE.

ROMANCE.

« Déjà la cloche les appelle,
  Les époux vont venir;
Sous les arceaux de la chapelle,
  Le saint va les bénir.
Un doux espoir près d'eux m'amène;
Oui, le bonheur est généreux :
Ils auront pitié de ma peine,
  Et je prierai pour eux.

La même cloche a sonné l'heure
  Qui devait sans retour
M'unir à celui dont je pleure
  Et la vie et l'amour.
Vous, que le bonheur rend si belle,
Soyez généreuse aujourd'hui,
Et votre époux sera fidèle,
  Et je prierai pour lui. »

La cloche résonnait encore,
 Mais l'heure avait sonné;
Les heureux époux qu'elle implore,
 Hélas! n'ont rien donné.
« Eh quoi! dit-elle en ses alarmes,
Le malheur seul est généreux.
Dieu les punira de mes larmes :
 Allons prier pour eux. »

IL SAURA ME COMPRENDRE.

ROMANCE.

Hélas! à ma mère elle-même
J'en ai fait le cruel serment;
Je ne dirai pas : « Je vous aime, »
A celui qui fait mon tourment.
Mon regard ne sera plus tendre;
Je l'éviterai chaque jour;
Mais, s'il mérite mon amour,
Son cœur saura bien me comprendre.

En vain à regret je m'engage
A suivre cette austère loi;
Il est un amoureux langage
Qui me trahira malgré moi.
En vain, refusant de l'entendre,
Je serai fidèle à ce vœu;
La crainte est encore un aveu :
Son cœur saura bien me comprendre.

Dans une parure de fête
Il aime la simplicité ;
J'aurai quelques fleurs sur ma tête,
Et son bouquet à mon côté ;
Au bal, sans le chercher, l'attendre,
D'avance je m'engagerai ;
Mais tristement je danserai :
Son cœur saura bien me comprendre.

Un chant plaintif peut seul lui plaire ;
Si je dois chanter devant lui,
C'est la romance qu'il préfère
Que je veux choisir aujourd'hui.
Je chanterai cet air si tendre
Sans le regarder une fois ;
Mais, au tremblement de ma voix,
Son cœur saura bien me comprendre.

On ne veut plus que je l'écoute ;
Mais dois-je feindre un cœur léger ?
Non ; je fuirai ceux qu'il redoute :
Plutôt mourir que l'affliger.
De l'amour je puis me défendre
Sans l'offenser, sans le trahir.
En pleurant je vais obéir :
Son cœur saura bien me comprendre.

ISAURE.

CHANSON.

La chose la plus folle
Sans peine arrivera;
La plus vaine parole
Soudain s'accomplira;
Mais jamais mon Isaure,
 Tra deri dera,
La belle que j'adore,
 Ne me trahira.

La Seine vagabonde
A Pékin coulera,
Et tout à coup son onde
En vin se changera;
Mais jamais mon Isaure,
 Tra deri dera,
La belle que j'adore,
 Ne me trahira.

Le feu sans étincelles,
Sans flammes, brûlera;
Le Temps perdra ses ailes,
Et Dieu l'arrêtera;
Mais jamais mon Isaure,
 Tra deri dera,
La belle que j'adore,
 Ne me trahira.

Ma tante Marguerite
D'amour se mariera,
Un chanoine hypocrite
Un vrai saint deviendra;
Mais jamais mon Isaure,
 Tra deri dera,
La belle que j'adore,
 Ne me trahira.

Une vieille coquette
Sans rouge sortira;
Sans faire de toilette
Au bal elle viendra;
Mais jamais mon Isaure,
 Tra deri dera,
La belle que j'adore,
 Ne me trahira.

Grégoire le poëte
Sans peine rimera,
Et d'un éloge honnête
Il se contentera;

Mais jamais mon Isaure,
   Tra deri dera,
La belle que j'adore,
   Ne me trahira.

Sans fleurs et sans orages
Le printemps passera;
Sans pleurs et sans nuages
Jeune fille aimera;
Mais jamais mon Isaure,
   Tra deri dera,
La belle que j'adore,
   Ne me trahira.

Sans amour, sans courage,
Guerrier triomphera;
Sans prière et présage
Marin s'embarquera;
Mais jamais mon Isaure,
   Tra deri dera,
La belle que j'adore,
   Ne me trahira.

Une semaine entière
Un chantre jeûnera;
A la cour, en litière,
Un sauvage viendra;
Mais jamais mon Isaure,
   Tra deri dera,
La belle que j'adore,
   Ne me trahira.

Un singe à la grand'messe
Avec ferveur priera ;
D'une sainte promesse
Un roi se souviendra ;
Mais jamais mon Isaure,
   Tra deri dera,
La belle que j'adore,
   Ne me trahira.

La chose la plus folle
Sans peine arrivera ;
La plus vaine parole
Soudain s'accomplira ;
Mais jamais mon Isaure,
   Tra deri dera,
La belle que j'adore,
   Ne me trahira.

LA MARGUERITE.

SONNET.

Je suis la marguerite, et j'étais la plus belle
Des fleurs dont s'étoilait le gazon velouté ;
Heureuse, on me cherchait pour ma seule beauté ;
Et mes jours se flattaient d'une aurore éternelle.

Hélas ! malgré mes vœux, une vertu nouvelle
A versé sur mon front la fatale clarté ;
Le sort m'a condamnée au don de vérité ;
Et je souffre et je meurs... la science est mortelle !

Je n'ai plus de silence et n'ai plus de repos ;
L'amour vient m'arracher l'avenir en deux mots,
Il déchire mon cœur pour y lire qu'on l'aime.

Je suis la seule fleur qu'on jette sans regret :
On dépouille mon front de son blanc diadème,
Et l'on me foule aux pieds dès qu'on a mon secret.

Paris, 1839.

LE CHARDON.

SONNET.

Je suis, à parler franc, une assez pauvre plante :
Je n'ai point de parfum, je n'ai point de beauté;
Je ne suis bon à rien, et je suis détesté,
Et je maudis l'éclat de la rose insolente.

Comme elle, je possède une épine méchante,
Mais un don de souffrance, hélas! sans volupté.
Je n'ai qu'un seul ami que l'on dit entêté :
On le bat quand il dort, on le fuit quand il chante.

Je grandis, je fleuris dans des endroits impurs,
Sur le bord des fossés, à l'angle des vieux murs;
On me traite partout comme un être inutile;

Pour moi jamais de soins, pour moi point de pardon :
On m'arrache aussitôt que la terre est fertile.
Je suis, enfin, la fleur des ânes... le chardon!

Paris, 1839.

IMPROVISATIONS.

IMPROVISATIONS.

LA VISION.

> On lui demanda pourquoi, pendant la cérémonie du sacre, elle se tint près de l'autel, portant son étendard. Jeanne d'Arc répondit : « Il avait été à la peine, c'était bien raison qu'il fût à l'honneur. »
> *Extrait du procès de Jeanne d'Arc.*

Sous les verts peupliers qui bordent nos prairies
Hier j'avais porté mes vagues rêveries ;
J'écoutais l'onde fuir à travers les roseaux,
Et debout, effeuillant l'églantier du rivage,
J'attachais mes regards sur le cristal des eaux
Qui du ciel étoilé réfléchissait l'image.
La nuit sur le vallon répandait sa fraicheur ;
Et les vapeurs du lac dont j'étais entourée,
D'un nuage céleste égalant la blancheur,
Semblaient unir la terre à la voûte azurée.

Mais, soudain, quel prestige a troublé mes esprits !...
Le lac s'est éclairé d'une flamme inconnue ;

Tremblante, je m'approche, et mes regards surpris
Dans l'eau qui la répète ont vu s'ouvrir la nue !
Sur un nuage d'or une femme apparaît...
Son corps était couvert d'une robe éclatante ;
Du bandeau virginal sa tête se parait,
Et son bras agitait la bannière flottante.
Sur son front, dégagé du panache vainqueur,
Des lauriers lumineux formaient une auréole ;
Alors un saint effroi venant saisir mon cœur,
A genoux j'écoutai sa divine parole.

« Lève-toi, me dit-elle, et reconnais en moi
La vierge des combats, le sauveur de son roi ;
Celle qui déserta sa tranquille chaumière
Pour suivre de l'honneur le périlleux chemin ;
Celle qui délivra la France prisonnière,
  Et qui porte encor dans sa main
  Et sa houlette et sa bannière.

Victime d'un arrêt dont le monde a frémi,
On conjura ma mort dans le camp ennemi ;
Mais la grâce de Dieu sur moi daigna descendre :
De mon brûlant tombeau je secouai la cendre ;
Avec l'oiseau divin, m'élevant dans les airs, [1]
J'allai joindre ma voix aux célestes concerts ;
Et dès lors, m'adoptant comme une sœur chérie,

---

[1] « Jeanne d'Arc fut brûlée toute vive, le 30 mai 1430, dans le vieux marché de Rouen. On dit que son cœur se trouva tout entier dans les cendres, et qu'on vit s'envoler du milieu des flammes une colombe blanche, marque de son innocence et de sa pureté. »
Dictionnaire de Moréri.

Les anges m'ont nommée : Ange de la patrie.
J'apparais aux martyrs à l'heure des tourments,
Et des rois que Dieu fait je reçois les serments ;
Dans un rêve, aux guerriers, j'apporte l'espérance ;
Ma gloire présidait à vos exploits lointains ;
Et souvent mon regard, fidèle à vos destins,
Dans ses jours de bonheur, de crainte et de souffrance,
Se détourna des Cieux pour veiller sur la France.

Cette nuit, du soleil devançant la clarté,
Je dirigeai mon vol vers l'antique cité
Que mon bras préserva de la chaîne étrangère,
Et j'entrai dans ce temple à jamais glorieux
Où l'on vit autrefois un roi victorieux
    Couronné par une bergère.

C'était la même fête, et l'écho de ces lieux
Retentissait encor des mêmes cris joyeux.
Des femmes et des fleurs ornaient l'auguste enceinte :
On voyait, sous la croix, l'écharpe d'hyacinthe,
Le sceptre, la couronne et les éperons d'or ;
Des présents de Clovis découvrant le trésor,
Le pontife sacré préparait l'huile sainte.
Tandis que, s'avançant d'un pas religieux,
Les lévites, au bruit des chants harmonieux,
Répandaient de l'encens l'odorante fumée,
J'allai prendre à l'autel ma place accoutumée.
Debout sur les degrés, invisible au regard,
Et toujours des héros la fidèle compagne,
    Je déployai mon étendard
    Sur le glaive de Charlemagne !

Le roi parut alors, et mon cœur attendri,
Quand le peuple enivré cria son nom chéri,
Se rappela le jour où, dans ce temple même,
Un autre Charle aussi reçut le diadème.
Celui-ci, plus heureux, voyait auprès de lui
Ce prince qui du trône est l'espoir et l'appui.
Dignes représentants de sa toute-puissance,
J'aperçus ces guerriers fameux par tant d'exploits :
Et, pleine de respect et de reconnaissance,
Mon âme, qui d'Agnès avait béni l'absence,
  N'osa plus regretter Dunois...

Mais, silence! on s'incline et l'Évangile s'ouvre;
Des vêtements sacrés le pontife se couvre.
Le monarque, saisi d'un saint recueillement,
Va sous le dais royal prononcer le serment.
Ses yeux sont animés d'une céleste flamme,
L'esprit du Dieu vivant s'empare de son âme,
Sa pieuse assurance est garant de sa foi;
Et l'accent inspiré de cette voix sonore
Semble aux Français émus annoncer plus encore
La promesse de Dieu que le serment d'un roi.

Devant les envoyés des princes de la terre,
Sous les yeux des prélats témoins de sa ferveur,
Sur l'antique débris de la croix du Sauveur,
Par le livre de Dieu, gardien du saint mystère,
Charles dix a juré de maintenir ces lois,
Héritage sacré du plus sage des rois.
Protecteur de la France et chrétienne et guerrière,
A la même justice il soumet tous les rangs,

Et laisse aux cultes différents
La liberté de la prière.

Il jure encore, au nom de la Divinité,
D'affranchir ses sujets des partis et des haines,
Ainsi qu'il a déjà délivré de leurs chaînes
　　L'Éloquence et la Vérité.

En écoutant ce vœu le peuple se rassure :
Il se fie au serment d'un monarque loyal ;
Car il sait que jamais la honte du parjure
N'a fait rougir son front sous le bandeau royal.
Tout malheur doit finir quand son règne commence ;
Et ceux qu'afflige encore un destin rigoureux
Ont le droit d'espérer que son cœur généreux
En jurant la justice a rêvé la clémence !

Mais la foule déjà franchissait les parvis ;
Déchiré par ses mains, le voile crie et tombe :
Le monarque apparaît à tous les yeux ravis,
Et sur son front sacré vient planer la colombe.

Toi dont le cœur s'oublie en rêves de bonheur,
Sors du vague repos où ta lyre sommeille :
De célébrer ce jour je te garde l'honneur ;
Pour chanter ton pays JEANNE D'ARC te réveille !
J'apparais à tes yeux loin du monde et du bruit,
Sur les bords ignorés de ton humble réduit,
Comme un soir, au retour de ma course lointaine,
La Vierge m'apparut à l'heure du repos,
　　Auprès de la sainte fontaine
　　Où j'avais conduit mes troupeaux.

Je viens te révéler le sort que Dieu t'apprête :
Si sa loi te condamne à des jours orageux,
A la foudre réponds par des chants courageux ;
Il te voue à la gloire en te créant poëte.
Des princes que le Ciel appelle à gouverner
Honore les vertus sans flatter leur puissance ;
Surprends ceux dont la main se cache pour donner,
Dénonce leurs bienfaits à la reconnaissance ;
Mais si quelques flatteurs, esclaves du pouvoir,
Voulaient d'un roi pieux égarer la justice,
Ose élever contre eux ta voix encor novice,
Et que la vérité soit ton premier devoir.
Éclairer son pays, c'est aussi le défendre ;
Dis au peuple français ce qu'il a droit d'attendre
Du serment prononcé dans ce jour glorieux ;
D'un monarque chéri dis les dons précieux,
Ces lois, ferme soutien du sceptre héréditaire ;
Son serment solennel va l'apprendre à la terre,
  Je vais l'inscrire dans les Cieux !... »

Elle dit, et bientôt d'un nuage voilée
JEANNE D'ARC disparut sur la route étoilée.
Je restai seule, en proie à mes nouveaux transports ;
Un céleste pouvoir secondait mes efforts ;
Le Seigneur m'inspirait ; sa divine lumière
Embrasait de ses feux mon âme tout entière,
Et déjà l'avenir était changé pour moi ;
Mes yeux entrevoyaient la gloire sans effroi ;
D'un orgueil inconnu je me sentais saisie :
« Guide-moi, m'écriai-je, ô toi qui m'as choisie !
Protége de mon cœur la pure ambition ;
Je jure d'accomplir ta sainte mission ;

Elle aura tous mes vœux, cette France adorée!
A chanter ses destins ma vie est consacrée ;
Dussé-je être pour elle immolée à mon tour,
Fière d'un si beau sort, dussé-je voir un jour
Contre mes vers pieux s'armer la calomnie ;
Dût, comme tes hauts faits, ma gloire être punie,
Je chanterais encor sur mon brûlant tombeau !
Oui, de la vérité rallumant le flambeau,
J'enflammerai les cœurs de mon noble délire;
On verra l'imposteur trembler devant ma lyre ;
L'opprimé, qu'oubliait la justice des lois,
Viendra me réclamer pour défendre ses droits ;
Le héros, me cherchant au jour de sa victoire,
Si je ne l'ai chanté doutera de sa gloire;
Les autels retiendront mes cantiques sacrés,
Et fiers, après ma mort, de mes chants inspirés,
Les Français, me pleurant comme une sœur chérie,
M'appelleront un jour : Muse de la patrie! »

Villiers-sur-Orge, 30 mai 1825.

LA QUÊTE

AU PROFIT DES GRECS.

Français, dont les beaux jours s'écoulent dans les fêtes,
O vous qui dans le port oubliez les tempêtes,
Aux nobles fils des Grecs faites la charité :
Donnez-leur un peu d'or pour acheter des armes,
Et secourez enfin dans leurs longues alarmes
Les martyrs de la Croix et de la Liberté !

Au sein des voluptés, toi dont le cœur sommeille,
Toi qui, joyeux encor des plaisirs de la veille,
Rêves si vivement à ceux du lendemain,
De ce réseau tissu par une blanche main,
Où l'on voit s'enlacer et la perle et la soie,
De ce réseau d'azur daigne entr'ouvrir l'acier :
Pour ces infortunés sacrifie avec joie
L'espoir d'une parure ou le prix d'un coursier.
Vois Athènes mourante et sa gloire flétrie,
   Et souviens-toi, pour être généreux,
Que ce champ dévasté, ce pays malheureux,
     D'Alcibiade est la patrie !

Orgueilleux descendants de ces preux chevaliers
Qui, fiers de conquérir la sainte Palestine,
Ont brisé le Croissant sur la tombe divine,
Détachez des vieux murs leurs pesants boucliers,
Leurs vêtements d'airain et ces longs cimeterres,
De votre antique honneur témoins héréditaires;
Envoyez ces secours à ces guerriers pieux
Dont le saint dévouement rappelle vos aïeux.
Et vous, qui rayonnez d'une splendeur nouvelle,
Qui dans l'Europe entière avez porté nos lois,
Soldats de la patrie, ô vous dont les exploits
Ont acquis à la France une palme immortelle,
Pour ce peuple opprimé sortez de leur repos
Vos trésors belliqueux, vos casques, vos drapeaux,
Lavez vos fers vainqueurs de leur rouille sanglante,
Prêtez aux fils des Grecs votre armure brillante;
Qu'elle soit pour leur cause un gage de bonheur :
De porter votre glaive ils méritent l'honneur.
Mais ce n'est point assez! pour finir leur souffrance,
Par un plus grand effort hâtez leur délivrance;
Partez, et qu'un de vous vole les secourir.
 Un seul Français peut les rendre à la gloire;
  Qu'il leur enseigne la victoire,
  Ils ne savent plus que mourir!
Qu'il commande... à sa voix tout leur sera facile;
Sous ses coups ils verront expirer leurs bourreaux.
Les Grecs, pour triompher, n'attendent qu'un héros;
Pour abattre Ilion ils n'attendaient qu'Achille !

Les vierges du Pirée a tes soins ont recours,
Jeune fille élevée au milieu des richesses :
Pour elles de ton père obtiens quelques secours
     Par la ruse de tes caresses.
Écoute, et sur leur sort tu verseras des pleurs :

L'aurore se levait, Athène abandonnée
Semblait à ses beaux jours un instant ramenée,
Et les vieux monuments, rajeunis sous les fleurs,
De la belle Charis annonçaient l'hyménée.
Admirant sa candeur et ses regards si doux,
Chacun la bénissait, et la foule attendrie
Pour la félicité des deux jeunes époux
Près du temple profané allait prier MARIE.
Les lauriers du Céphise ornaient l'autel chrétien ;
L'écho du Parthénon disait un saint cantique,
Et le dernier débris d'une colonne antique
     A la croix servait de soutien.
Autour du crucifix on se range en silence ;
Alors le saint pontife à l'époux dit ces mots :
« Reçois, jeune guerrier, le prix de ta vaillance ;
Mais dans tes doux liens songe à venger nos maux,
Veille sur ces remparts que menace la flamme :
Pour défendre son Dieu la Grèce te réclame... »
Comme il parlait encor, de lamentables cris
Ont jeté la terreur dans l'enceinte sacrée :
Les soldats de l'impie en assiègent l'entrée,
Et déjà du portique ils foulent les débris.

Atteint d'un coup fatal, le pontife chancelle ;
Sur l'autel du vrai Dieu le sang chrétien ruisselle...
Charis, les yeux en pleurs et le sein palpitant,
Par l'Ottoman vainqueur se voyant poursuivie,
Songeait à son époux et regrettait la vie ;
Et lui, pour la sauver, mourait en combattant !
En vain, dans son espoir, elle priait encore :
Un soldat, plein de rage et de sang abreuvé,
S'apprête à la frapper ; en vain Charis l'implore...
C'en est fait, sur son cœur le poignard est levé :
« Arrête, malheureux ! dit une voix cruelle ;
  Pour l'immoler, elle est trop belle !
Sauve-la ! Le Sultan, de ses charmes épris,
Bientôt de ta pitié t'accordera le prix. »
Mais, du monstre abhorrant la pitié criminelle,
La vierge se saisit du poignard menaçant,
Et le voile d'hymen est baigné de son sang...
Elle aima mieux mourir que de vivre infidèle.

Toi que de l'hyménée attendent les douceurs,
Par tes bienfaits, d'Athène arme les défenseurs ;
Admire de Charis le vertueux courage,
  Et de la mort qui suit l'outrage
  Préserve au moins ses jeunes sœurs.

———

Pontifes bienfaisants, protecteurs de l'Église,
Vous qui devez aux rois l'exemple des vertus,
Servez de ces chrétiens la pieuse entreprise,
Raffermissez la foi dans leurs cœurs abattus.
Ne vous souvient-il pas de ces saintes victimes

Qui, chassant les faux dieux de leurs autels fumants,
Pour convertir les Grecs mouraient dans les tourments?
Ah! perdrez-vous le fruit de tant de morts sublimes?
Les fils de Mahomet seront-ils triomphants?
Et ces Grecs que saint Paul instruisait dans Corinthe,
Ces chrétiens verront-ils, corrompus par la crainte,
Dans la loi de l'impie élever leurs enfants?
Non! l'Église à vos soins a commis l'innocence;
Pontifes courageux, des soutiens de la Croix,
Comme au temps des martyrs, vous défendrez les droits.
Le pasteur dont Lutèce admira l'éloquence
Pour eux saura prier une seconde fois.
Prêtres, au sort des Grecs intéressez le trône,
   Ne laissez pas leurs malheurs impunis,
Et du trésor sacré détournez une aumône
     Pour ceux que saint Paul a bénis!

Français, dont les beaux jours s'écoulent dans les fêtes,
O vous qui dans le port oubliez les tempêtes,
Aux nobles fils des Grecs faites la charité:
Donnez-leur un peu d'or pour acheter des armes,
Et secourez enfin dans leurs longues alarmes
Les martyrs de la Croix et de la Liberté!

Paris, 24 août 1825.

ENVOI A M. VILLEMAIN

QUI M'AVAIT CHARGÉE DE QUÊTER POUR LES GRECS.

Vous le voulez : qui peut résister à sa voix
    Lorsque l'éloquence commande?
Pour ceux que votre esprit eût charmés autrefois,
Pour ces Grecs malheureux voilà mon humble offrande.
La Fortune en fuyant m'a ravi ses trésors,
    Et ma richesse est dans ma lyre;
Je n'ai, pour seconder vos généreux efforts,
Que les bienfaits de ceux qui daigneront me lire.
Puisse ma faible voix, unie à vos accents,
Rendre à ce beau pays tout le bonheur du nôtre!
    Puissent un jour les Grecs reconnaissants,
Sur le marbre sacré de leurs murs renaissants
    Graver mon nom auprès du vôtre!

Paris, 25 août 1825.

STANCES

SUR LA MORT DU GÉNÉRAL FOY,

LUES SUR SA TOMBE.

Pleurez, Français, pleurez ! la patrie est en deuil ;
Pleurez le défenseur que la mort vous enlève ;
Et vous, nobles guerriers, sur son muet cercueil
Disputez-vous l'honneur de déposer son glaive !

Vous ne l'entendrez plus, l'orateur redouté
Dont l'injure jamais ne souilla l'éloquence ;
Celui qui, de nos rois respectant la puissance,
En fidèle sujet parla de liberté :
Le Ciel, lui décernant la sainte récompense,
A commencé trop tôt son immortalité !
Son bras libérateur dans la tombe est esclave ;
Son front pur s'est glacé sous le laurier vainqueur,
Et ce signe sacré, cette étoile du brave,
    Ne sent plus palpiter son cœur.

Hier, quand de ses jours la source fut tarie,
La France, en le voyant sur sa couche étendu,
Implorait un accent de cette voix chérie...
Hélas ! au cri plaintif jeté par la patrie
C'est la première fois qu'il n'a pas répondu !

Paris, 20 novembre 1825.

SUR LE RETOUR

DES ROMAINS CAPTIFS A ALGER

DÉLIVRÉS PAR LE ROI DE FRANCE.

Non loin de ce désert qui jadis fut Carthage,
Des chrétiens languissaient dans la captivité ;
Dignes du nom romain, leur plus bel héritage,
 Ils préféraient la misère et l'outrage
  A la honteuse liberté
 Dont le parjure est le prix détesté.
Sans crainte, dans leurs cœurs la foi s'est maintenue ;
Du glaive musulman ils attendaient la mort.
Mais le Dieu des martyrs eut pitié de leur sort :
Au rivage français leur plainte est parvenue ;
Par un roi bienfaisant ils seront délivrés,
Les malheurs qu'il connaît sont déjà réparés.

Bientôt son pavillon sur les mers se déploie,
Et par lui les captifs sont rendus à la joie.
Mais ce n'est point assez d'avoir brisé leurs fers ;
Il faut encore aux yeux qui pleuraient leur absence
  Cacher les maux qu'ils ont soufferts.

Tout Français veut sa part dans leur reconnaissance :
Rome ne verra point ses nobles prisonniers
Revêtus des lambeaux d'un cruel esclavage ;
C'est parés des bienfaits de nos braves guerriers
    Qu'ils salueront leur antique rivage.
Ils viennent, et des chants annoncent leur retour.

O vous, dont la patrie est le premier amour,
Français, dont les beaux noms sont unis à sa gloire,
    Vous qui la dotez chaque jour
    D'un chef-d'œuvre ou d'une victoire,
Pour elle recueillez ces hommages lointains,
Pour elle allez prier sous la sainte coupole,
    Et soyez fiers d'entendre les Romains
Crier : Vive la France! au pied du Capitole.

Rome, 12 décembre 1826.

L'INVITATION A LA POÉSIE.

> Priez-le bien, faites que M. de Lamartine
> dise des vers ce soir.

Je chanterai pour lui, puisque ma voix l'inspire;
Mais prétendre imiter ses sublimes accords,
Sa tristesse rêveuse et ses nobles transports,
N'est pas l'ambition où mon orgueil aspire.
Que dirais-je après lui? — Je retrouve en ses vers
Les maux que je prévois et ceux que j'ai soufferts.
Sa muse a révélé tous les secrets de l'âme,
Les tourments du mortel que le génie enflamme,
Les saints pressentiments des destins à venir,
Et d'un bonheur passé le pesant souvenir.
Il a chanté l'espoir d'un cœur pieux et tendre,
Ses troubles, ses langueurs, ses purs ravissements.
Hors le charme divin qu'on éprouve à l'entendre,
   Il a dépeint tous les enchantements.

   Mais si de son vol solitaire
Nul ne peut imiter l'élan audacieux,
   De mes regards le suivant dans les cieux,
   Je puis du moins l'appeler sur la terre.

Ah! que ma voix attire ses accents,
Qu'il cède à ma prière!... et je change de gloire!...
J'abandonne à l'oubli mes accords impuissants,
　　Et, désormais, libre d'un vain encens,
Ses vers seront mes droits au temple de Mémoire.
Semblable au doux regard qui précède l'aveu,
A la douce lueur qui devance le feu,
Au chant de l'alcyon qui promet le rivage,
Du bonheur qu'on attend je serai le présage.
Heureuse et fière encor si je puis ressembler
　　A la sibylle, dont la lyre
Exhale un son plaintif sans savoir moduler,
　　Mais dont le solennel délire
Annonce à tous que le dieu va parler!...

Paris, 12 juin 1829.

LE BAL DES PAUVRES.

Gloire aux cœurs généreux inspirés par l'aumône,
Qui, nous associant aux largesses du trône,
Et volant au secours du malheur abattu,
Ont montré des Français la plus belle vertu!
Longtemps de cette fête on redira l'histoire;
Le riche et l'indigent béniront sa mémoire.
Quel luxe! quel éclat! — Ce soleil de cristal,
Ces diamants, ces fleurs, ces feuillages de lierre,
Ces panaches légers flottant sous la lumière,
Semblaient réaliser un songe oriental.
Tous les cœurs s'enivraient de la même harmonie,
Tous partageaient l'éclat d'une bonne action.
  Ah! de l'éternelle union
  Était-ce la cérémonie?

Mon cœur ému sentit, à ce brillant aspect,
D'un orgueil tout français les nobles jouissances;
J'admirai dans ma joie, avec un saint respect,
Cette fraternité de toutes les puissances;
La noblesse des rangs, la noblesse des arts,
Les soutiens novateurs d'une riche industrie,
Mêlés à ces guerriers, honneur de la patrie,
Dont l'Europe soumise a vu les étendards;

Et cette autre puissance habile, enchanteresse,
Ces femmes dont la grâce est une autorité,
Qui venaient d'employer leurs charmes, leur adresse,
    A demander la charité;
Ce prince, rayonnant de bonheur, d'espérance,
Qui n'a jamais souffert et qui plaint la souffrance!
  De nos plaisirs combien il triomphait!
Son nom retentissait dans la foule ravie :
    A peine il entre dans la vie,
    Son premier pas est un bienfait.

Observant de chacun la bienveillance active,
Je prêtais aux discours une oreille attentive;
J'aimais des étrangers les éloges flatteurs :
« Paris, se disaient-ils, est une ville heureuse
De pouvoir, en un jour, être si généreuse,
    Et compter tant de bienfaiteurs. »

Et moi, fière de voir tout ce peuple de frères,
Ces intérêts rivaux et ces partis contraires,
Que l'exemple royal avait su rassembler,
Je disais : « C'est en vain qu'on cherche à nous troubler;
Ce charitable jour est plus qu'un jour de fête,
C'est un présage heureux, un destin qui s'apprête.
Au nom du bien de tous, nos débats vont finir :
Ces partis opposés, qu'un même honneur enflamme,
Bientôt, comme aujourd'hui, viendront se réunir... »
Et je sens, à l'espoir dont s'inspire mon âme,
Qu'en chantant ce beau jour je parle d'avenir.

  Paris, 18 février 1830.

LA PRISE D'ALGER.

, TE DEUM.

Gloire à toi, Dieu puissant, Dieu qui bénis nos armes!
De lis et de lauriers décorons le saint lieu :
En hymne de bonheur changeons nos cris d'alarmes;
    Nous sommes vainqueurs, — gloire à Dieu !

O délire! ces temps si chers à notre histoire,
Ces beaux jours de triomphe, ils reviennent encor;
Les soldats d'Austerlitz, de notre vieille gloire
    N'ont pas épuisé le trésor.

Tous les fléaux, d'Alger défendaient les murailles ;
Un soleil implacable embrasait notre camp,
Et la terre, complice, en ses noires entrailles
    Cachait un factice volcan.

Nos marins combattaient les écueils et l'orage,
La foudre se mêlait aux éclairs de l'airain;
Mais, pour eux, la tempête est un heureux présage,
    Un souvenir de Navarin.

On débarque — et l'Arabe a mordu la poussière :
Le dey rallie en vain ses bataillons épars.
Celui qui des Français insulta la bannière
    La voit flotter sur ses remparts...

O mystères du sort! ô volonté suprême !
Un Français dans nos murs amena l'étranger ;
On l'appela transfuge... et cet homme est le même
    Que Dieu choisit pour nous venger !

A l'amour de nos rois sa valeur asservie
Voyait dans leur retour un gage de bonheur,
Et, pour eux, il fit plus que de donner sa vie :
    Guerrier, il donna son honneur !

Faisant d'un nom maudit un souvenir qu'on aime,
La victoire lui jette un éclatant pardon,
Et du pur sang d'un fils le glorieux baptême
    Lave la tache de son nom.

Français, de tous vos cœurs qu'un noble orgueil s'empare.
D'un drapeau triomphant qu'importe la couleur !
S'il fait fuir l'ennemi, qu'importe qu'il se pare
    D'un aigle — ou d'une blanche fleur ?

Ne troublons point des jours rendus à l'espérance ;
Fions-nous à nos droits, qu'on ne peut nous ravir.
Ce roi qui sait donner tant d'orgueil à la France
    Ne peut songer à l'asservir.

Soyons unis. — Un peuple instruit par la victoire
Ne voit dans un succès qu'une grande leçon.
Dans le siècle des lois, le flambeau de la gloire
    Est un guide pour la raison.

Gloire à toi, Dieu puissant, Dieu qui bénis nos armes!
De lis et de lauriers décorons le saint lieu :
En hymne de bonheur changeons nos cris d'alarmes ;
    Nous sommes vainqueurs, — gloire à Dieu !

Villiers-sur-Orge, 11 juillet 1830.

LES SERMENTS.

HOMMAGE AUX TROIS ÉCOLES.

O mémorable exemple! ô vain serment d'un roi,
Accueilli par l'espoir et dicté par la foi!
Discours de loyauté qu'un vil flatteur altère,
Serment qu'on peut trahir en se croyant sincère,
Charles t'a prononcé jadis avec ferveur
Sur le livre divin, sur la croix du Sauveur!
J'ai redit le serment de ce roi légitime;
Prophétique alcyon, j'ai chanté sur l'abîme...
En vain ma faible voix a voulu l'avertir;
Comme la vérité, l'erreur eut son martyr.
Des traîtres, de son âme égarant la noblesse,
Ont su changer en crime une heure de faiblesse!
Accordez votre luth, poëtes, mes rivaux;
Chantez un nouveau règne et des serments nouveaux :
Pour moi, je tremble encor des récentes alarmes,
Et sur la royauté je n'ai plus que des larmes.

Je sais que le monarque en nos murs proclamé
Aux plus saintes vertus se montre accoutumé,
Qu'il chérit la justice et prodigue l'aumône;
Mais l'ombre et les écueils environnent le trône...

Tout voile peut servir aux desseins corrupteurs ;
Toutes les faussetés n'ont pas été proscrites.
  Le peuple aussi peut avoir ses flatteurs,
    La liberté — ses hypocrites !

Mais vous, jeunes Français, notre honneur, notre espoir,
Vous à qui ce grand peuple est fier de tout devoir,
Héros encor parés des grâces de l'enfance,
Qu'il vit en un seul jour grandir pour sa défense,
Vous n'avez rien promis, ni foi, ni dévouement ;
Votre sang répandu... voilà votre serment !
Vous ne trahirez pas la promesse sublime,
Vous qui le commandiez ce peuple magnanime,
Conquérant sans orgueil et vengeur sans excès,
Réduit par le malheur à vaincre des Français ;
Qui sut, de son outrage écartant la mémoire,
S'arrêter de lui-même au seul cri de victoire !
Et maître, dédaignant des triomphes nouveaux,
Retourner en silence à ses humbles travaux.
Tel un lion, atteint d'une flèche perfide,
S'apprête à dévorer le sauvage intrépide :
Armé par la douleur, la rage le conduit ;
Il rugit et l'on tremble, il s'avance et l'on fuit...
Il peut saisir sa proie et d'un seul bond l'atteindre,
Mais il sait épargner ce qu'il n'a plus à craindre :
Le froid dédain succède au courroux menaçant ;
Il regagne son antre en léchant sa blessure,
Rejoint ses lionceaux, les garde, les rassure,
    Et s'endort en les caressant.

Honneur, honneur à toi, savante et jeune France !
Ta première action est notre délivrance ;

Tu puisas la sagesse en l'étude des lois,
Et, sans les dépasser, tu maintiendras nos droits.
Tu n'as pas à dompter, dans ton âme innocente,
L'hydre des souvenirs sans cesse renaissante.
Ignorant les revers d'un orgueil insensé,
Tu ne déplores point les rêves du passé ;
Tu n'as point partagé l'anarchique délire,
Tu n'as pas encensé les tribuns et l'Empire ;
Ta vie est sans remords, sans outrage à venger :
Tu n'étais qu'au berceau quand vainquit l'étranger !
Vers ton bel avenir marche avec confiance ;
La lumière du siècle est ton expérience.
Les torches, les flambeaux, ne servent que la nuit :
Qu'importe un guide à l'œil que le soleil conduit ?
Marche, France nouvelle, accomplis ton ouvrage ;
Les peuples à l'envi t'apportent leur suffrage.
Ma lyre devant toi s'incline avec respect ;
Son hommage n'est pas un éloge suspect :
De tout parti haineux je brave la colère ;
Chantre de vérité, je m'attends à déplaire.
Il est certain courroux qu'on est fier d'inspirer.
Mais, en parlant de toi, je ne sais qu'admirer :
Crois à ma voix sincère, écho de la patrie,
Tes exploits merveilleux passent la flatterie.
Ces miracles d'un jour, ces sublimes efforts,
Pour retentir au loin n'ont pas besoin d'accords ;
Leur plus simple récit est un hymne de gloire ;
L'idéal du poëte est vaincu par l'histoire !

Villiers-sur-Orge, 11 août 1830.

LA JEUNE FILLE

ENTERRÉE AUX INVALIDES.

COMPLAINTE.

Son humble parure était prête
Sur sa couche, dès le matin ;
Et, comme au plus beau jour de fête,
Elle était joyeuse... O destin !
Elle traverse avec audace
La foule, et dit : « Venez à moi,
J'ai trouvé la meilleure place :
D'ici l'on verra bien le roi. »

Or le roi passait la revue
Avec ses trois fils à cheval,
Et ce groupe attirait la vue
Du peuple inconstant et banal.
En France on aime à voir le maître ;
Mais on n'était pas sans effroi :
On disait que d'une fenêtre
On devait tirer sur le roi.

Le matin même on vint lui dire :
« Sire, on doit vous assassiner ! »
Et le roi se prit à sourire
Et répondit sans s'étonner :
« Nous avons chacun sur nos têtes
Des périls qui sont une loi :
Pour le matelot les tempêtes,
Et les assassins pour le roi. »

Le brillant cortége s'avance,
Il approche du lieu fatal
Où se préparait en silence
Plus qu'un crime, un piége infernal.
Et la jeune fille ravie
La première a dit : « Je le voi ! »
La première a donné sa vie
En s'écriant : « Voici le roi ! »

Quel bruit !... Soudain comme une grêle
Fondent mille plombs meurtriers ;
La jeune fille pâle et frêle
Tombe morte avec les guerriers.
Les cadavres jonchent la terre ;
Trois fils, saisis d'un seul effroi,
De leurs corps vont cacher leur père...
Et le peuple cherche le roi !

Le roi vit encore... O mystère !
Calme, il embrasse ses enfants ;
Et triste, il voit mourir sans guerre
Des héros jadis triomphants.

Des blessés on compte le nombre ;
Et la garde tout en émoi
A l'assassin, qui fuit dans l'ombre,
A répondu : « Vive le roi ! »

Alors un vieillard, dans la foule,
Inquiet, s'élance en tremblant ;
Il s'arrête, il tombe, il se roule
Sur un jeune corps tout sanglant.
Et voyant flétris tant de charmes,
Il ne dit qu'un mot : « Avant moi !... »
Et puis il bénit de ses larmes
Sa fille morte pour le roi.

Neuf jours après, un long cortége
Cheminait sur les boulevards ;
De blanches fleurs, un deuil de neige,
Attristaient d'abord les regards ;
Puis le héros de vingt batailles
Fermait la marche du convoi.
Jamais plus belles funérailles !
On eût dit la fille d'un roi.

Pauvre enfant, ton âme ingénue
N'avait point rêvé tant d'honneur ;
Et ta vie, au monde inconnue,
N'attendait qu'un obscur bonheur.
Nul rayon d'une gloire vaine
Ne s'était réfléchi sur toi,
Et tu devais mourir en reine
De la mort destinée au roi...

Mais honneur à toi, jeune fille,
Qui tombas comme un vieux guerrier,
En dotant ton humble famille
D'un noble et virginal laurier!
Honneur à celle qu'on enterre,
Avec le canon pour beffroi,
Dans ce beau temple militaire
Où règne l'ombre du grand roi!

Dors en paix, victime innocente
Immolée à la royauté...
Dors! la France reconnaissante
Rend hommage à ta pureté.
En voyant les fleurs de ta tombe,
Le peuple croyant d'autrefois
Aurait dit : « La sainte colombe
Plane encor sur le front des rois. »

Mais nous, qui n'avons pour idoles
Que nos haines et notre orgueil,
Nous ne trouvons plus de symboles
Dans ce jeune et chaste cercueil.
Négateurs de la Providence,
Nous n'apercevons point la loi
Du Dieu qui veille sur la France
Et la sauve encor par le roi.

Paris, 5 août 1835.

LES OUVRIERS DE LYON.

AUX ÉCONOMISTES.

Voilà, grâces à vous, tout un peuple en vacances !
Telles sont de vos lois les tristes conséquences ;
Messieurs, vos beaux discours, en nous édifiant,
D'un peuple travailleur ont fait un mendiant...
Bravo ! l'idée est grande et l'effort est sublime :
Vous avez poursuivi le luxe comme un crime,
L'éclat comme un abus ; vous avez tant vanté
Ce rêve d'envieux qu'on nomme égalité,
Que vous avez chassé l'argent de nos boutiques ;
Que le peuple, enrichi de ses droits politiques,
Abondamment nourri de vos discours sans fin,
Pauvre, nu, sans travail, mais libre, meurt de faim !

Éplucheurs de budget, badigeonneurs de trône,
Vous ne savez donc pas que le luxe est l'aumône ?
Non cette charité que l'on jette aux oisifs,
Mais l'aumône du sage, offerte aux plus actifs...
Le paradoxe est grand et demande une excuse ;
Mais le pauvre est joyeux que le riche s'amuse.
Un bal est un bienfait ; un somptueux repas

Fait vivre bien des gens que l'on n'invite pas ;
Et l'insolent manteau qui pare une duchesse
Pour la main qui l'a fait est toute une richesse ;
Le plaisir, en passant, peut sécher bien des pleurs :
Telle nourrit son père en vendant quelques fleurs ;
Telle autre d'un ruban attend sa destinée,
Le repos de sa nuit, le pain de sa journée ;
Le désir inconstant de quelques vains bijoux
D'un bras désespéré peut désarmer les coups...
Et, qui sait ? un caprice, une coquette envie,
Peut prévenir un crime et sauver une vie !

L'opulence est fertile en nos temps douloureux,
Et plus que la raison l'orgueil est généreux.
Vous ne savez donc pas qu'on payait une somme
A l'État, au pays, pour être gentilhomme,
Et que ce bon impôt mis sur la vanité
Par le peuple moqueur n'était point supporté ?
Ah ! c'était bien agir et connaître le monde
Que de rendre en bienfaits la sottise féconde.
Ces abus tant proscrits, certes, étaient plus doux
Que les sordides lois qu'on fait peser sur nous.
Mieux valait pour son or anoblir un Tuffière
Que mettre un droit fiscal sur l'air et la lumière.
Je m'indigne en pensant qu'il est des malheureux
Qui se privent du jour comme d'un luxe affreux,
A qui l'on fait payer l'air pur d'une fenêtre,
Le rayon du soleil qui réjouit leur être...
Maudit soit le premier qui, dépouillant nos yeux,
Osa mettre un impôt sur la clarté des cieux !...
L'astre du jour taxé ! la lumière vendue !...
Cet homme avait perdu le bon sens, ou la vue !

Que les besoins du peuple, hélas! sont mal compris
Au siècle des grands mots et des petits esprits!
Un si noble pays perdu par de tels hommes!
Eh! messieurs les rhéteurs, libéraux économes,
Une brillante phrase, un pompeux sentiment,
Font moins, pour l'ouvrier, qu'un riche vêtement.
Parlez moins de commerce à la misère en proie,
Et changez plus souvent vos cravates de soie,
Vos gants raccommodés, vos collets de velours!...
L'argent sonne plus haut que tous les beaux discours :
Dites à vos moitiés, ménagères modèles,
D'être à leurs vieux chapeaux moins humblement fidèles,
Car il n'est pas un seul de leurs constants atours
Qui n'ait vu deux printemps, quelquefois deux amours...
Messieurs, permettez-leur d'innocentes folies;
Qu'on les voie un seul jour, par charité, jolies;
Embellissez leur vie et parez leur maison;
Le luxe bien compris est encor la raison.
Dépensez par prudence et par économie;
Redoutez le réveil de l'émeute endormie...
On ne marchande plus quand l'émeute est debout :
Donnez, donnez un peu, pour ne pas perdre tout;
Sauvez, sauvez à temps tout ce peuple victime!
Sauvez-le de la faim, car la faim mène au crime!
Donnez, par égoïsme, à son active main
Du pain pour aujourd'hui, du travail pour demain!...

Paris, 29 mars 1837.

LE VOTE DU 13 AVRIL 1839.

> Non, l'accent étranger le plus tendre lui-même
> Attristerait pour moi jusqu'au mot : Je vous aime !
> Mlle DELPHINE GAY. *Le Retour*.

Un homme avait grandi dans une lutte infâme.
Il ne possédait rien que l'amour d'une femme ;
Mais tous deux bien armés, se tenant par la main,
Ils suivaient dans la vie un périlleux chemin.
En célébrant l'honneur d'une patrie aimée
Elle s'était acquis un peu de renommée ;
Et le doux nom de France, effroi de l'univers,
D'un reflet glorieux avait paré ses vers.
Elle avait de ces cœurs que séduit le courage,
Elle avait de ces voix que fait chanter l'orage :
Il était sans parents, sans nom et sans appui,
Il était seul et fier... elle courut à lui.

C'est alors qu'il rêva la fortune pour elle ;
Mais à ses vœux ardents la fortune rebelle,
D'un chimérique espoir le berçant chaque jour,
Le cherchait, le flattait, le fuyait tour à tour.
Pour l'or qu'on leur suppose au mépris on les livre,
Et tous deux, en s'aidant, ils travaillent pour vivre ;
Et le travail fleurit leur modeste maison,
Et la muse a brisé sa lyre par raison.

Mais lui, que de courage! et que de fois l'aurore
Sur sa table courbé le retrouvait encore!
Il appelait ennuis ce qu'on nomme loisirs,
Car le travail était le seul de ses plaisirs.
Nourri dans le silence et dans l'inquiétude,
Comme sa seule mère il chérissait l'étude.
S'il aimait à soumettre un cheval indompté,
C'était là son repos et non sa vanité;
Mais il fuyait le monde, et sa grave parole
Se pliait avec peine au langage frivole.
Aux fêtes de la cour on ne le voyait pas :
Il n'allait chez le roi que les jours d'attentats,
Que les jours où la mort menaçait sa personne,
Que les jours où l'orgueil menaçait sa couronne.
Il ne l'encensait point par de flatteurs discours,
Et, sans lui rendre hommage, il lui portait secours.

Jeune, traînant le poids d'une pensée amère,
Au malheur préparé par l'oubli d'une mère,
Comme tous les grands cœurs nés pour les grands combats,
Il a des ennemis, mieux encor... des ingrats.
Mais ce destin n'a rien dont sa raison s'étonne :
Il le sait, la pitié jamais ne se pardonne;
On a pour ennemis tous ceux qu'on a sauvés,
Qu'on a vus dans la poudre et qu'on a relevés.
Un bienfaiteur, ce n'est pour l'ingrat tributaire
Qu'un souvenir de honte, un témoin de misère.

Il savait ce secret, et deux fois généreux,
Il aimait ses ingrats et les voulait heureux.
Leur fortune prédite et leur gloire rêvée
Lui semblaient le succès de son œuvre achevée.

Tant de jeunes talents lui doivent leur essor!
Tant d'avares brillants lui doivent leur trésor!...
Il luttait cependant : c'était un beau spectacle
Que de le voir combattre, et d'obstacle en obstacle,
Toujours calomnié, toujours persécuté,
Jamais, jamais compris, et jamais assisté,
A travers les dangers d'une triple vengeance
Grandir par le courage et par l'intelligence.

Mais son plus vif chagrin, hélas! c'était de voir
Son pays se courber sous un honteux pouvoir;
De voir ce peuple fier, vainqueur du despotisme,
Déposer ses drapeaux aux pieds du journalisme;
De voir de vieux soldats, aux honneurs parvenus,
Redouter les arrêts de poltrons inconnus;
De voir de grands penseurs abaisser leur génie
Devant des ignorants, marchands de calomnie !
D'entendre des niais avec des calembours
Contre la monarchie ameuter les faubourgs;
Et des preux de théâtre, adorateurs de filles,
Flétrir d'un sobriquet la pudeur des familles.

Semblable à ces héros que la Fable a chantés,
Il jura d'étouffer l'hydre d'iniquités,
Le gardien imposteur qui, dans son antre immonde,
Cachait la vérité pour asservir le monde.
Des armes, dans la lutte, il n'avait pas le choix.
C'est au cœur qu'il fallait blesser l'hydre aux cent voix;
Il fallait s'abaisser à vaincre par la ruse :
Ce fut un grand malheur... que le martyre excuse.
Il parvint dans son antre en imitant ses cris,
Il plongea le regard dans ses secrets surpris,

Il vit le feu sanglant où son brandon s'allume ;
Il vit de quel poison se noircit son écume..
Terrible, il a frappé le monstre épouvanté ;
L'hydre rugit encor... mais le coup a porté.

Et de son dévouement le sauveur est victime !
D'un si rare courage on a su faire un crime !
Les courtisans du monstre ont proscrit le héros ;
De flatteurs qu'ils étaient ils se sont faits bourreaux !
Lâches, ils l'ont touché dans sa seule faiblesse,
Dans le seul souvenir dont la douleur le blesse.
Leur jugement inique, à la haine vendu,
A cherché le passé dans un berceau perdu.
Ah ! l'homme de courage est facile à confondre
Quand la loi de l'honneur lui défend de répondre !
Ils ont dans leur vengeance osé l'interroger...
Et, comme il se taisait, ils l'ont dit étranger !
Car ce hardi lutteur que rien ne peut abattre,
Dont les jours orageux se passent à combattre,
Au seul mot de parents, muet et consterné,
Pleure comme un enfant... hélas ! abandonné !

Et ce noble orphelin, ils l'ont osé proscrire ;
Leur injuste sentence, ils ont osé l'écrire !
Honteux d'avoir frappé cet homme dans la nuit,
De leur laide victoire ils étouffent le bruit ;
Mais c'est en vain ! son nom, qui leur devra la gloire,
Par la proscription vient d'entrer dans l'histoire ;
Il datera le jour de leur règne insensé.
On dira : « C'est par lui qu'ils avaient commencé ! »
Et cet homme chassé de son pays, peut-être
En le sauvant un jour s'en fera reconnaître !...

Vous qui, de ce pays pour son honneur vanté,
Gardez encore au cœur la sainte loyauté,
Rappelez-vous les droits de la sibylle antique.
La muse tient des dieux l'instinct patriotique :
Elle sait expliquer le livre des destins
Et ravir à l'oubli les souvenirs lointains.
Elle sait deviner d'une oreille aguerrie
Au seul accent du cœur le nom de la patrie !
Ah ! croyez-en la voix qui s'éveille aujourd'hui,
Croyez-en cet amour qui témoigne pour lui
Et dans sa pureté trouve tant d'assurance :
Il est né parmi vous, il est fils de la France.
Celle qui défendit le règne de la loi,
Qui ne flatta jamais le peuple ni le roi,
Qui de son beau pays faisant sa seule idole
Le célébrait encore au pied du Capitole;
Qui, le front couronné d'un funèbre laurier,
Garde dans son tombeau votre orateur guerrier; [1]
Celle qui préféra l'humble toit de sa mère
Au dôme d'un palais sur la terre étrangère,
Qui pleura vos malheurs, qui chanta vos succès,
Ne l'aurait point choisi s'il n'était pas Français !

---

[1] Le portrait de l'auteur des Stances sur la mort du général Foy (voir page 407) est sculpté par M. David sur la tombe du grand orateur.

Paris, 14 avril 1839.

HUERTA.

Heureux pays d'Andalousie,
Garde ta joie et ta fierté;
Ta noble part, si bien choisie :
Honneur, amour et poésie,
Vaut mieux qu'argent et liberté!

L'avez-vous entendu, ce troubadour d'Espagne
Qu'un art mélodieux aux combats accompagne?
Sur sa guitare il chante et soupire à la fois;
Ses doigts ont un accent, ses cordes une voix;
Son chant est un poëme harmonieux sans rime;
Tout ce que l'on éprouve et l'on rêve, il l'exprime.
Les cœurs à ses accords se sentent rajeunir;
La beauté qui l'écoute, heureuse en souvenir,
S'émeut, sourit et pleure, et croit encore entendre
Ce qu'on lui dit jamais de plus doux, de plus tendre.
Sa guitare, en vibrant, vous parle tour à tour
Le langage d'esprit, le langage d'amour;
Chacun y reconnaît l'instrument qui l'inspire :
Pour le compositeur c'est un orchestre entier,
C'est le tambour léger pour le Basque en délire,
    C'est le clairon pour le guerrier,
    Pour le poëte c'est la lyre!

Paris, 11 mars 1843.

1848.

24 JUIN-24 NOVEMBRE.

Eh bien, moi, devant Dieu, devant Dieu je l'accuse !
Je ne suis qu'une femme, une folle, une muse !...
Mais mon cœur tout français d'horreur s'est révolté :
Je sens parler en moi l'esprit de vérité ;
Une fièvre de feu me tourmente et m'inspire...
J'entends dans mon sommeil les mères le maudire ;
Et, malgré l'humble arrêt par ses flatteurs rendu,
Je vois tomber sur lui tout le sang répandu !...

Je vous dis, je vous dis que la justice est lente !
Que lui seul est l'auteur de la lutte sanglante,
Que du sang des Français il s'inquiète peu,
Que notre mort à tous n'est qu'un coup dans son jeu !
Je crie avec mon cœur... Oh ! vous pouvez me croire,
Je hais tous les partis, je traite avec l'histoire,
Je n'aime que la France et j'ai su le prouver...
Je lui pardonnerais, s'il pouvait la sauver !...
Mais je vous dis encor que cet homme est coupable,
Et que son propre aveu le condamne et l'accable !

Pendant qu'autour de nous grandissait le péril,
Pendant que nos amis tombaient... que faisait-il?
Partout le sang coulait en fleuves, en cascades;
Jusqu'au front des maisons montaient les barricades;
Dans un cercle de feu la cité s'enfermait;
La mort veillait partout!... lui dormait!... Il dormait!...
Honneur au défenseur du peuple et de la ville!
Vive l'Endymion de la guerre civile!

Quoi, le sommeil des camps est l'orgueil des héros!...
Des héros?... il se peut, mais non pas des bourreaux!
Napoléon dormait la veille d'une affaire...
Bien, c'était du courage, et la guerre est la guerre;
Mais l'empereur avait choisi son ennemi;
Dans la guerre civile il n'aurait point dormi.
Vous dormiez, général... Hélas! nous, pauvres femmes,
Qui n'avons pas les camps pour retremper nos âmes,
Pendant les longues nuits de ces affreux combats,
Nous priions, général, et nous ne dormions pas...
Fi donc!... Par ce sommeil votre gloire est comblée;
Vous avez obtenu de la grave Assemblée,
Avec des mots heureux, des sourires charmants,
Pour ce noble sommeil des applaudissements...

O vous, qui lui devez une mort magnanime :
Toi, pontife divin, sa plus belle victime,
Et toi, posthume enfant qui naîtra pour le deuil,
Toi, précoce orphelin bercé sur un cercueil,
Frères dépareillés, jeunes filles tremblantes,
Qui n'avez pour trésor que des palmes sanglantes;
Vous tous qui l'accusez au tribunal de Dieu,
Vous qu'il a séparés par l'éternel adieu,

Vous épouses, vous sœurs, vous mères éplorées,
Cœurs brisés, flancs meurtris, entrailles déchirées,
Qui n'avez plus pour fils que de froids ossements,
Avez-vous entendu ces applaudissements?...

Paris, 26 novembre 1848.

FIN.

TABLE.

Introduction. . . . . ı
A ma mère. 1

POËMES.

Magdeleine. 7
Le Dévouement des médecins français et des soeurs de Sainte-Camille dans la peste de Barcelone. 67
    Extrait du rapport de l'Académie française sur le concours de poésie et d'éloquence de l'année 1822. 77
La Confession d'Amélie. 79
    Fragments de l'épisode de René. 87
Elgise 89
Le Dernier Jour de Pompéi. 119
    Notes. 127
Napoline 139
    Lettre de Napoline. 191

POÉSIES.

La Noce d'Elvire. 203
Chant ossianique sur la mort de Napoléon. 207
Le Bonheur d'être belle. 211
Le Loup et le Louveteau. 213
    Traduction littérale de la fable russe. 217
A mon neveu Gustave O'Donnell. 219
La Tour du Prodige. 221

Ourika	233
L'Ange de poésie	237
La Druidesse	239
Hymne à sainte Geneviève	243
Madame de la Vallière	249
Le Malheur d'être laide	255
La Folle des Champs-Élysées	257
L'Écho des Alpes	263
Le Retour	271
Natalie	281
Ma Réponse	287
L'Une ou l'autre	291
A madame la marquise de ***	293
Le Pêcheur de Sorrente	295
Le Pêcheur d'Islande	299
Le Rêve d'une jeune fille	303
Le Départ	309
Corinne aimée	313
Découragement	317
A mademoiselle de ***	321
Je n'aime plus	323
Repentir	327
Mathilde	329
A qui pense-t-il?	333
Tu ne saurais m'oublier	335
Le Petit Frère	337
Désenchantement	341
Désespoir	345
Aux Jeunes Filles	347
L'Orage	351
Sainte Cécile	355
L'Étranger	359

La Fête de Noël.	361
La Nuit.	365
Les Adieux.	369
Qu'elle est belle!.	373
Il m'aimait tant!	375
La Jeune Mendiante.	377
Il saura me comprendre.	379
Isaure	381
La Marguerite	385
Le Chardon.	387

IMPROVISATIONS.

La Vision.	391
La Quête au profit des Grecs.	399
Envoi à M. Villemain.	405
Stances sur la mort du général Foy.	407
Sur le retour des Romains captifs à Alger, délivrés par le roi de France.	409
L'Invitation à la poésie.	411
Le Bal des pauvres.	413
La Prise d'Alger.	415
Les Serments.	419
La Jeune Fille enterrée aux Invalides.	423
Les Ouvriers de Lyon.	427
Le Vote du 13 avril 1839.	431
Huerta.	437
1848. — 24 juin - 24 novembre.	439

FIN DE LA TABLE.

www.ingramcontent.com/pod-product-compliance
Lightning Source LLC
Chambersburg PA
CBHW070203240426
43671CB00007B/530